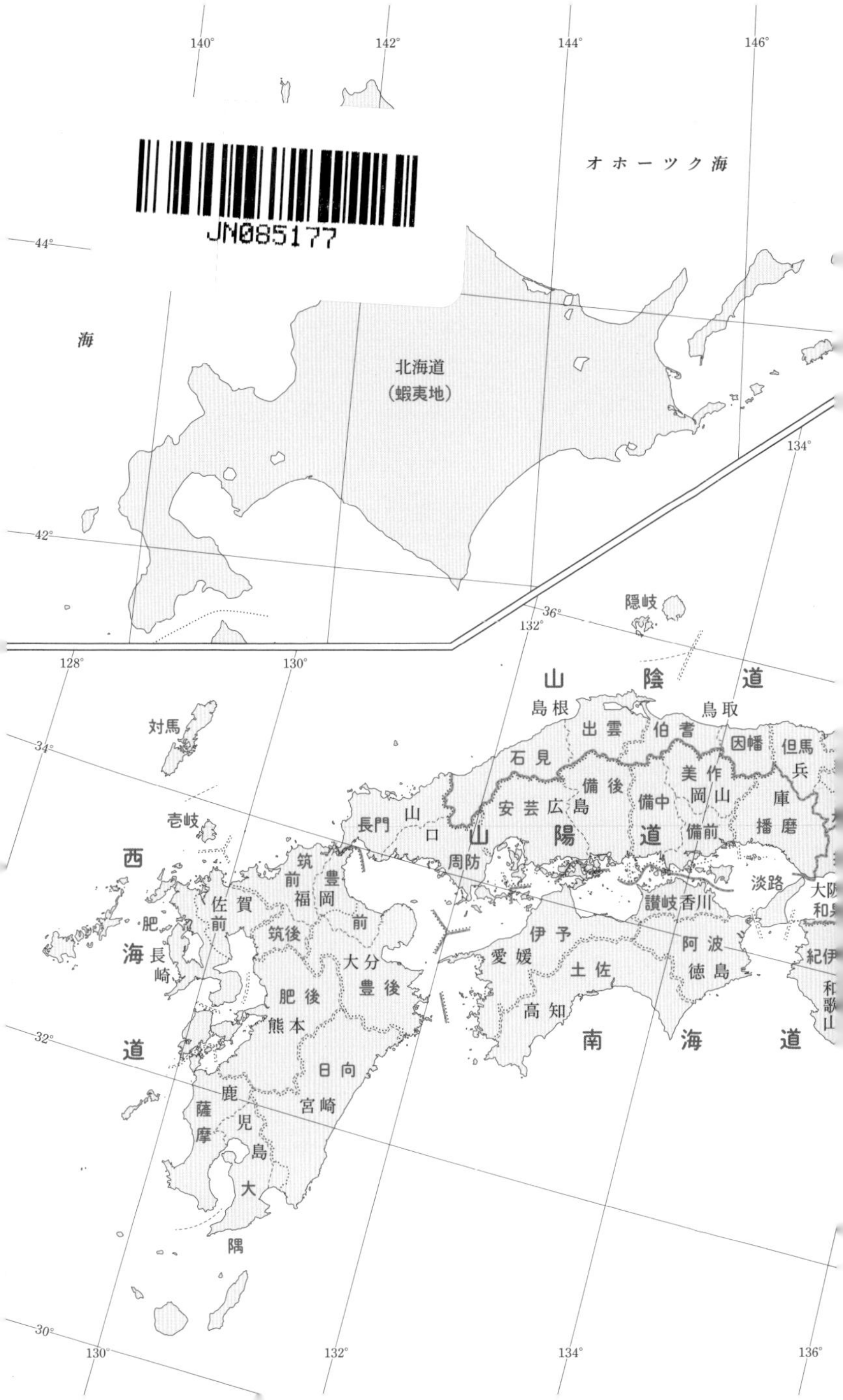

140°
142°
144°
146°
オホーツク海
44°
海
北海道
（蝦夷地）
42°
134°
隠岐
36°
132°
128°
130°
山陰道
島根
鳥取
出雲
伯耆
因幡
但馬
対馬
34°
石見
美作
兵
備後
岡山
庫
安芸
広島
備中
長門
山口
山陽道
備前
播磨
壱岐
周防
西
筑前
豊前
福岡
淡路
大阪
佐賀
肥前
讃岐
香川
和泉
筑後
伊予
阿波
海
長崎
大分
愛媛
紀伊
土佐
徳島
豊後
肥後
和歌山
熊本
高知
32°
道
南海道
日向
宮崎
鹿児島
薩摩
大隅
30°
130°
132°
134°
136°

YAMAKAWA SELECTION

日本史 下

宮地正人 編

山川出版社

［カバー写真］
「上州富岡製糸場之図」
（国立国会図書館所蔵）

目次

上巻目次

山川セレクション

日本史 下

第八章　近世社会の動揺と近づく近代

1　飢饉・一揆と寛政改革

天明の飢饉

一七八三(天明三)年四月九日に浅間山《あさまやま》は噴火を始め、灰・砂を降らせ、ついに七月三日・四日と火石(火山弾)が吹き飛び、七日には大地震のように揺れ、八日の朝突然の大爆発とともに火砕流《かさいりゅう》が押し出し、北麓の上野《こうずけ》国吾妻《あがつま》郡鎌原《かんばら》村(現、群馬県嬬恋《つまごい》村)を襲った。多大の犠牲者を出した(村の人口の七八%となる死者四六六人、生存者一三一人、馬一七〇頭死亡、三〇頭生存)ほか、耕地は九五%が荒廃地となった。

火砕流は吾妻川に流れ込み、川沿いの集落やさらには利根《とね》川にまで被害は拡大した。被害村落の復興は、幕領・私領を問わず幕府として進めたが、十分ではなく村民の自力に頼るほかなかった。潰滅に瀕した鎌原村では、生存者全員を親族とみなし、相手を失った夫婦の生存者同士が再婚するなど、家族を立て直し、周辺村落の協力も得て、再建に取り組んだ。

上野・信濃《しなの》・武蔵《むさし》国の河川をさらう工事は、幕府の命で熊本藩が手伝普請《てつだいぶしん》としておこなった。熊本藩は九万六九三二両一分の金を負担したが、これには国元の領民が「寸志金」の名目で拠出したものが多く含まれた。

浅間山の噴煙は成層圏まであがり、天明《てんめい》年間(一七八一～八九年)の長期的低温傾向に拍車をかけることになった。東北地方をはじめ冷害による凶作となり、深刻な天明の大飢饉《ききん》をもたらすこととなった。

杉田玄白《すぎたげんぱく》の見聞記である『後見草《のちみぐさ》』には、出羽《でわ》・陸奥《むつ》の不作によってとくに南部《なんぶ》・津軽《つがる》ははなはだしく、他領に出てさまよい乞食《こつじき》をする流民は多く、そのうち日々に一〇〇〇人・二〇〇〇人は餓死する状況を記している。

餓死者は、津軽藩で八万一〇〇〇人余り、南部藩で四万八五〇〇人・病死二万三八四八人(合計六万四六九八人)を数え、東北地方全体で三〇万人にのぼると推定される。また膨大な数の離村者は広大な田畑を荒廃させることになった。

こうした農村の荒廃は、自然災害や気候によってのみもたらされたものではなかった。農民層の分解と呼ばれる、村内富裕層とその対極に貧農・小作人を生む、貧富の格差拡大が下層の再生産能力を弱体化させ、凶作にたえられない状況をつくっていたのであった。

　こうした傾向は全国いずれの地域においてもみられたもので、畿内や瀬戸内など生産力の高い地域では、早くから商品作物生産が展開し、商品の荷主たちは利益を集めた。越後《えちご》国のような水田単作地帯では、米作中心に地主として土地集積を進め、大地主を数多く生み出すとともに、その下で土地を手離した小作人を数多《あまた》生み出すことになった。

　各種織物や和紙などの生産地では、問屋《といや》前貸制度が展開し、商人資本は小生産者に道具のほか毎年の原料を貸しつけ、製品でおさめさせ、これら商品を三都などに荷送りする過程を恒常的に営んで、富を蓄積する者たちを生み出していった。その周辺には、賃労働にも似た生産を担うのみで、富の分配にあずかれない小生産者を数多く生み出すことになった。

　例をあげればきりがないほど、全国各地に多様に、地主・商人・荷主など富裕な豪農たちと、その対極に、数多くの脆弱《ぜいじゃく》な小作人・賃労働者・小生産者を生み出す社会状況になった。豪農が富を吸収し、これに呼応する都市の特権的な仲間商人も成長するなかで、大名・旗本《はたもと》など武士たちは、農業生産者から年貢《ねんぐ》を取り立て、助郷《すけごう》などの交通労働や川除《かわよけ》普請などの労働力を農民から夫役《ぶやく》として取り立てる封建制に依拠して生存していた。米価は安いが諸物価が高い状況は、武士たちの財政を圧迫したが、これに対処する方法は、自ら商人と同じように藩営専売制《せんばいせい》をおこなって、小商品生産者や商人たちから富を吸収するか、年貢を増徴して収入を増加させるかであった。

凶作であるにもかかわらず、年貢増徴策をとられた農民たちは、生存のために、訴願や一揆《いっき》をもって闘争せざるをえなかった。十八世紀半ば以降の百姓一揆の頻発や広域化に対し、幕府は一七七〇(明和七)年四月に、一揆禁止と訴人奨励の高札《こうさつ》を立てたが、おさまることはなかった。

また畿内で綿・菜種《なたね》などの小生産農民は、幕府と結びついた大坂特権商人の流通独占に抵抗し、数百カ村が連帯して、訴願闘争をおこなった。この延長上に一八二四(文政七)年、摂津《せっつ》・河内《かわち》・和泉《いずみ》国の一三〇七カ村が参加した国訴《こくそ》を展開させた。

一七六四(明和元)年には武蔵国内に中山道《なかせんどう》宿駅の増助郷《ましすけごう》を命じようとした幕府に対し、農民たちは二〇万人もの参加者による広域な大規模一揆を起こした(明和伝馬《めいわてんま》騒動)。幕府は増助郷を撤回せざるをえなかった。

富の偏在と統治機能の低下による、社会で生じた矛盾は、この時期各地において、一揆という闘争形態による農民の主張によって、露呈することになった。

江戸の打ちこわしと人材登用

天明の飢饉はまた、米価の高騰をもたらした。一七八七(天明七)年四月下旬に、白米は銭一〇〇文で一升買えたものが、五合しか買えなくなった。五月十九日にはさらに二倍に値上りし、銭一〇〇文で二合五勺しか買えなくなった。米を売り惜しむ米屋に、押しかけて販売を求める動きののち、ついに二十日から赤坂《あかさか》・深川《ふかがわ》で打ちこわしが起こった。翌日、翌々日には打ちこわしは江戸の各町に拡大していった。幕府は長谷川平蔵《はせがわへいぞう》など御先手《おさきて》十組に召捕りを命じ、またお救《すく》い小屋を設けて施行《せぎょう》をし鎮静をはかったことで、二十五日には江戸市中はしずまった。

このいわゆる「天明の江戸打ちこわし」によって、打ちこわされた米穀商は九八〇軒にのぼり、その他にも暴利を得ていたとされる商人が襲われた。一連の騒動で、打ちこわし勢(約五〇〇〇人)は米などを盗むことは一切せず、路上にまき散らしたり、溝に投げ込んだり使い物にならないようにしたが、火を放ったり、人を傷つけたりしないという統率のとれた行動であった。ただし押買《おしがい》という、値上り前の値段で米を買う行為はおこなっていた。

打ちこわしに参加して処罰された四七人の出生地は、武蔵・下総《しもうさ》の百姓で江戸に流入した者は七人と少なく、打ちこわしの主体勢力は江戸居住者が多く、周辺農村からの流入者とみた幕府側の認識(『宇下人言《うげのひとごと》』)とは異なる。被処罰者の多数は江戸居住店借《たながり》の倅で、職業は左官が三人、大工・屋根葺・蒔絵《まきえ》職・傘商各一人、肴《さかな》商人(捧手振《ぼてふり》)五人、前栽商八人、時之物商一人・真木商一人、髪結渡世《かみゆいとせい》一人、日雇稼《ひようかせぎ》一人、無宿《むしゅく》一人などであった。無宿は一人と少なかったことと、職人・小商人・日雇など、いずれも米価高騰が直接生活に響く裏店《うらだな》居住者たちであったことは特徴としてとらえることができよう。

打ちこわしの前年に解任されていた老中《ろうじゅう》田沼意次《たぬまおきつぐ》に連なる老中松平康福《まつだいらやすよし》らは、打ちこわしの翌年四月までに辞職した。打ちこわしの翌月には白河《しらかわ》藩主松平定信《さだのぶ》が老中首座に任じられ、いわゆる「寛《かん》政《せい》改革」に着手する。定信の解決すべき大きな課題は、⑴幕府の財政再建を農村復興と年貢徴収によってはたすこと、⑵打ちこわしを受けた江戸の治安問題を解決すること、⑶ロシアを中心とする外国の勢力にいかに対応するかということであった。

そのために幕閣を、定信と意思の通じる信頼できる譜代《ふだい》大名で固めた。その甲斐あって一七九三（寛政五）年七月に、定信が老中を辞職したあとも、老中松平信明《のぶあきら》らは路線を継承した。老中など上層の幕閣とともに、幕領の代官《だいかん》にいたる幕府の役職を担う旗本・御家人《ごけにん》たちを、吏僚として機能させる条件も整えた。ひとつは、札差《ふださし》に棄捐令《きえんれい》（一七八九〈寛政元〉年）を命じて旗本・御家人の八四年以前の借金を棒引きにし、それ以後は低利（六％）で年賦返済させることとした。札差が帳消しにされた金額は一一八万七八〇〇両余りの巨額であった。また札差に借金のできなくなった旗本たちの、以後の生活資金のために、浅草猿屋町《あさくささるやちょう》に両替商に出資させた貸金会所《かしきんかいしょ》を設置し、低金利貸付をおこなわせた。

生活の基本的な安定をもたらしたうえで、定信政権は旗本たちに文武両道を奨励した。まず一七九〇（寛政二）年武芸奨励を命じ、ついで「寛政異学の禁」を発した。湯島聖堂《ゆしませいどう》において異学（古学《こがく》派や折《せっ》衷《ちゅう》学派など）を教授することを禁じ、正学＝朱子学《しゅしがく》による講釈・会読に限定した。一七九二（寛政四）年以降は学問吟味や素読吟味という学術試験がとられた。これは中国の科挙《かきょ》のような登用試験ではなかったが、学問の奨励になった。また教官としては、林家《りんけ》当主に人材が得られなかったことから、柴《しば》野栗山《のりつざん》（徳島藩儒）・岡田寒泉《おかだかんせん》（旗本の次男）・尾藤二洲《びとうじしゅう》（大坂で私塾を開いていた）を登用して、文教政策を推進した。

農村復興と都市問題

　幕府の財政再建策を、定信政権は、前代の田沼政権のように商人からの冥加金《みょうがきん》・運上金《うんじょうきん》や専売制に依存するのではなく、幕領村々からの年貢収入を根幹にすえた。一七八八（天明八）年の幕府財政収入の第一は幕領からの年貢収入金六六万四一〇〇両余りと米五二万一六〇〇石余りであった。これは全収入の金額六二％と米一〇〇％に相当する。

　天明の飢饉で荒廃した農村復興のために一七九〇（寛政二）年「旧里《きゅうり》帰農《きのう》奨励令」を発して、帰農支援をした。一七八九（寛政元）年九月には諸大名に囲籾《かこいもみ》を命じ高一万石につき五〇石を五年間たくわえさせ、凶作に備えた。社倉《しゃそう》や義倉《ぎそう》と呼ばれる貯蔵庫の設置も奨励した。

　とくに幕領については、人材登用で意気込みをもった中下層の幕臣たちが、地方の代官になって農村復興にあたった。陸奥国塙《はなわ》（福島県）代官に一七九二（寛政四）年に任じられた寺西封元《てらにしたかもと》は公金五〇〇〇両を借り入れ、疲弊した農村再建の資金として用い成功したのは、その一例である。寺西代官は転任したあとも地元で名代官として顕彰された。

　しかし定信政権の農村復興策は、朱子学に裏打ちされた生真面目な面があり、百姓は遊興になじむことなく、米作などの農耕に精励すべしとの念があった。一七九八(寛政十)年に博徒《ばくと》・侠客《きょうかく》などの通《とお》り者《もの》の禁止や、翌年には村々で神事・祭礼にあたり芝居や見世物を興行することを禁止した。百姓たちは商品生産や流通にも精を出し、その結果として余裕をもてた者たちは、娯楽や文芸を楽しむ自由な発想をもち始めていた。こうした百姓や農村に風俗取締りで抑制しようとしても、その自由な動きを押しとどめることはできなかった。

定信政権の二つ目の課題である都市問題については、前述したように、打ちこわしの原因が農村からの流入者にあると考えたことから、「旧里帰農奨励令」を発し、流入農民に旅費・夫食《ふじき》(食料)・農具代を与えて帰村させようとしたが実効はあがらなかった。また一七九一(寛政三)年には、七分積金《しちぶつみきん》の制度も始めた。町入用《ちょういりよう》の節減分の七分(七〇%)を町会所に積み立てさせ、米不足のときに、施粥《せがゆ》をしたりお救い小屋の経費とした。

下層民のうち治安上の不安をいだかせた無宿(人別帳《にんべつちょう》からはずれた住所不定者)を更生させるために石川島《いしかわじま》に人足寄場《にんそくよせば》を設け(一七九〇年)、大工や建具師などの職業を修練させた。同時に石川島内に拘束することで犯罪に加わらない効果も企図した。

ところで、農村部から流入する者のなかで武家や商人に奉公人となる者たちは、請人《うけにん》(保証人)を立てたり、江戸の人宿《ひとやど》(入口《いれくち》)を介して比較的身元は確かであった。また、大工や左官など職人の親方のもとに弟子入りして修業する者も居所での人別掌握が安定していたが、土木に従事する手子《てこ》の者や、大八車で荷を運ぶ車力《しゃりき》など、あまり熟練を要さない肉体労働者で短期契約の日雇《ひよう》（日用）の場合、幕府は一六六五（寛文五）年に設置した日雇座をとおして統制をはかったが、日雇たちのさまざまな抵抗によって一七九七（寛政九）年、日雇座は廃止された。このため、日雇札をもたない日雇たちと無宿との境界線は曖昧になっていった。

　地方農村から袖乞いをしながら乞食状態で江戸にたどり着く者もあった。浅草・深川・代々木《よよぎ》・品《しな》川《がわ》の四カ所の非人頭《ひにんがしら》のもとに抱《かかえ》非人たちがおり、乞食状態の者はその手下《てか》に入れられ組織内非人となった。しかし非人組織に入れられていない者も存在し、これらを野《の》非人と呼ぶが、無宿との境界線はみえにくい。

　地方から、山伏《やまぶし》（修験者《しゅげんじゃ》）の弟子や陰陽師《おんみょうじ》・易者や神道者・願人坊主《がんにんぼうず》などになる者もあった。見よう見まねで宗教者風・芸能者風になる者も存在した。このように士・農・工・商の基幹的な身分の周縁にぞくぞくと不分明な身分の者が主に都市部に創出されていった。これに対して幕府は、修験道本山派などに「配下修験人別帳」を作成（一七九〇年）させた。また、願人坊主は鞍馬寺大蔵院《くらまでらだいぞういん》を本寺として末端坊主を書き上げさせた。陰陽師や易者については、「陰陽道職業いたし候輩は土御門《つちみかど》家支配」のことを全国にふれた（一七九一年）。

　こうして、松平定信政権は、都市江戸の治安維持をひとつの目的にして本山・本所《ほんじょ》をとおした身分集団化を進めていった。しかし、社会の変容と人びとの生きようとする力は、さらに周縁に身分を拡大させ、ひいては江戸時代の身分制度を解体に向かわせていくことになる。

禁裏造営と尊号事件

定信政権にとって、解決すべき根本的な課題のほかに、天明の大火（一七八八〈天明八〉年）による禁《きん》裏《り》炎上と尊号《そんごう》事件の難題が突然振りかかった。天明八年正月三日の京都大火は禁裏御所・仙洞《せんとう》御所・女院《にょいん》御所、二条城《にじょうじょう》をも例外とはせず焼失させた。江戸の打ちこわしのあと、松平定信が老中首座に就いて半年後のことであった。定信は禁裏造営総奉行に自ら就任して、復興を推進した。この年の幕府の年間の財政支出は金九四万一三〇〇両余りと米四七万二八〇〇石余りであったが、定信は禁裏御所向普請金として金二二万五〇〇〇両余り、類焼の堂上方《とうしょうがた》に金五万一〇〇〇両余り、二条城等普請につき金三万六〇〇〇両余り、京町々に金一〇〇〇両なども支出した。あわせて三一万三〇〇〇両余りが京都大火後復興費用にあてられたのである。これは幕府年間支出の三割をこえる。もっとも禁裏等造営はこれでも不足し、薩摩《さつま》藩・熊本藩の手伝普請と諸大名の築地普請金も割りあてられ、御所造営関係費は総額八一万両余りにのぼった。いかに定信が「関東の御威光のたつべきとき」と本格的に取り組んだことか、この金額から推しはかることは容易である。

光格《こうかく》天皇は、裏松光世《うらまつみつよ》の『大内裏図考証《だいだいりずこうしょう》』に基づく再建を望み、定信もこれを容れたことから、古儀に基づく禁裏御所の再興となった。一七八九（寛政元）年十一月に新造内裏への光格天皇の還御《かんぎょ》と

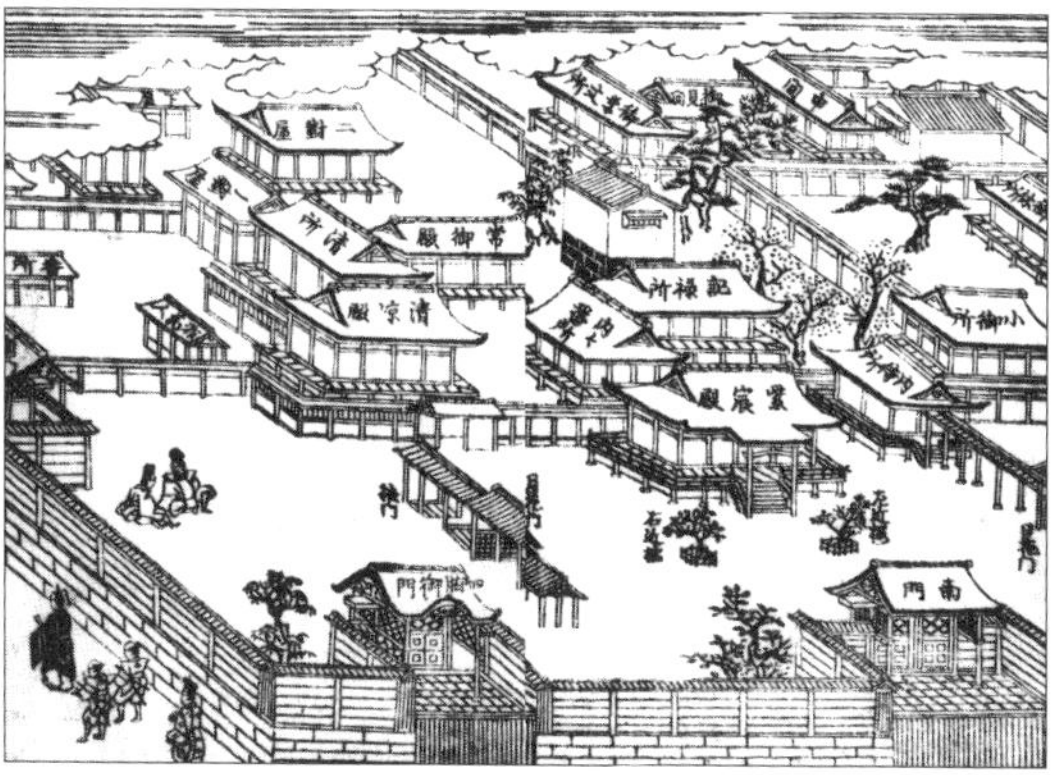

1771（明和８）年の内裏図（『雲上明鑑』）

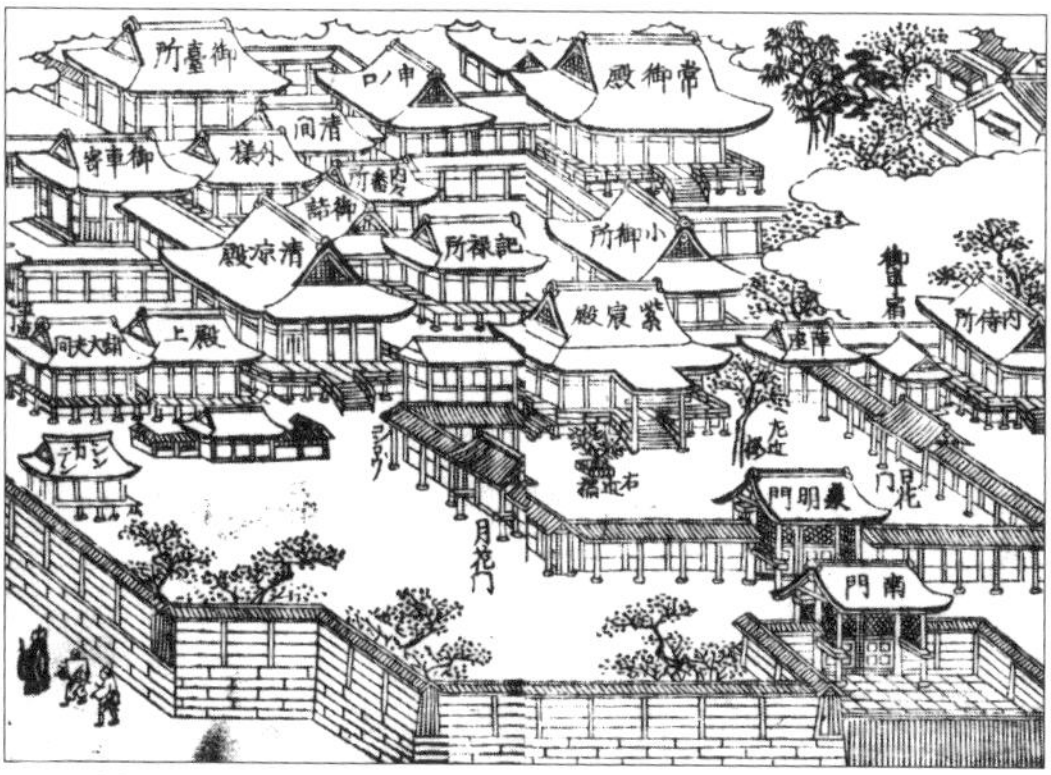

1794（寛政６）年の内裏図（『新刊　雲上明鑑』上）　左下に「シンカテン」（神嘉殿）がみえるほか，紫宸殿の南側の承明門や北側の御殿が充実された。

なった。仮御所であった聖護院門跡《しょうごいんもんぜき》から、光格天皇の乗る鳳輦《ほうれん》を挟むように供奉《ぐぶ》した公家《くげ》・武家など総勢一三〇〇人余りの行列は洛中を進んだ。一六二六(寛永三)年後水尾《ごみずのお》天皇の二条城行幸《ぎょうこう》以来の、この還御行幸は、禁裏炎上にともなう偶発的なことではあったが、天皇権威がじかに京中を練り歩くこととなった。

ところで光格天皇は、前述のように閑院宮典仁親王《かんいんのみやすけひとしんのう》の王子であった。「禁中《きんちゅう》並《ならびに》公家《くげ》諸法度《しょはっと》」第二条で「三公の下親王」と規定されていることから、天皇の実父典仁親王は摂家《せっけ》が任官される三大臣よりも下座におかれる。このことに天皇は心を痛めていた。そこで天皇側は一七八九年二月、武家伝《ぶけてん》奏《そう》の久我信通《こがのぶみち》と万里小路政房《までのこうじまさふさ》をとおして幕府側に、典仁親王に尊号(太上《だいじょう》天皇号)を宣下《せんげ》したいと伝えた。

松平定信は、太上天皇号は天皇が譲位をして冠せられる尊号であるから、天皇の実父であるとはいえ閑院宮典仁親王に宣下することはできないと拒んだ。関白鷹司輔平《かんぱくたかつかさすけひら》は典仁親王の弟で鷹司家の養子となった人物で、幕府の意向をくんで、朝幕間の調整につとめた。この鷹司輔平が一七九一(寛政三)年八月に関白を辞し、後任に一条輝良《いちじょうてるよし》が任じられ、また武家伝奏久我信通が辞して正親町公明《おおぎまちきんあき》が後任に補任されると、朝廷内の空気は一転して幕府に強硬に要求を押し出すことになった。

一七九一年十二月、天皇側は参議《さんぎ》以上の公卿《くぎょう》四〇人に対して、尊号宣下の賛否を問うた。結果は、前関白鷹司輔平とその子政熙《まさひろ》が反対、前武家伝奏久我信通ら三人が保留して、残り三五人が尊号宣下に賛成した。朝議は通例、関白・三大臣・武家伝奏・議奏《ぎそう》の一〇人余りでおこなうが、これを破り四〇人の群議による結論を幕府に示した。

松平定信は、これに回答を与えずにいたところ、朝廷は幕府の同意なくとも尊号宣下することを通告してきた。ここにいたり定信は、主謀者と目された議奏中山愛親《なかやまなるちか》と武家伝奏正親町公明の二人を江戸に召喚して尋問したうえで、処分案を決定した。一七九三(寛政五)年三月、中山は閉門《へいもん》一〇〇日、正親町は逼塞《ひっそく》五〇日をじきじきに言い渡され、京都にあった武家伝奏万里小路や議奏広橋《ひろはし》・勧修寺《かじゅうじ》・甘露寺《かんろじ》・千種《ちぐさ》の全員に処分を科した。

朝廷が幕府に伺いを立て、同意を受けてのちに実行するという朝幕間の原則を、群議をたてに否定しようとした今回の天皇側の動きに対し、松平定信は、本来ならばこれを抑制すべき武家伝奏や議奏が、復古派勢力の先頭に立ったことから、力の処分をじきじきに加えたものであった。それほどに光格天皇を頂点にした復古派勢力は力を増してきていた。十七世紀末の平和と安定の到来以来、一世紀以上続いた幕府と朝廷の協調体制は、ここに終わりを告げた。

2　揺らぐ「鎖国」の秩序

あらたな北の「国境線」

松平定信《まつだいらさだのぶ》の解決すべき大きな課題の三つ目として、ロシアを中心とする外国の勢力に如何に対応するかということがあった。田沼意次《たぬまおきつぐ》政権期の一七八六（天明六）年に、幕府は最上徳内《もがみとくない》らを千島《ちしま》列島に派遣して、ロシア人たちの動向を調査させた。定信政権になっても、引き続きロシアの南下政策に対応せざるをえなかった。こうした緊張の続くなか、一七八九（寛政元）年五月、国後《クナシリ》島と道東のメナシ地方のアイヌたち一三〇人による蜂起が起こった。一六年前に松前《まつまえ》藩への貸金（五四〇〇両）とひきかえに、場所の経営権を獲得していた飛驒屋九兵衛《ひだやきゅうべえ》の番人（和人《わじん》）や上乗《うわのり》（船の積荷の責任者）など七一人が殺害された。松前藩は二六〇余人の鎮圧隊を派遣したが、直接の武力行使ではなく、味方になったアイヌ首長をとおして投降を呼びかけた。投降したアイヌ三七人が死刑に処された。アイヌ蜂起の知らせを受けた幕府は、アイヌとロシアの連携の可能性を危惧した。

強大な国であるとの認識をもっていたロシアに警戒心をいだいていたところ、一七九二（寛政四）年九月、ロシア使節ラクスマンが、伊勢《いせ》国白子《しろこ》の船頭で、アリューシャン列島に漂着したのちペテルブルクでエカテリーナ二世に謁見し、帰国を許された大黒屋光太夫《だいこくやこうだゆう》をともなって、根室《ねむろ》に来航した。ラクスマンは、通商と江戸湾入航を要求したが、幕府は漂流民を受け取ったうえで通商は拒み、江戸湾ではなく長崎入港の信牌《しんぱい》を、松前の地で与えた。

幕府は、異国船に対する警戒から厳重な海岸防備策を命じた。とくに関東沿岸地域は、一七九三(寛政五)年松平定信自ら巡見し、江戸湾への異国船進入を警戒した。もちろん蝦夷島《えぞがしま》の警備にも配慮し、一七九七(寛政九)年、津軽《つがる》・南部《なんぶ》両藩に松前・箱館《はこだて》の警備を命じた。このころ、ロシア人の択捉《エトロフ》島上陸は進み、現地のアイヌはロシア正教を受容し、毛皮の納入をおこなっていたと考えられた(『休《きゅう》明光記《めいこうき》』)。そうしたことから、幕府は一七九八(寛政十)年三月に最上徳内・近藤重蔵《こんどうじゅうぞう》ら一八〇人の調査団を蝦夷地に派遣し、とくに最上・近藤らを択捉島に上陸させ、「大日本恵登呂府《えとろふ》」の標柱を立てさせた。さらに三年後には、幕府役人富山元十郎《とみやまもとじゅうろう》が、得撫島《ウルップ》に「天長地久大日本属島」の標柱を立てた。これらの行為は、得撫島・択捉島の外側に、異国ロシアとの境界(国境《くにざかい》)線を引く発想によると理解される。

幕府はさらに一八〇〇(寛政十二)年七月、仮直轄地とされていた国後・択捉両島に近藤重蔵と高田《たかだ》屋嘉兵衛《やかへえ》らを渡らせ、居住民であるアイヌに和人同様の風俗や郷村《ごうそん》制を施行し、首長を名主《なぬし》に任命した。こうして、両島居住のアイヌは和人であるとの「同化」政策をとって、ロシアの進出に対抗した。

境界の内側にある蝦夷島にはロシア人の居住はまだみられなかった。一七九九(寛政十一)年、アイヌ居住地域であった東蝦夷地を直轄地とし、一八〇〇年三月には幕府は武蔵《むさし》国の八王子《はちおうじ》千人同心《せんにんどうしん》一〇

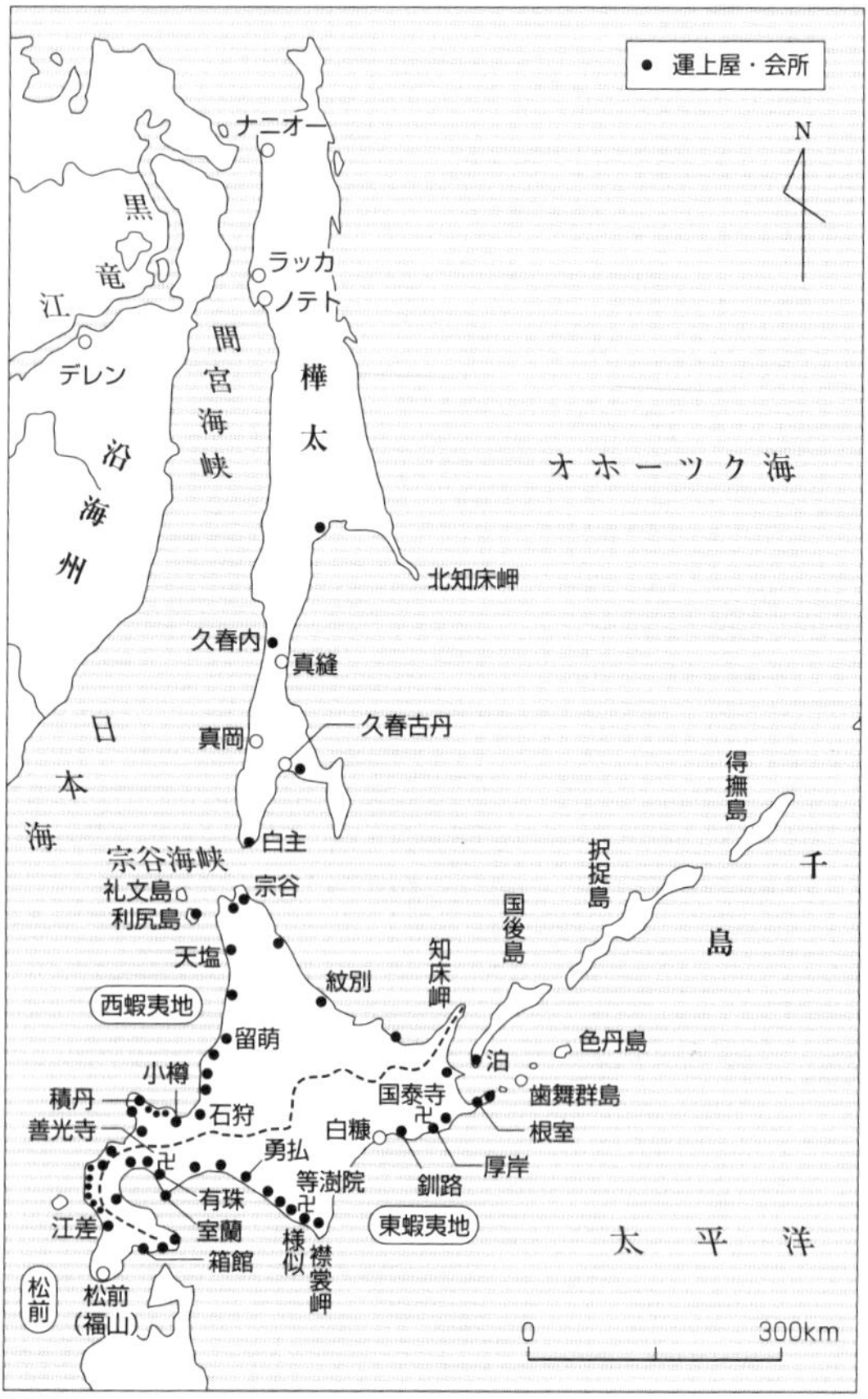

運上屋・会所
N
ナニオー
黒
竜
江
デレン
ラッカ
ノテト
間宮海峡
樺太
沿海州
オホーツク海
北知床岬
久春内
真縫
久春古丹
真岡
日本海
白主
宗谷海峡
宗谷
礼文島
利尻島
天塩
西蝦夷地
紋別
得撫島
択捉島
国後島
千島
知床岬
留萌
泊
色丹島
小樽
国泰寺
歯舞群島
積丹
石狩
根室
善光寺
白糠
勇払
厚岸
釧路
等澍院
有珠
江差
室蘭
東蝦夷地
太平洋
様似
箱館
襟裳岬
松前
松前
(福山)
0
300km

蝦夷地

○人を蝦夷地（釧路《くしろ》・白糠《しらぬか》に五〇人、勇払《ゆうふつ》に五〇人）に入植させた。一八〇二（享和二）年には蝦夷奉行《ぶぎょう》（二カ月余りのちに箱館奉行と改称）をおき、翌々年（一八〇四〈文化元〉年）、有珠《うす》に善光寺《ぜんこうじ》（浄土宗《じょうどしゅう》）、様似《さまに》に等澍院《とうじゅいん》（天台宗《てんだい》）、厚岸《あっけし》に国泰寺《こくたいじ》（臨済宗《りんざい》）の三官寺《さんかんじ》を開き、三宗から選抜された僧侶を住侶として、国家安全祈願を命じた。アイヌの居住してきた蝦夷地は、もはや国土であるとの宣言にも似た幕府の政策であった。

一八〇四年九月、ロシア使節レザノフは、一一年前に幕府がラクスマンに与えた信牌をもって、正式に長崎に来航した。漂流民送還をともなって、日本との通商を求めた。千島列島において両国間の接触がみられ出したなかでの、正式外交交渉であったが、幕府は六カ月も延引したうえの回答で、通商拒否を命じたことから、ロシア側はその非礼に憤った。一八〇六（文化三）年九月、ロシア海軍大尉率いるフリゲート艦が樺太《カラフト》久春古丹《クシュンコタン》を襲撃した。樺太襲撃の影響から、幕府は翌年三月に松前氏を陸奥《む》梁川《つやながわ》に転封《てんぽう》し、西蝦夷地も直轄地にして、宗谷《そうや》の警備を津軽・南部両藩に命じて備えた。しかるにロシア軍艦は、方向を変えて択捉島を襲撃した。さらに礼文《れぶん》島や利尻《りしり》島をも襲ったうえで、これらの行為がロシア使節レザノフに対する外交拒絶への報復であることを伝えた。

異国との銃撃戦は、未曽有のことであり、幕府に与えた衝撃は大きかった。津軽・南部両藩に加えて、秋田・庄内《しょうない》・仙台《せんだい》・会津《あいづ》各藩に蝦夷地への出兵を命じてロシア船に備えさせ、北方の緊張状態は継続した。

日本型華夷秩序の危機

ロシアの南下による北方での緊張感は、ロシア人の最初の得撫島上陸に続く越年（一七六六〈明和三〉年）からでも四〇年をこえ、ついにはフリゲート艦による銃撃を受けるほどの対立となった。しかるに、一八〇八（文化五）年八月には、こんどは長崎港にイギリス軍艦フェートン号が侵入した。ヨーロッパにおけるオランダとの戦争（ナポレオン戦争）の余波で、オランダ船拿捕《だほ》をねらったものの、長崎港にオランダ船はなく、かわりに長崎奉行松平康英《やすひで》に食糧・薪《まき》を要求した。長崎押え（警備）の佐賀藩兵は十分な人数がおらず、奉行《ぶぎょう》は要求を飲んで薪水《しんすい》・食糧を与え、フェートン号は退去した。松平康英は引責切腹、佐賀藩主も処罰された。

イギリス船のほかにアメリカ船までも日本近海に姿をみせ始め、幕府は一八一〇（文化七）年に、江戸湾の防禦を親藩《しんぱん》の会津藩と譜代《ふだい》の白河《しらかわ》藩に命じた。また、重要な商品流通の航路となる日本海の安全確保や軍備上の意味からも、佐渡《さど》島の警備を高田《たかだ》・長岡《ながおか》・新発田《しばた》の越後《えちご》国三藩に命じた。

列島を取り巻く緊張のなかで、北方でのロシアとの張りつめた緊張だけは、ゴロウニンと高田屋嘉《たかだやか》兵衛《へえ》との交換でいったん緩和された（一八一三〈文化十〉年）。その前一八一一（文化八）年六月にロシア船ディアナ号艦長ゴロウニンらは国後島での測量中、松前奉行所（箱館奉行から一八〇七年に改称）の役人によって捕えられ、松前に送られて幽閉（二年三カ月）の身となっていた。他方、ロシア側は国後島沖で高田屋嘉兵衛を捕えた。高田屋嘉兵衛の善処もあり、ゴロウニンとの人質交換が成立し、一八一三年九月、嘉兵衛を乗せたロシア軍艦は箱館に入港し、ロシア兵が上陸して人質交換をおこない、ロシア側が先の武力攻撃を陳謝したことで、両国の緊張関係はひとまず緩和されることになった。こうして、国境《くにざかい》を択捉島の北におくことを両国ともに認識した。その後の安定もあり、幕府は一八二一(文政四)年、蝦夷地を直轄からふたたび松前藩に還付した。

ところで、ロシア・イギリス・アメリカなどあらたな異国に対する警戒心から、大名にも命じて全国各地の海岸線に台場《だいば》を設け大砲を備えさせたように、幕府の対外認識は、これまでの「鎖国《さこく》」や「四つの口」で表現される、東アジアにおける日本型の華夷《かい》意識から変容を迫られた。

松前藩をとおしたアイヌとの関係の変容は前述したように、アイヌの「同化政策」と蝦夷地の国内化が進められ、その外側に異国ロシアが存在した。また、薩摩《さつま》藩をとおした琉球《りゅうきゅう》との関係については、十一代将軍徳川家斉《とくがわいえなり》の襲職(一七八七〈天明七〉年)の慶賀使《けいがし》(正使宜野湾《ぎのわん》王子朝恒《ちょうこう》)が江戸城に一七九〇(寛政二)年に到着したように、十代将軍家治《いえはる》襲職後四年と比しても通例の時期といえた。しかるに、通例であるならば三~四年以内に派遣される朝鮮通信使は、二四年後の一八一一(文化八)年五月になって、しかも江戸城への使節ではなく、対馬厳原《つしまいずはら》の宗《そう》家の屋敷において、正使金履喬《きんりきょう》は将軍襲職祝賀の「国書」を呈したのであった。

襲職から大幅に遅れ、「易地聘礼《えきちへいれい》」と呼ばれる対馬での異例の朝鮮通信使迎賓には理由があった。ひとつは、日本・朝鮮ともに財政窮乏のために出費抑制をはかったためである。実際に前回(宝暦度＝一七六四〈明和元〉年）の総費用金八七万二九〇〇両に比し、今回（文化度＝一八一一年）は金二三万六七〇〇両余りの総費用で、おおいに削減された。

理由の二つ目は対外認識の変容のなかで、朝鮮通信使の位置づけが改められたことによる。幕府側は一八〇〇（寛政十二）年、今後朝鮮国王からの書翰を「国書」とは呼ばずに、「来翰」またはたんに「書翰」と呼ぶことを命じた。実際、前述の「易地聘礼」で朝鮮から呈された「国書」は、「国書」とは呼ばれなくなった。これらのことは、中井竹山《なかいちくざん》が松平定信に意見上申した『草茅危言《そうぼうきげん》』のなかで記す、朝鮮は「神功《じんぐう》（皇后）の遠征已来」わが属国との認識から、対等の国家として朝鮮通信使をむかえることに異を唱えたことと符合する。

ロシア・イギリスなどとのあらたな国際関係のなかで生じた国家意識や国境意識は、従来の日本を中心におく東アジアでの外交秩序の認識の変更を幕府に迫った。すなわち、従来の長崎（オランダ・中国人）・アイヌ・朝鮮・琉球との関係は、日本を中心にした友好的な内側の外交秩序となり、あらたにその外側に、ロシア軍艦の襲撃のような武力をともなう危機感に満ちた外敵（外夷）である異国（ロシア・イギリス・アメリカなど）との関係を強く認識するようになったのである。

「国家」・「国民」意識と官制文化事業

従来の東アジアの対外秩序（四つの口）のなかで形成されてきたものとは異なる「国家」意識が芽生

えた。ロシアやイギリスというあらたな異国との衝突を経験したことで、幕府は日本の国家や国境の意識を強くもち始めた。改めて日本とはなにかという、日本国家の自己確認の必要に迫られたとみられる。地理的に国土を調べ、そこに居住する人びとやその歴史を調査したり、国家の歴史を考究する文化事業が取り組まれた。

官制の文化事業の中心になったのは、昌平坂学問所《しょうへいざかがくもんじょ》であった。大学頭林家《だいがくのかみりんけ》の七代信敬《のぶたか》の養子となった林述斎《はやしじゅっさい》(美濃岩村《みのいわむら》藩主松平乗薀《のりもり》の子)は学問所を活性化させた。これに盲人の学者塙保己一《はなわほきいち》の力もあわさった。塙保己一が和学講談所《わがくこうだんしょ》設立の願書を寺社奉行に提出したのは、一七九三(寛政五)年であった。願書には、寛政《かんせい》改革以後儒学《じゅがく》など諸道は栄んになっているが、和学(国学《こくがく》)とくに歴史・律令《りつりょう》のたぐいは頼るところがないので和学講談所を設立したい、という内容が記されていた。

設立が認可された和学講談所は林大学頭のもとで、昌平坂学問所の事業と一体となって取り組まれた。『群書類従《ぐんしょるいじゅう》』編纂は、和書の収集と校訂の作業であったが、これと並行して『史料』の編纂が進められた。六国史《りっこくし》は『日本書紀《にほんしょき》』から始まり『日本三代実録《にほんさんだいじつろく》』で終わっていた。正史である六国史が光孝《こうこう》天皇の時代(八八七〈仁和三〉年)まで途切れていることから、塙保己一は八八七年の宇多《うだ》天皇以降の『史料』編纂を始めた。これは古代以来の伝統的な正史編纂事業を継承しようとする発想であった。

歴史編纂事業のうち現代史(江戸時代史)にあたるものが『徳川実紀《とくがわじっき》』編纂であった。林述斎の建議により、学問所に「御実紀調所」が設けられ、徳川家康《いえやす》よりの歴代将軍の事歴を中心にした同時代史が編纂された。つまり、『日本書紀』からその当時までの日本歴史をとおそうという意図を、幕府がもったということである。

昌平坂学問所には「地誌調所」も設置され、全国の地誌編纂事業がおこなわれた。かつて石高《こくだか》に関心をおいて国絵図《くにえず》・郷帳《ごうちょう》の作成がなされたのとは異なり、山・川・海岸などの地理と、村の成り立ちや寺社の由緒、旧家の古文書などの歴史情報を、一村単位で調査する地誌編纂の取組みであった。甲斐《かい》国(『甲斐国志』)のような幕領のみならず、会津藩(『新編　会津風土記』)や水戸《みと》藩(『水府志料《すいふしりょう》』)など諸藩にも、地誌編纂事業が命じられた。正史が国家権力中枢の歴史を対象とするのに対し、地誌は村落単位の歴史と地理が対象となり、これを国家主導で編纂し、国家の統合をはかる効果をもった。

林述斎はまた家譜編纂事業を建議した。こうして作成されたのが『寛政重修諸家譜《かんせいちょうしゅうしょかふ》』(一八一二〈文化九〉年完成)であった。武士身分(大名・旗本《はたもと》・医師・同朋《どうぼう》など)の各家々の歴史(家譜)を提出させて編纂したものである。たとえば盲人検校《けんぎょう》で金貸しの米山銀一《よねやまぎんいち》が旗本男谷《おだに》家に息子を継がせたような、支配身分の緩みを引き締め、誰が武士身分であるのか、『寛政重修諸家譜』は以後の根拠となった。

幕府はまた『孝義録《こうぎろく》』を編纂させ、一八〇一(享和元)年に木版印刷で刊行した。全国の幕領・藩領を問わず、郡単位・国単位で、孝行者・貞女・節婦・忠義者・奇特者など善行者を事例とともに書き上げさせたもので、「国民」のあるべき姿として幕府は教化のモデルを提示した。

天明《てんめい》の打ちこわしの起こった江戸や大坂《おおさか》など都市を中心に、治安は乱れていた。また、農村部においても都市からの風俗の影響による乱れが指摘されていた。人びとは生きつづけるために、基幹的な身分（士・農・工・商）や集団化した宗教者（僧侶・修験《しゅげん》者・神職・陰陽師《おんみょうじ》など）の周縁に、ぞくぞくと願人《がんにん》・神道者・道心《どうしん》など不分明な身分の者たちを生み出していった。また、乞食《こつじき》、野非人《のひにん》・無宿《むしゅく》による治安上の不安も隠せなかった状況下で、幕府は、あるべき「国民」の姿を『孝義録』をとおして提示したものといえよう。

以上の寛政期に始まった幕府の官制文化事業の多くは、明治以降の国家政策として『大日本史料《だいにほんしりょう》』編纂・『皇国地誌《こうこくちし》』編纂・「道徳」教育として継承されたことも注目すべき点である。

3　花開く庶民文化と学問

相撲と歌舞伎興行

民衆の娯楽要求の強さは、今日につながる相撲と歌舞伎芝居の興行を軌道にのせた。

相撲は、江戸時代の初～前期は武士（大名）の屋敷内で、奉公人（足軽《あしがる》や水手《かこ》など）のなかの力強い者たちが、大名の御前で相撲をとり、武士たちが娯《たの》しむものであった。寺社の修築や橋の架け替えなど、公的な名目を立てた勧進相撲《かんじんずもう》の願いが寺社奉行《じしゃぶぎょう》になされても、前期は容易に許可されなかった。都市居住の人びとは、通りの四辻《よつつじ》や広小路《ひろこうじ》で、辻相撲を観戦する娯しみをもったが、幕府は治安の維持のためこれを禁止した。しかし、十七世紀後半になると、禁止されても夏の夜分にくりかえされた辻相撲を厳禁するためにも、幕府は勧進相撲興行を容認して、民衆の娯楽要求に応えざるをえなくなった。しかるべき勧進の名目はやがて不要となり、渡世《とせい》のための勧進興行が許可された。ついに一七四四(延享元)年には、春夏秋冬、一季に一度、三都で開催される勧進大相撲については、寺社奉行所において申請が恒常的に許可されるようになった。こうして晴天一〇日間興行の四季勧進大相撲と、そのあいまの期間に、年寄《としより》(江戸)や頭取(京・大坂・地方都市)を師匠とする弟子たちの一行が、地方巡業をおこなって生活する相撲渡世《とせい》集団が、三都や福岡など地方都市に形成された。

一七七三(安永二)年、幕府は素人《しろうと》相撲の禁止を全国にふれた。触れの内容は、⑴木戸を建てて相撲を興行し、札銭《ふだせん》(入場料)をとるのは相撲渡世の者だけとする、⑵素人の興行は禁止するが、相撲の年寄に金銭を払って許可を受ければ、木戸を建て札銭をとる勧進興行をおこなうことができる、とした。これは、相撲渡世集団の興行独占権を幕府が保証するものであった。

さらに一七九一(寛政三)年六月、将軍徳川家斉《とくがわいえなり》によって初の上覧相撲が挙行された。横綱《よこづな》を免許された谷風梶之助《たにかぜかじのすけ》と小野川喜三郎《おのがわきさぶろう》のほか、雷電為右衛門《らいでんためえもん》などの江戸相撲の全盛期に、江戸城吹上《ふきあげ》庭において、将軍や大名たちの観る前で取組みがおこなわれた。この後も六回挙行された将軍上覧相撲は、相撲の格式を高めるのみならず、相撲人気を刺激することになった。

　相撲興行の独占権を与えたり、将軍上覧相撲を挙行したり、幕府は相撲渡世集団を保護したが、そこにはひとつの狙いがあった。一七九八（寛政十）年の触れによれば、幕府は、地方の恒例となっていた祭礼相撲であっても、相撲年寄の許可を得た者たちでなければ興行をおこなえないように統制し、関東を中心にした在方の風俗取締りに役立てた。相撲興行開催で多く人が集まるところに、通《とお》り者《もの》と呼ばれた博奕打《ばくちうち》や悪党が賭場《とば》を開帳するなど悪事を働くのを、相撲年寄の管轄のもとで統制しようと、幕府は意図したのであった。

谷風（左）・小野川立合いの図

　これに対して歌舞伎興行は、まず女《おんな》歌舞伎が一六二九（寛永六）年に禁止された。幕府が江戸吉原《よしわら》・京島原《しまばら》など公娼制度を進めるなかで、女歌舞伎の女性役者の遊女的性格を否定する狙いがもたれた。さらに若衆《わかしゅう》歌舞伎を一六五二（承応元）年、幕府は禁止した。美少年である若衆の役者が男色《なんしょく》（衆道《しゅどう》）の対象となったことから、衆道ともども禁止とされた。
　こうして現在につながる成人男子のみの野郎《やろう》歌舞伎だけが、幕府の許可のもとで興行をおこなった。江戸では、延宝《えんぽう》期（一六七三〜八一年）に中村勘三郎《なかむらかんざぶろう》・市村羽左衛門《いちむらうざえもん》・森田勘弥《もりたかんや》・山村長太夫《やまむらちょうだゆう》の四家が座元《ざもと》となって興行する四座体制が整った。もっとも、山村座は大奥女中絵島《えじま》と山村座役者生島新五郎《いくしましんごろう》の遊興をとがめる絵島・生島事件（一七一四〈正徳四〉年）によって廃止され、以後は三座体制となる。

元禄期《げんろく》（一六八八〜一七〇四年）以降、三都で活況を呈した歌舞伎ではあったが、やがて地方都市への進出や都市の宮地芝居《みやじしばい》の開催など、歌舞伎芝居の広範な展開は、歌舞伎の大衆化をもたらしたといえる。そのことは逆に、三座での高額な見物料を避ける傾向となり、寛政期《かんせい》（一七八九〜一八〇一年）とくに一七九三〜九八〈寛政五〜十〉年には三座は本櫓《ほんやぐら》としての興行をせず、都座《みやこざ》・桐座《きり》・河原崎座《かわらさき》の控櫓《ひかえやぐら》に開催を委ねた。その後、文化《ぶんか》・文政期《ぶんせい》（一八〇四〜三〇年）も順調ではなく、芝神明《しばしんめい》・湯島天神《ゆしまてんじん》・神田明神《かんだみょうじん》などの境内での宮地芝居の隆盛に押された。

江戸三座は、宮地芝居や地方都市・農村をめぐる芝居の役者たちを統制することはなかった。幕府にとっての最大関心事である農村再建のための風俗取締りに、三座体制は有効とはならなかった。天保《てんぽう》改革期に三座は浅草《あさくさ》のはずれの猿若町《さるわかちょう》に移転させられ、また宮地芝居も取払いが命じられ、役者に対する差別的な待遇を命じられたのも、幕府による風俗取締りに有効な力を発揮できなかったことも理由となろう。その点は、ともに民衆の娯楽要求からの支持を受けた相撲渡世集団と異なるところであった。

浮世絵と浮世床

相撲と歌舞伎の人気は、相撲取りや役者たちが江戸・京・大坂の三都をはじめ、全国の町々を巡業していったことで、広がりをみせたことはいうまでもない。これに加えて、浮世絵として花形役者や相撲取りが描かれ、全国に流布したことも人気を博す大きな要因となった。

浮世絵《うきよえ》は、一七六五(明和二)年、多色摺木版《たしょくずりもくはん》技法が鈴木春信《すずきはるのぶ》によって考案され、これが錦絵《にしきえ》と呼ばれて幅広い層に受け入れられた。それまでの絵画は、原画一枚が名作として賞讃されても、ごく一部の人を除いて多くの人びとはその名画をみることはできなかった。これに対して錦絵は、精巧な木版画技術と作者である鳥居清長《とりいきよなが》・喜多川歌麿《きたがわうたまろ》による美人画や東洲斎写楽《とうしゅうさいしゃらく》・歌川豊国《うたがわとよくに》の役者絵などによって、一七八一〜一八〇一(天明元〜享和元)年ころに大人気を博した。人気の理由として美術的に優れた作品であるうえに、同一版画を大量に製作することができ、安価に流布されたことを指摘できる。

文化・文政期には一層の普及がなされ、喜多川歌麿らの錦絵が江戸の文化と雰囲気を地方に伝えたのに対し、葛飾北斎《かつしかほくさい》・歌川広重《ひろしげ》の風景画は、地方の景勝地の素晴らしさを江戸に伝える役割をはたした。

地方と三都の交流は、浮世絵という視覚的な媒体をとおして展開したが、このことがひとつの刺激になって、人びとが直接旅に出て、三都や地方を見聞する動向をつくっていった。地方の人びとが三都をおとずれる機会は、浄土真宗《じょうどしんしゅう》門徒が京都の本山東西の本願寺《ほんがんじ》を参詣するという場合もあったが、多くは、「江戸名所図絵」（鍬形蕙斎《くわがたけいさい》、一七八五〈天明五〉年）五〇景などに描かれた華やいだ名所の本物を直接見聞しようとの意思からである。

その逆に三都や地方から、全国各地に存在した名所・旧跡や名刹・神社などに旅行をする機運も高まった。伊勢《いせ》参宮はその代表であるが、その他大きな神社に付属する御師《おし》たちの活動も媒介となって、人びとの移動は遠近さまざまではあったが大量になった。江戸を中心にみるならば富士講《ふじこう》の隆盛による富士山参詣と鎌倉《かまくら》・江の島《えのしま》・金沢八景《かなざわはっけい》への旅行は身近なものとなった。また観音信仰にともなう坂東《ばんどう》三十三所や秩父《ちちぶ》三十四所霊場巡りに赴くこともあった。

信州《しんしゅう》善光寺《ぜんこうじ》詣でも多くみられたが、伊勢や富士参詣とともに、講を組んで小さな集団を形成して行動する事例が少なくなかったことも、特徴のひとつとしてあげられよう。

名所巡りなどの旅が盛んになっても、旅に出られない多くの庶民が存在した。北斎や広重の錦絵の魅力とは別に、読物をとおして旅を楽しむ世界が始まった。『東海道中膝栗毛《とうかいどうちゅうひざくりげ》』を十返舎一九《じっぺんしゃいっく》がつくったのは一八〇二（享和二）年からで、挿絵もあわせてこの滑稽本《こっけいぼん》は続編まであわせると四三冊の刊行となった。読者は弥次《やじ》さん喜多《きた》さんとともに東海道から大坂、金毘羅《こんぴら》と宮島《みやじま》参りをして、帰路は木曽《きそ》路《じ》と中山道《なかせんどう》をとおっての旅を楽しむことができた。

江戸の出版は、寛政改革で統制が加えられ、洒落本《しゃれぼん》作者の山東京伝《さんとうきょうでん》や黄表紙《きびょうし》作者の恋川春町《こいかわはるまち》、あわせて出版元の蔦屋重三郎《つたやじゅうざぶろう》らが処罰された。しかし、文化期（一八〇四～一八年）には前述の十返舎一九のほかに、式亭三馬《しきていさんば》が『浮世風呂』や『浮世床』の滑稽本を書き、町人生活を描いてみせた。銭湯《せんとう》の朝から午後までの光景や、髪結床《かみゆいどこ》での他愛のない無駄話をとおして、江戸庶民の様子が伝えられた。

出版物を購入できる層のほかに、貸本屋をとおして、出版物は読者の手に渡った。一八〇八(文化五)年段階で、江戸の貸本屋は仲間をつくり一二組に分かれて、総勢六五六人が営業をしていた。約一〇〇メートルの通りの両側町で形成される一町ないし二町に一軒は、貸本屋が営業していたことになる。『浮世床』『東海道中膝栗毛』などは、この貸本屋をとおして広く読まれたのであった。

浮世絵も『浮世床』も、大量に製作され、広範な受容者によって展開していったことが、この時期、化政期の特徴であった。豊富な情報がメディアを媒介にして、庶民にいたるまで、各種の旅行に出るほどに刺激を与えたことは、ひとつの条件ではあるが、人びとの生活にゆとりがなければ、旅行に出ることも、浮世絵を買ったり本を借りて読むことも可能にはならない。一八〇〇年ころの、この時代のもつ社会全体の生産力の高さと富の蓄積を、前提として考える必要があろう。

国学と洋学

一七九三(寛政五)年に和学講談所《わがくこうだんしょ》設立の願書を寺社奉行所に提出した塙保己一《はなわほきいち》は、「寛政改革以後儒学など諸道は栄んになっているが和学(国学《こくがく》)だけはおこなわれていない、もっとも和学のなかで神学と歌学は、将軍綱吉《つなよし》のときに神道方と歌学方が設立されその家々もある、しかるに歴史・律令《りつりょう》のたぐいは頼るところがないので、和学講談所を設立したい」という趣旨を書き上げた。

幕臣とその子弟のための昌平坂学問所《しょうへいざかがくもんじょ》をはじめ、甲府勤番《こうふきんばん》の幕臣と子弟のための徽典館《きてんかん》を設立したように、幕府は儒学《じゅがく》とくに朱子学《しゅしがく》を推進した。二〇〇以上もの藩校でも儒学による藩士教育がなされた。儒学は、近世の身分制的秩序を維持する思想としてふさわしい内容をもっており、幕臣・藩士など支配層の者たちに儒学を学ばせたのであった。

これに対して塙保己一は、五代将軍綱吉によって、和学(国学)のうち、吉川惟足《よしかわこれたり》を神道方、北村季《きたむらき》吟《ぎん》を歌学方として、その後も両家を中心に神道・和歌が研究されたのに、歴史・律令のたぐいは中心となる所がないので、和学講談所が必要であるとした。塙保己一の提唱する和学とは、神道・和歌・歴史・律令をさし、すなわち国学の内容を的確に示している。

この時期の国学者を代表する本居宣長《もとおりのりなが》には、塙保己一とは異なり、儒学に対する批判がみられる。『万葉代匠記《まんようだいしょうき》』を著わした契沖《けいちゅう》は、和歌研究に貫かれていたが、賀茂真淵《かものまぶち》は和歌研究に加え、「からの文」の渡来によって、古来の歌心が失われたことを指摘しており、本居宣長に継承される。本居宣長は、漢意《からごころ》を批判する。日本の古典である『古事記《こじき》』『日本書紀《にほんしょき》』を研究することから、日本本来の固有の心のありようは、「神ながらの道」であるとし、それが漢意によって損なわれたことを批判する。宣長にとって神話は価値の源泉となり、後世にまで影響力を与える。

本居宣長の弟子を称する平田篤胤《ひらたあつたね》は、「祝詞《のりと》」を根拠に「古道の学問」としての国学を唱える。『霊《たま》能真柱《のみはしら》』で死後の霊魂は死穢《しえ》を連想する黄泉《よみ》国ではなく冥界に上ると、その行方を示したように、具体的な内容は民衆にも受け入れやすいものがあった。宣長が明確に漢意(儒学)批判をしたのに対し、平田篤胤は皇国の優位性を説くにとどまるなど、違いをみせた。篤胤の受入れやすさは、地方の神職や豪農などを門人として加え、村落社会にも浸透していくこととなった。

儒学を中心におく近世の学問・思想を批判したものには、国学とともに洋学《ようがく》があった。洋学は、「鎖国《さこく》」体制のもとにあっては、長崎出島《でじま》のオランダ商館を窓口にした蘭学《らんがく》によって代表される。実用の学問である医学は、それまでの漢方医学に加えて蘭方医学が導入された。一七七四(安永三)年の前野良沢《まえのりょうたく》や杉田玄白《すぎたげんぱく》らによる『ターヘル・アナトミア』の訳書『解体新書《かいたいしんしょ》』の刊行は画期的なことであった。

蘭学は、医学のほかに天文学・地理学などの分野でもめざましい展開をみせた。幕府は五代将軍綱吉のときに設立した天文方に、高橋至時《たかはしよしとき》を登用し、京都の天文博士土御門《つちみかど》家の影響を脱し、西洋天文学に基づく寛政暦をつくらせた。高橋至時に暦学・測量を学んだ伊能忠敬《いのうただたか》に、幕府は全国の沿岸を実測させ、きわめて精度の高い「大日本沿海輿地《よち》全図」を作成させた。忠敬が測量に出発したのは一八〇〇(寛政十二)年閏四月、近藤重蔵《こんどうじゅうぞう》らが「大日本恵登呂府《えとろふ》」の標柱を立てた二年後であり、八王子《はちおうじ》千人同心《せんにんどうしん》の子弟が蝦夷地《えぞち》に入植したその年である。忠敬の全国最初の測量地が蝦夷地であったことは象徴的であり、幕府は近代国家につながる国家観のもとで、西洋の科学技術を活用し始めている。

幕府は天文方に蛮書和解御用《ばんしょわげごよう》という機関を設置し（一八一一〈文化八〉年）、洋書を翻訳させ、洋学研究にあたらせた。蛮書和解御用は、洋学所（一八五五〈安政二〉年）・蕃書調所《しらべしょ》（五六〈安政三〉年）などと名を改め、開成《かいせい》学校となって明治維新《めいじいしん》後、昌平坂学問所から改称した昌平学校、種痘所《しゅとうじょ》（五八〈安政五〉年）から改称した医学校とともに大学校（六九〈明治二〉年）となり、東京大学へと発展していく。

寛政期以降の幕府による学問・教育・研究機関の設立や事業は、対外的危機感に発する国家意識に基づくものであり、それが意味のある必要不可欠なものとして近代の明治政府に継承されていったことは注目される。

4　市場構造の変容と天保改革

地域社会と流通構造の変化

江戸を取り巻く関東農村では、貨幣経済が浸透し、交通や流通の要所が町場化され、商人や地主たちが優勢となる一方で、農民の没落が顕著になっていった。こうして東国農村は耕作地の荒廃と、町場を中心にした風俗の乱れや、その原因をつくる博徒《ばくと》や無宿《むしゅく》の横行による治安の悪化が大きな問題となっていた。この問題は、都市江戸の治安問題と連動していた。一八一八（文政元）年、幕府は江戸の場末町や拡大した周辺部(代官支配地《だいかん》)をあらたに御府内《ごふない》として地域確定＝地図上に朱線を引く朱引《しゅびき》をして町奉行《まちぶぎょう》支配地として管轄を明示した。町奉行は人別《にんべつ》掌握を強め、江戸居住の認められない無宿や浪人《ろうにん》などを周辺農村に追いやることにもなった。

これより先一八〇五(文化二)年、幕府は関東取締出役《かんとうとりしまりしゅつやく》(俗に「八州廻り《はっしゅうまわ》」と呼ばれる)を設け、水戸《みと》藩領を除く関八州の幕領・私領の区別なく犯罪者を逮捕させた。江戸近郊の品川《しながわ》・板橋《いたばし》・大宮《おおみや》・藤沢《ふじさわ》の各代官の配下役人(手付《てつき》・手代《てだい》)のうち八人を選び、二人一組で犯罪者を追跡し逮捕する制度であった。この人数では不足するので、道先案内人《みちさき》と呼ばれる村内の有力者たちも、取締出役に協力して治安を守るために各地で組織化がなされた。上州《じょうしゅう》博徒の国定忠治《くにさだちゅうじ》は、八州廻りに追われて捕縛されたのであった。

さらに一八二七(文政十)年には、関東農村に改革組合村を設置させた。幕領・私領の区別なく四〜五村落で小組合(小物代《そうだい》をおく)をつくり、一〇小組合村で大組合村(大物代をおく)を組織した。寄場《よせば》と呼ばれる中心の町や村で組合村の運営がなされ、共同して地域の治安や風俗取締りにあたり、諸費用を負担した。また、浪人や座頭《ざとう》の勧化金《かんげきん》などを組合村として負担し、集計したのち村々に割りかける制度もとった。

関東以外の全国の幕領でも、一〇〜三〇カ村単位で組合村を設け、惣代庄屋《しょうや》(東国では惣代名主《なぬし》)が選出されて組合村の運営にかかわった。組合村の約束ごとを郡中議定《ぐんちゅうぎじょう》として制定し、代官による支配を支えた。同時に連合した村々のもつ自律的・自治的性格も注目できる点である。惣代庄屋とともに代官の仕事(御用)をうけおう郷宿《ごうやど》や御用達《ごようたし》と呼ばれる者たちの存在もまた、支配代官と地域村落の中間にあって、統治機能をはたしていた。

この時期はまた、全国の流通構造にも新しい動きがみられ出した。全国各地の商品生産地から大坂市場へなされていた諸商品の流通が、生産地から瀬戸内海をとおって上方市場に届く前に、たとえば尾張《おわり》国知多《ちた》半島内海《うつみ》などの尾州《びしゅう》廻船が、寄港地で商品を買い上げてしまい、江戸方面で販売して巨利を得るという、仲間外の活動が展開した。あるいは、北前船《きたまえぶね》が松前《まつまえ》から大坂に海産物の荷を運ぶ途中、新潟や富山で薩摩《さつま》藩の船が出会い、商品を買い上げ、かわりに琉球《りゅうきゅう》経由の唐薬種《とうやくしゅ》を売りさばくようなこともおこなわれた。また赤間関《あかまがせき》(下関《しものせき》)は関門《かんもん》海峡の激しい潮の流れを見極めるため、廻船は潮待ちをするが、停泊中の船の積荷が買い上げられることもあった。

幕府の設定した全国的な商品流通構造は、物資をいったん上方市場に集め、これを江戸に輸送するというもので、その担い手である大坂問屋《といや》や江戸問屋が仲間組織(株仲間《かぶなかま》)をつくって、利益を獲得するというものであった。しかるに、いまやその基幹的な流通構造が、仲間外の、つまりは幕府の統制の外側からの自由な活動によって、機能不全に陥る状況にいたったのであった。

飢饉と天保改革

天保《てんぽう》期(一八三〇〜四四年)には凶作が続き、一八三三(天保三)年から翌年にかけて例年の半分以下の収穫となった。これに追打ちをかけるように一八三六(天保七)年も全国的な凶作で、東北地方だけでも餓死者や病死者が一〇万人にのぼったと推測される。農村や都市の百姓一揆《いっき》・打ちこわしの件数は年間で一〇〇件をこえ、江戸時代の百姓一揆件数のピークとなった。

一八三六年甲斐《かい》国郡内《ぐんない》地方(都留《つる》郡)や三河《みかわ》国加茂《かも》郡で、いずれも幕領において大規模な一揆が発生した。郡内騒動は、都留郡八〇カ村・一万人が蜂起して、豪農・豪商宅を打ちこわし、笹子《ささご》峠をこえて甲府《こうふ》に迫ったものであった。山がちの郡内地方では甲斐絹《かいき》の生産などに頼り、米を甲府盆地(国中《くになか》地方)に依存していたところ、深刻な飢饉となり、しかも売り惜しみで米価をつりあげる商人たちもあったことから、これらの家を打ちこわしたものである。一揆勢に対し、石和《いさわ》と甲府の代官所は鎮圧できず、信州高島《しんしゅうたかしま》藩と駿河沼津《するがぬまづ》藩の鉄砲隊の到着によって鎮圧できた。

三河加茂一揆でも、二四〇カ村・一万二〇〇〇人が蜂起した。いずれも幕領での大規模一揆に幕府は衝撃を受けたが、それ以上に動揺を与えたのが、翌年の大坂町奉行所の元与力《よりき》で陽明学者《ようめいがくしゃ》の大塩平八郎《おおしおへいはちろう》の武装蜂起であった。大坂でも餓死者があいついだが、米商人は買い占めで暴利を得、大坂町奉行所もまた救済策をとらずに、幕府の指示により大坂の米を大量に江戸に廻送していた。この状況に怒った大塩は、蔵書を売って救済にあてたうえで、家塾洗心洞《せんしんどう》の門弟や民衆を動員して大砲・鉄砲・

槍などで蜂起した。乱は大坂城代《じょうだい》や町奉行の軍勢によって半日で鎮圧された。

大規模一揆や大塩の乱など、内憂にあたる課題とともに、外患にも幕府は悩まされた。一八二五（文政八）年に異国船打払令《いこくせんうちはらいれい》を出した幕府は、唐《とう》（中国）・朝鮮・琉球・オランダの船以外の異国船（ロシア・イギリス・アメリカなど）をみつけたならば二念なく（迷うことなく）打ちはらうことを命じた。これは近年、異国船がみだりに上陸し、米穀や島方の野牛などを奪い取る行為が横行し、邪宗門《じゃしゅうもん》（キリスト教）を勧め入れている様子もみえる、という認識を前提にしていた。

一八三七（天保八）年、アメリカ商船モリソン号が浦賀《うらが》沖に接近し、日本人漂流民七人の送還と日米交易をはかろうとした。幕府は異国船打払令に基づいて、これを砲撃し打ちはらう事件（モリソン号事件）も発生した。また、アヘン戦争の情報も幕府に伝えられた。このような国内外の危機に対処するため、一八四一（天保十二）年、大御所徳川家斉《おおごしょとくがわいえなり》の死後、将軍家慶《いえよし》の信任を得た老中《ろうじゅう》水野忠邦《みずのただくに》が、享保《きょうほ》・寛政《かんせい》改革を意識した天保改革を推進した。忠邦は、学問・武芸を奨励し、奢侈《しゃし》の禁止を命じた。二一一軒あった寄席《よせ》を一五軒に減じ、江戸歌舞伎三座を浅草《あさくさ》のはずれに移転させ、七世市川団十郎《いちかわだんじゅうろう》のような人気役者が市中を歩くときに編み笠をかぶらせたのも、風俗を厳しく取り締まるためであった。人情本《にんじょうぼん》作者の為永春水《ためながしゅんすい》や合巻《ごうかん》作者の柳亭種彦《りゅうていたねひこ》を処罰したのも同様であった。

人返し令（一八四三〈天保十四〉年）もまた、寛政改革の帰農令と共通した農村復興策であった。江戸市中の取締りを厳しくし、人別《にんべつ》改めをおこない、都市の治安を保つとともに、帰郷を強制して荒廃した農村を復興させようとはかったが、実際は江戸をはらわれた浪人や無宿などが、関東農村の治安をますます悪化させただけであった。

物価騰貴をおさえるための株仲間解散令（一八四一年）も失敗に終わった。忠邦は物価高騰の原因は、江戸十組問屋・大坂二十四組問屋などの株仲間が、商品の流通を独占してもたらされると考えたが、実態は前述したように、内海船《うつみぶね》などの活動によって、物資そのものが上方市場に入荷しなかったためであった。株仲間の解散は、かえって逆効果となった。一〇年後の一八五一（嘉永四）年に幕府は株仲間の再興令を出したが、これはこれであらたな混乱を招くことになった。

幕府権力の起死回生をはかるため、一八四三年には、将軍家慶が六七年ぶりに日光社参《にっこうしゃさん》を実行した。大出費による財政悪化と、夫役《ぶやく》に動員された数多《あまた》の農民の不満をもたらす結果となった。また同様の試みとして、朝鮮通信使を大坂に聘礼《へいれい》する計画を、忠邦は対馬《つしま》藩に命じていたが、これは実現されなかった。

将軍権力を高め、幕藩関係で優位に立ったうえで、忠邦は長岡《ながおか》藩領であった新潟を上知《じょうち》して直轄とし、新潟奉行を設置した。日本海の航行を保つために、新潟は佐渡《さど》とともに防衛上の要地であった。長岡藩は、抜荷《ぬけに》の発覚で新潟の廻船問屋が処罰されており、上知に抵抗することはできなかった。

忠邦はさらに、江戸・大坂周辺地域の約五〇万石相当を直轄地にして、防備強化や年貢《ねんぐ》徴収の安定をはかろうとした。これ以前の一八四〇（天保十一）年に三方領知替《さんぽうりょうちが》えと呼ばれる、川越《かわごえ》藩松平《まつだいら》家を庄内《しょうない》へ、庄内藩酒井《さかい》家を長岡へ、長岡藩牧野《まきの》家を川越へ転封《てんぽう》する命令を出したが、農民の反対運動などによって撤回された。このときと同様に、江戸・大坂周辺上知令も反発にあったため実施できず、忠邦は失脚した。幕府権力の弱体ぶりは明らかとなり、鳥取藩など五藩に手伝普請《てつだいぶしん》を命じた工事途中の印旛沼《いんばぬま》干拓も中止された。

幕府に対する藩権力は、幕府の弱体化によって相対的にも自立化されることになったが、藩政改革を成功させた諸藩は、絶対的にも実力を備えていったのであった。商品生産や工業の発展に積極的に対応し、これを取り込み、藩営専売制や藩営工場の設立をはかった鹿児島（薩摩）藩や萩《はぎ》（長州《ちょうしゅう》）藩・佐賀（肥前《ひぜん》）藩・高知（土佐《とさ》）藩・宇和島《うわじま》藩・福井（越前《えちぜん》）藩などは、人材にもめぐまれ、やがて雄藩《ゆうはん》として、幕末の政局に強い発言力と実力をもって登場することになる。

朝廷権威の浮上

尊号《そんごう》事件（一七九三〈寛政五〉年）における松平定信《さだのぶ》政権の弾圧をきっかけにして、朝幕の協調関係は変質した。それ以降の天皇・朝廷は、幕初に定められた制度や枠組みから逸脱することはなかったが、幕府に独占的に協調するだけであったその権威は、もはや諸大名や社会にも広く開かれ、浮上していくことになった。朝廷権威が浮上したのには、いくつかの理由があげられる。ひとつには、「内憂外患《ないゆうがいかん》」の言葉に象徴される国内外の危機的状況を前にして、国家権力である幕府が弱体化して威信を発揮できなくなると、これに取ってかわる上位の権威としての天皇・朝廷が求められ始め、国のかたち（国体）のなかに位置づける発想がとられるようになったことによる。

二つには、朝廷の側から朝廷復古の考え方が強く打ち出されたためである。光格《こうかく》天皇は一七七九（安永八）年から一八一七（文化十四）年まで三七年余りと長期に在位したが、譲位後も仁孝《にんこう》天皇の一八四〇（天保十一）年まで院政《いんせい》を続けた。あわせて六一年間の治政となったが、その間に、仁孝天皇即位後の朝覲行幸《ちょうきんぎょうこう》の再興を幕府に願い、同意の回答を引き出した。もっとも光格上皇《じょうこう》は病がちになり、一八四〇年に死去したことから朝覲行幸は実行されなかった。なお行幸は、一八六三（文久三）年に朝幕関係の逆転されたなかで、孝明《こうめい》天皇が賀茂社《かもしゃ》と石清水八幡宮《いわしみずはちまんぐう》に二一三年ぶりにおこなうまで実施されなかった。

また光格上皇は遺勅《いちょく》として、自らの諡号《しごう》（おくり名）に、院号ではなく天皇号を用いるよう命じた。庶民から大名・将軍にまで用いられた死後の称号である台徳院《だいとくいん》（徳川秀忠《ひでただ》の諡号）などの院号よりも、一段高い天皇号を用いて、天皇上位の序列を示そうとした。

朝廷権威の浮上をもたらした三つ目の理由として、公家《くげ》たちの活動とこれを受容した社会がある。堂上《とうしょう》の公家は、江戸時代に入ってから新家の設立がみられ、一七五〇（寛延三）年までに一三三家（六五家が新家）を数えた。さらに天明《てんめい》期以降は一五〇家をこえた。昇殿のできない地下《じげ》の官人は、一七八七（天明七）年には七二八人を数え、さらに一八六五（慶応元）年に一〇九〇人になるように、その数も増加した。朝廷を構成し、朝廷の儀式や朝議を担う堂上・地下の公家たちの数が増加したことは、朝廷の勢力を増すことにつながった。しかもこれら公家たちは、幕府から与えられた家領や扶持米《ふちまい》あるいは下行米《げぎょうまい》のみで家の財政をまかなうのは不十分であり、積極的に家業（家職）や家に伝わる技量をもって、社会とかかわることで収入を得る活動を展開した。

社会の側もまた、武士・百姓・商人・職人などの各層が、天皇・朝廷の権威を求めるようになっていた。大名や上層町人などが蹴鞠《けまり》をおこなうに際し、公家の飛鳥井《あすかい》家や難波《なんば》家から各種の許状を受け、両家はそこから収入を得た。身分を保証する免許状はなおさら必要なものとされた。全国の神社神職の免許状は、主に公家の吉田《よしだ》家と白川《しらかわ》家が発行し、収入を得た。占いや家相図の作成などをおこなう陰陽師《おんみょうじ》や易者の免許状（職札《しきふだ》）は、公家の土御門《つちみかど》家が発行した。

仏教僧侶の場合も、檀家《だんか》の要望もあって僧位・僧官を、少しでも上位のものを求めた。また菓子職人など多様な職人が、藤原大掾《だいじょう》などの官名や受領を、真言宗《しんごんしゅう》の三門跡《もんぜき》（仁和寺《にんなじ》・大覚寺《だいかくじ》・勧修寺《かんじゅじ》）に求めるという動きも広がり、官名の背景にある朝廷権威の存在は社会に浸透していった。職人でも鋳物《いも》師《じ》・鋳掛《いかけ》屋は、地下の真継《まつぎ》家の許状を得て、商売をおこなうことができた。

家職とはかかわらなくとも、伏見宮《ふしみのみや》の土岐《とき》多膳《たぜん》という役人が、一八二三（文政六）年に駿河国駿東《すんとう》郡竹《たけ》の下《した》村の牛頭天王社《こずてんのうしゃ》を訪れ、菊紋付紫の幕や菊紋付釣提灯などをあずけた事例などは、以後社用に使用するたびに幕や提灯の菊紋とともに伏見宮はもちろん、天皇や朝廷の存在を視覚的に認識させることになったであろう。

以上、およそ一八〇〇(寛政十二)年以降幕末にかけて、天皇・朝廷の権威はさらに社会に浸透していったのであった。かくして、天皇・朝廷は権威としてのみならず、その後雄藩との結びつきをともなって、政治権力としての姿を示し始めることになる。

第九章

天皇制国家の成立

1 維新変革

開国と安政改革

　市民革命と産業革命をへ、強力な資本主義経済を確立した欧米列強が、大量生産商品の販路を求め、東アジア諸国の堅い壁を打ち破った最初の戦争が清《しん》帝国に対するアヘン戦争であった。イギリスは一八四二年の南京条約《ナンキンじょうやく》により、中国東南部沿岸五港を開港させるとともに、治外法権・協定低率関税・片務的最恵国待遇などを基本とする不平等条約を清国に強要した。欧米列強が非キリスト教世界一般に適用した国際関係である不平等条約体制が東アジアに展開し始めた。続いてアメリカとフランスも同一性格の条約を清国と締結する。イギリスと軍事的に対抗するロシアは、一八五〇年アムール川河口に都市建設を開始し、五二年より対岸の樺太《カラフト》に植民を始めた。

一方、一八四八年カリフォルニアで金鉱が発見されアメリカの西部開拓は急速に進展し、アメリカ西海岸から中国貿易をおこなうためにも、中継地日本を開国させることがアメリカにとって必要となった。一八五三(嘉永六)年六月、アメリカ東インド艦隊司令長官ペリーは四隻の軍艦を率いて浦賀《うらが》に来航し、開国を求める国書の受領を迫った。ペリーの強硬姿勢に屈した幕府(老中《ろうじゅう》首座阿部正弘《あべまさひろ》)は六日後やむなく国書を受領した。

翌年一月、ペリーは国書への回答を得るため、七隻(のち二隻が加わる)の軍艦の威容をもって浦賀に再来し、三月、(1)薪水《しんすい》・食料・石炭の供給のため下田《しもだ》・箱館《はこだて》両港の開港、(2)漂流民の救助、(3)下田への領事駐在、(4)片務的最恵国待遇の賦与を柱とする日米和親《にちべいわしん》条約の締結に成功した。ここに幕府は二〇〇年以上とりつづけてきた鎖国《さこく》体制を放棄せざるをえなくなった。同年八月長崎で日英《にちえい》和親条約が、同年十二月、下田でロシア使節プチャーチンとのあいだで日露《にちろ》和親条約が、一八五五(安政二)年十二月長崎で日蘭《にちらん》和親条約がつぎつぎと締結された。内容はほぼ同一であったが、ロシアとのあいだでは択捉《エトロフ》・得撫《ウルップ》両島間が国境とされ、樺太は両国雑居地とされた。

アヘン戦争後、幕府は譜代《ふだい》大名を動員して江戸湾防備体制をしいていたが、ペリー艦隊の軍事的威圧の前になすすべがなかった。開国という未曽有の事態に対処するには抜本的な幕政改革(=安政《あんせい》改革)が必要となった。

第一に日本の全海岸が防備されなければならない。これまで禁止していた大船建造を諸藩に許可す

ペリー艦隊箱館寄港図(『ペリー艦隊日本遠征記』) 和親条約締結ののち，1854(嘉永７)年４月下旬より翌月にかけ，ペリー艦隊は箱館に赴いた。

る一方、幕府はオランダの援助のもと、一八五五年、長崎に海《かい》軍伝習所《ぐんでんしゅうじょ》を開設して幕臣と諸藩士に洋式海軍の基礎を学ばせた。幕府海軍の出発である。

第二に幕府は江戸に講武所《こうぶしょ》を開設し、旗本《はたもと》・御家人《ごけにん》に洋式調練を開始し、あわせて諸藩の洋式調練と軍事の洋式化の指導を始めた。

第三に能力ある開明的幕臣の登用をおこなった。岩瀬《いわせ》忠震《ただなり》・大久保《おおくぼ》忠寛《ただひろ》・永井《ながい》尚志《なおゆき》・川路《かわじ》聖謨《としあきら》・勝海舟《かつかいしゅう》などがそのなかにいた。

第四に権力基盤を拡大するため将軍＝譜代大名結合体制をゆるめ、水戸《みと》前藩主徳川斉昭《とくがわなりあき》を幕政参与《さんよ》に任じ、国事に関し全大名の意見を徴し、さらに外様《とざま》大名島津《しまづ》斉彬《なりあきら》の養女を十三代将軍家定《いえさだ》の後室とするなどの政策をとった。

第五に、全大名の力量を集約し、その結節点に幕府がなろうとすればするほど、自己の「公儀《こうぎ》」としての権威を高めざるをえない。朝廷への頻繁な国事報告や銃砲への梵鐘改鋳を命ずる太政官符《だじょうかんぷ》の発行を朝廷に要請することなどを介しての天皇・朝廷との結合強化策が必然化する所以である。

このような一連の取組みの過程で明確になった緊急の課題は、全大名・全武士階級に対する軍事動員の総責任者たる将軍の統帥能力、そしてまだ世子のない将軍家定の継嗣《けいし》問題であった。有志大名たちは斉昭の第七子で一橋《ひとつばし》家の当主一橋慶喜《よしのぶ》の擁立運動を開始する。

無勅許調印と安政大獄

だが、幕府の対応テンポと世界史の急速な展開とのあいだにはあまりにギャップがありすぎた。中国市場のさらなる拡大を求め第二次アヘン戦争を清帝国にしかけた英仏連合軍は、一八五八年天津《てんしん》条約を清国に受諾させ、長江《ちょうこう》沿岸・台湾《たいわん》・満洲《まんしゅう》地域にいたるまでの一一港の開港、使節の北京《ペキン》駐劄《ちゅうさつ》、キリスト教の内地布教などの権利を勝ちとった。参戦しなかったロシアも、先の対日使節プチャーチンが同一性格の天津条約を清国とのあいだに締結し、同時期にアイグンにおいてアムール川以北をロシア領土とする条約をも清国に結ばせた(二年後の一八六〇年、ロシアはさらにウスリー川右岸を自国領とする北京条約を清国に受諾させる)。同じく参戦しなかったアメリカも、同様の天津条約を結んだ。

前年十月、出府した下田駐在アメリカ領事ハリスは日米修好通商《にちべいしゅうこうつうしょう》条約交渉を開始し、日本側の統制貿易案を一蹴し、公使の江戸駐劄と領事の開港場《かいこうじょう》駐在、箱館・神奈川(横浜《よこはま》)・長崎・新潟・兵庫(神戸《こうべ》)の開港と江戸・大坂《おおさか》の開市、協定関税、完全な自由貿易と米人居留地《きょりゅうち》設定、治外法権《ちがいほうけん》などを柱とする条約案を幕府に同意させた。しかし幕府はさすが同案に調印する勇気はなかった。幕府は国内の大名・武士・民衆を納得させるためには孝明《こうめい》天皇から本条約案への勅許《ちょっきょ》を得る必要があると主張し、老中首座堀田正睦《ほったまさよし》は一八五八(安政五)年一月上京、天皇に交渉経過を報告、条約勅許を奏請《そうせい》した。ところが、ハリス一人のためにここまで譲歩を強いられるならば、強力な軍事的圧力を受けた場合、どこまで幕府が後退してしまうのか、深い疑念をいだいた天皇と朝廷は、当初より批判的態度をとりつづけ、堀田ら幕府側の安易な予想をくつがえし、三月「条約勅許せず、諸大名の意見を問え」との天皇の意志を表明し、同時に有志大名たちの工作を受け、年長者を将軍継嗣と決定するよう幕府に要請した。容易ならぬ事態を察した将軍家定は、四月譜代大名筆頭彦根《ひこね》藩主井伊直弼《いいなおすけ》に大老《たいろう》就任を命じ、幕府の危機脱出をはかった。

幕府の回答を待たされつづけたハリスは、一八五八年六月清国大敗の報を下田で得るや、ただちに米国軍艦で江戸湾に急行、英仏両国大艦隊来航以前の条約調印の得策性を力説し、同月幕府は無勅許のままアメリカとのあいだに条約を調印し、直後に艦隊を率いた蘭露英仏とのあいだに同様の条約を調印した(安政五カ国条約)。

ペリー来航につづく第二次の世界史への急激な編入は朝幕関係を極度に緊張させ、天皇は八月、無勅許調印を断行した幕府詰問の勅諚《ちょくじょう》を水戸藩主にくだした。井伊大老は徹底した粛清路線を貫徹させることで幕府が中核に位置すべき「公儀《こうぎ》権力」の再確立をはかった。六月、血統論の立場から弱年の紀州《きしゅう》藩主徳川慶福《よしとみ》(家茂《いえもち》)を将軍継嗣に決定(七月将軍家定死去)し、無勅許調印を非難する徳川斉昭・徳川慶勝《よしかつ》・松平慶永《まつだいらよしなが》・山内豊信《やまのうちとよしげ》（容堂《ようどう》）・伊達宗城《だてむねなり》・一橋慶喜らを処分し、岩瀬ら一橋派の幕臣をいっせいに罷免し、さらに勅諚降下にかかわった皇族・公家《くげ》を処罰する一方、幕府の方針に反対する諸藩士・公家侍・僧侶・百姓・町人などを九月以降続々と捕縛していった。このような恐怖政治的雰囲気を醸成したうえで、同年十二月、天皇に、いずれ将軍・大老・老中は一致して鎖国の良法に引き戻すことを誓約したうえで、天皇より「鎖国復帰猶予」の勅諚を幕府は入手することが可能となった。そして「公儀」をはばからない人びとの運命を武士・民衆に示すため、翌一八五九年には吉田《よしだ》松陰《しょういん》・橋本左内《はしもとさない》・頼三樹三郎《らいみきさぶろう》らを斬罪の極刑に処したのである（安政大獄《あんせいのたいごく》）。

奉勅攘夷と横浜鎖港

無勅許開港路線の強行は、国内政治に強烈な反作用をおよぼした。弱体化していたとはいえ、武士階級は理念的な意味で国家擁護の戦士集団なのであり、欧米列強の軍事的圧力への譲歩の論理を認めることはすなわち自己の存在理由を否定することを意味した。彼らのあいだに違勅の幕府に対する非難が急速に高まった。

豪農商層も一八五八（安政五）年の朝幕対立を大きな契機として幕府不信を深めていった。彼らの政治論は朝廷を軸とした将軍――大名・旗本――庄屋《しょうや》・名主《なぬし》という階層的な職分委任論であり、この政治論は一面では自らを統治体制の末端に編入させる機能をはたしたが、他面では委任された職分を実践しない上層職務担当者に対する激烈な批判を生み出すこととともなったのである。

さらに一八五九（安政六）年六月からの箱館・横浜・長崎三港の開港と自由貿易の開始は国内市場の大混乱を引き起こし、また金銀比価の内外格差から惹起させられた大量の金貨流出は、貿易による物価騰貴を一層激しいものにした。幕府政策への彼らの不満と批判は、民衆全体への生活上の問題が加わることにより加速されていった。

一八六〇（万延元）年三月桜田門外《さくらだもんがい》の変による井伊大老の横死事件は、国内不満の劇的表現となった。満天下の空気が瞬時にして一変した。国内政治上、無勅許開港路線の強行による事態の突破はもはや不可能となった。井伊大老の跡を継いだ老中安藤信正《あんどうのぶまさ》は、一方で両市（江戸・大坂）両港（兵庫・新潟）の開市開港延期政策をとって国内の不満を鎮静化しようとし、他方で孝明天皇の妹和宮《かずのみや》を将軍家茂と結婚させることにより、公武合体と公儀権力の威信回復をはかろうとした。しかし、イギリスの軍事力北上に対抗してロシア海軍がおこなった対馬《つしま》占拠事件を主体的に処理しえないまま、一八六二（文久二）年一月の坂下門外《さかしたもんがい》の変により安藤自身が負傷するにおよび、譜代大名中心の幕政運営はここに完全に行きづまった。

この閉塞状況を的確につかみ、率兵上京して政治局面の転換をはかったのが外様薩摩《さつま》藩主の実父島津久光《ひさみつ》であった。勅命を受けた久光は勅使大原重徳《おおはらしげとみ》を護衛して江戸にくだり、一橋慶喜を将軍後見《こうけん》職《しょく》に、松平春嶽《しゅんがく》を政事総裁職《そうさいしょく》に就かせることに成功した。このとき以降、勅命は幕令より上位に立つこととなる。朝廷の圧力のもと、幕府は安政大獄関係者の処罰・参勤交代制《さんきんこうたい》の緩和・徴募制銃隊の新編成などの改革を断行し、あわせて家門の会津《あいづ》藩主松平容保《かたもり》を新設の京都守護職《しゅごしょく》に任じて朝廷との結合強化をはかった(文久改革《ぶんきゅう》)。

ところで、久光の破天荒の軍事行動は全国の激派武士層の活性化と藩域をこえた「処士横議《しょしおうぎ》」的情況をも創出した。その中心に吉田松陰門下の久坂玄瑞《くさかげんずい》・高杉晋作《たかすぎしんさく》らを指導者とする長州《ちょうしゅう》藩激派が位置した。彼らはペリー来航以降、武士層への説得論理として機能してきた武備充実論からの訣別を主張した。家格制度が軍隊組織と直結している封建的軍役体制が維持されるかぎり、表面的な洋式調練はなんら軍事力強化には役立たない、全国的洋式軍隊化は天皇の堅い攘夷《じょうい》の意志と幕府の全国的軍事動員権・対外戦争発動権を梃子《てこ》とした臨戦体制下でしか可能とならない、と主張するのである。彼らのスローガンは、それゆえ「破約攘夷」となる。客観的には、強制的に編入された世界資本主義市場からの軍事力をもっての離脱をねらったのである。以下このようなグループを軍事改革派と規定する。そして、この方向は、日本の将来を危惧し強力国家の形成を望む豪農商層や一般民衆のあつい支持を獲得することとなった。朝廷内部でもこの方向への支持が強まり、一八六二年末には勅使三条実美《さんじょうさねとみ》が江戸に下向し、幕府に「奉勅攘夷《ほうちょく》」を約束させ、翌年三月には諸大名と大兵を率いて将軍家茂が上京し、孝明天皇に対し攘夷期限を五月十日と誓約することとなる。そしてまさにこの日より長州藩は下関《しものせき》海峡を通航する外国船艦への砲撃を開始した。

六月江戸に帰った家茂は、開戦となれば事態の全責任を負うことを恐れる幕閣の反対によってなんらの行動をとることもできなかった。他方、孝明天皇は下位身分の者から強引に方針を押しつけられつづけるのにたえられなかった。天皇にとってはあくまで天皇・将軍が身分的頂点にある公武合体・公武和熟こそがあるべき国家形態なのであった。天皇は皇族の中川宮《なかがわのみや》を介して会津・薩摩両藩の在京軍事力を動員し長州勢と激派公家を京都から一掃させた。一八六三(文久三)年の八月十八日の政変である。

　政変後の政治体制を孝明天皇は当初幕府と有志大名とを連合させるかたちで構想し、一橋慶喜・松平容保・島津久光・松平慶永・山内容堂・伊達宗城の六人を朝議参予《ちょうぎさんよ》に任じた。だが幕府と慶喜は諸大名と朝廷の直結体制を強く嫌悪した。「横浜鎖港」方針を提案して天皇の信頼を勝ちとり、他の参予の主張する畿内警備強化策に対しては、慶喜は朝廷より禁裏守衛総督摂海防禦《きんりしゅえいそうとくせっかいぼうぎょ》指揮に自らが任命されることで彼らの口実を奪った。参予会議は一八六四(元治元)年三月に解体した。これにかわり、禁裏守衛総督の一橋慶喜、京都守護職の松平容保、京都所司代《しょしだい》で桑名《くわな》藩主の松平定敬《さだあき》が、当時「一会《いっかい》桑《そう》」と呼ばれたごとく一体となり、京都の朝廷と江戸の幕府を結合させる政治的媒介となって諸大名の朝廷への直接結合を遮断した。この新政治体制を前提として、同年四月、孝明天皇は再上京した将軍家茂に大政《たいせい》を一切委任し、同時に朝廷尊崇・横浜鎖港二カ条の遵奉を命じたのである。

欧米列強の軍事行動と条約勅許

世界資本主義市場から強力をもって離脱しようとする民族的規模での日本国内の噴出する政治運動を、欧米列強はけっして許さなかった。列強は国内の強硬派に決定的な軍事的打撃を与えることにより、世界市場への日本の編入を完成させようとした。強硬派の第一は薩摩藩であった。同藩士は帰路途次の島津久光行列を通りぬけようとしたイギリス人を東海道生麦《とうかいどうなまむぎ》で一八六二(文久二)年八月殺傷したのである。翌年七月イギリス艦隊は鹿児島に激しい攻撃をおこなった(薩英《さつえい》戦争)。

強硬派の第二は「奉勅攘夷」政策を欧米船艦への砲撃により率先実践した長州藩であった。欧米艦隊来襲に備え、京都政局を八・一八政変以前の状況に復帰させようとして上京、禁裏守衛総督一橋慶喜の軍事指揮下の諸藩兵と闘って一八六四(元治元)年七月敗北(禁門《きんもん》の変)し、朝敵宣告を受けたばかりの長州藩は、翌八月英仏蘭米四国連合艦隊の猛攻撃のもと、下関の諸砲台をすべて破壊され、和睦せざるをえなかった(四国連合艦隊下関砲撃事件)。

強硬派の第三は孝明天皇と京都朝廷そのものであった。英仏蘭米四国代表は英仏蘭三国艦隊を編成して一八六五(慶応元)年九月大坂湾に進入、勅命を奉じ朝敵長州を征伐すべく大軍を大坂にまで進めていた将軍家茂以下の幕閣に、条約勅許・関税低減を要求、回答なければ入京、朝廷との直接談判を辞さずと威嚇《いかく》し、「開戦となれば皇室そのものも危殆《きたい》に瀕する」との一会桑の必死の説得の結果、十月五日、万策つきた孝明天皇はやむなく条約を勅許せざるをえなかった。このとき解決しなかった関税問題は江戸での交渉にもちこされ、一八六六(慶応二)年五月に改税約書が締結され、大部分の外国商品は輸入税率五%という低率関税に引き下げられた。一八六三(文久三)年から六五年の欧米列強の軍事行動により、日本は世界資本主義への編入をここに完結させられたのである。

長州征伐の失敗

三年にわたる軍事強圧は国内の政治諸勢力を明確なものとしていった。

第一は一会桑グループである。朝廷と結合を固めて大名との朝廷結合を切断し、他方将軍＝譜代結合への回帰を望む江戸の幕閣をこの枠組みに誘導することに彼らの全精力が注がれた。禁門の変以降の「朝敵長州追討第一、攘夷はそのつぎ」との朝廷の方針が彼らを助け、天皇の条約勅許で攘夷誓約から最終的に解放された彼らは、長州征伐を成功させて朝幕融合体制をさらに強化することをねらった。

第二は薩摩藩である。同藩は元来対外強硬派が優勢であったが、薩英戦争は同藩に西欧軍事力の格段の強大さを痛感させると同時に、外圧に抗しうる国内政治勢力の総結集と強力国家の創出、その軍事的基礎としての徹底した藩内軍事改革と洋式軍隊化の課題を鋭く突きつけた。藩内激派は、この運動の中核的人物となる西郷隆盛《さいごうたかもり》(彼は久光の逆鱗《げきりん》にふれ島流しにさせられていた)を召還し在京させることを久光に強請、一八六四(元治元)年初めより出京した西郷は自藩を一会桑グループから分離させることに腐心し、長州の寛典処分を主張するとともに、藩内身分制を破砕した強力な士族軍団創設の指導者となっていった。

第三は長州藩である。同藩軍事改革派は、一八六三(文久三)年五月の外国艦砲撃によって発生した欧米との軍事衝突直後より自藩武士層の弱体性を自覚し、農商を含んだ奇兵《きへい》(藩兵が正兵)隊《たい》を組織し始め、翌年七〜八月の朝敵宣告・欧米列強との和睦以降、対幕恭順派が藩内で優位に立つや、一八六五(慶応元)年一月、高杉晋作は自ら指導者となって奇兵隊以下の諸隊勢力を蹶起《けっき》させ、藩主が差し向けた追討軍を完敗させて藩政の主導権を掌握し、従来の長州藩の行為はすべて朝廷・幕府の命を受けておこなったものと自藩の立場を正当化しつつ、将軍家茂が統帥《とうすい》する征長軍と徹底抗戦するため、下級武士・諸国浪士・農民・町人などを融合した洋式軍装有志戦闘集団たる諸隊を藩内全域に組織していった。

孝明天皇が条約を勅許してしまい、また幕府が二度にわたり天皇と全国の民衆に約束した攘夷政策の実行を放棄してしまったこの段階では、長州藩軍事改革派にとって「奉勅攘夷」はもはや政治方針とはなりえなかった。それにかわり「万国並立」が国家目標となっていく。他方、朝廷を根軸として国内の対外的政治体制の構築を志向した西郷ら薩藩軍事改革派も、あらゆる試みが一会桑に遮断され、ついに一会桑の斡旋によって条約が勅許されるにおよび、長州藩と軍事攻守同盟を結ぶことにより幕府の長州征伐計画を挫折させ、朝幕融合の動きを阻止するほかないと認識し、土佐《とさ》脱藩浪士の坂本《さかもと》竜馬《りょうま》・中岡慎太郎《なかおかしんたろう》らの仲介のもと、一八六六(慶応二)年一月、京都薩摩藩邸で薩長《さっちょう》同盟を結んだ。薩摩は西郷隆盛が、長州は木戸孝允《きどたかよし》がそこでの両藩の代表者となった。

第四は岩倉具視《いわくらともみ》ら王政復古《おうせいふっこ》派公家集団である。長州を朝敵と宣告し条約を勅許した孝明天皇と朝廷の国内的権威は、幕府にもまして急速に低落していった。このままでは幕府と一蓮托生となって朝廷の存続自体が危機に瀕すると危惧した彼らは岩倉のまわりに結集し、朝廷と一会桑の直結体制を切断し、薩長と提携し新しい権力を形成するなかで朝廷権威を再確立しなければならないと決意し、京都でひそかに薩藩や諸藩浪士と頻繁に連絡をとる一方、新しい公家集団のトップにすえるべく、当時太宰府《だざいふ》に移されていた親長州派で上級公家の三条実美の京都への召還を画策した。

第五は外様大名とその武士層である。彼らは条約を勅許してしまった日本では、国内の分裂と内戦ではなく、これまで以上に外圧に抗しうる国内の強固な結合こそが焦眉の課題だとして、「内戦中止・対外一致」の線でまとまり、長州征伐に非協力の態度をとった。

第六は全国の豪農商と民衆である。彼らにとって条約を勅許した孝明天皇と朝廷の権威は大幅に低下し、反比例的に「奉勅攘夷」以降一貫した方針をとってきた長州藩への支持と期待がさらに高まった。大義のない長州征伐のための人的財政的動員に彼らは公然と抵抗し反対した。幕府と譜代大名の軍事力は、この結果強化することが不可能となった。

一八六六年六月から始まった長州征伐は、すべての戦線で完全に洋式軍制化され統制のとれた長州の諸隊勢力が勝利した。封建的軍制の無能さが全国に知れわたった。征長軍に加わった譜代藩の小倉《こくら》藩（豊前国《ぶぜんのくに》）や浜田《はまだ》藩（石見国《いわみのくに》）は、それぞれ城を自焼して退却せざるをえなかった。またこの年の凶作と戦争準備のため騰貴していた米価は、長州藩の下関海峡封鎖のため西廻り海運が杜絶されたことにより拍車をかけられ、五月には大坂で大規模な打ちこわしが発生、ただちに江戸に波及し、さらに同月武州《ぶしゅう》と奥州《おうしゅう》福島周辺で巨大な世直《よなお》し一揆《いっき》が勃発し、在地の武力では鎮圧することができなかった。この段階で豪農商は最終的に幕府の力量に見切りをつけることとなる。

大政奉還と王政復古

あいつぐ敗報のなか、一八六六（慶応二）年七月将軍家茂が大坂城で病死、十二月には孝明天皇が死去して十代の明治《めいじ》天皇が跡を継いだ。最後の将軍となった徳川慶喜は長州と休戦する一方で、旗本の知行高《ちぎょうだか》を半減して軍事費にまわすなど抜本的軍事改革を断行しつつ、幕府の国家機関・機能の一部を大坂・神戸に移してさらなる京坂朝幕融合権力の形成をめざした。政治指導力においても、長州問題処理が先決だとする有志大名の反対意見を押しきって、孝明天皇が死ぬまで許可しなかった兵庫（神戸）開港の勅許を得るなど、抜群の政治能力を示した。西郷や大久保利通《おおくぼとしみち》らが指導する薩摩藩は、この事態を踏まえ、六月より長州と連携しての倒幕行動に入った。事態の解決を薩長と一線を画してはかろうとする土佐藩の重臣後藤象二郎《ごとうしょうじろう》は山内容堂と協議のうえ、九月慶喜に、朝廷の政権掌握と将軍職の廃止、上下両院の開設、幕府が結んだ諸条約の改正などを柱とする「大政奉還《たいせいほうかん》」を勧告した。西郷らは幕府の拒否が倒幕決行のサインとなると後藤らの行動を認めていたが、慶喜は、倒幕の動きが強まりつつある現状では、朝廷の摂関《せっかん》体制のなかに自己(彼は内大臣《ないだいじん》の官職をも有していた)を組み込み、諸大名が議員となる議会では徳川派が多数派となると想定し、十月朝廷に大政奉還を申請した。朝廷はこの申請を受け入れ、国是決定のための諸大名上京まで、将軍職は従来どおり、政務も継続することを指示したのである。

慶喜の動きは幕府勢力の温存化にすぎず、これでは朝廷を根軸とした国威挽回の国家権力は形成できないとした薩藩倒幕勢力は岩倉具視と結んで十二月九日王政復古のクーデタを決行、尾張《おわり》・越前《えちぜん》・土佐・安芸《あき》・薩摩五藩兵に御所を固めさせ、慶喜から将軍職と委任政務を剝奪し、幕府制度と朝廷内の摂関制度の両者を廃絶し、あらたに総裁に有栖川宮熾仁《ありすがわのみやたるひと》親王をすえ、国威挽回を目標に諸事神武天皇創業のはじめに復すること(王政復古)を宣言する。朝敵宣告を解除された長州藩は尖鋭な諸隊勢力を早急に上京させつつあった。

維新政権の諸矛盾と廃藩置県

一八六八(明治元)年一月の鳥羽伏見《とばふしみ》戦争、四月の江戸城開城、五月の上野《うえの》戦争、会津藩の降伏で終結する五月から九月の北越・東北戦争、翌六九(明治二)年五月、五稜郭《ごりょうかく》での旧幕府海軍指導者榎本武《えのもとたけ》揚《あき》軍の降伏で終わった箱館戦争をへ、版籍奉還《はんせきほうかん》の手続きをしたうえでその基礎を固めた維新《いしん》政府は、同年七月、太政官職制《だじょうかんしょくせい》にのっとり府藩県《ふはんけん》三治一致体制を標榜する国家体制を整えた。この体制こそが国威を海外に輝かし万国並立が可能な国家体制だと、当初は誰もが考えていた。しかし現実にはこの体制は急速に解体していった。

一年半もの内戦を経過するなかで諸藩はその相貌を一変させた。藩内門閥《もんばつ》制は打破され、藩内豪農商層は積極的に登用され、軍隊は長州諸隊にならって完全に洋式軍制化された。このような諸藩にとっては、諸藩兵の連合体こそが日本国家を守るべき武力と意識された。一方、維新政府は国家の正統性を確保するため諸藩代表者からなる議会を開設(公議所《こうぎしょ》、のち集議院《しゅうぎいん》)するが、実際には、そこは政府対諸藩の意見対立の場となっていった。

国威挽回を目標にすえたものの、在日諸外国代表団の高圧姿勢、ロシアのさらなる樺太進出、新政権成立告示文書を拒絶する朝鮮の鎖国固守姿勢等々紛糾する外交諸問題に直面して維新政府はなんら目にみえる成果を出せず、また、このことによって軟弱外交との反政府勢力の非難をあびつづけることとなった。条約改正に着手するどころではなかった。

明治天皇の一八六八年の東京行幸《ぎょうこう》、翌年の東京再幸後の事実上の東京遷都は京都と畿内・西国の人びとの強い不満となり、さらに大嘗祭《だいじょうさい》の開催場所の問題がこれに絡んだ。高等教育の体制を如何《いか》につくるかをめぐっても、漢学者・国学者・洋学者のあいだで激しく対立し、一八七〇(明治三)年七月には旧幕府の昌平黌《しょうへいこう》(昌平坂学問所《しょうへいざかがくもんじょ》)を引き継ぎ、高等教育行政機関に指定されたはずの大学本校自体が閉鎖された。

これらの諸問題の中核に軍事問題があった。分散的兵力の存在は維新政府にとって統制上警戒すべきものとなっていった。だがその典型だった長州藩諸隊を解体しようとした長州藩出身維新政府官僚が指導した長州藩の政策は、一八六九年末の諸隊の大反乱(脱隊騒動)を勃発させ、反乱自体は藩に鎮圧されたものの、反乱指導者たちは近隣諸藩に逃亡し、各藩の対政府不満分子と結びついた。しかも、各藩の反発により維新政府に従順な統一軍隊の形成は一向に進展せず、逆に政府の諸般の政策に批判的だった西郷指導下の薩摩藩は、一八七〇年九月、在京部隊をすべて薩摩に引き上げてしまったのである。

維新政府が国家機構として機能しなくなったうえは、強力な軍事力を東京に結集し、上から日本を万国に対峙させる政策を強力に展開する以外にない。三条・岩倉・木戸・大久保ら維新政府首脳の堅い決意のもと、同年十二月、勅使岩倉具視は鹿児島に赴き、王政復古の実をあげねばならないと、西郷ならびに同藩軍事力の上京を要請、その最中の翌一八七一(明治四)年一月、東京の留守政府をあずかる総責任者長州出身の広沢真臣《ひろさわさねおみ》がなに者かに暗殺された。横井小楠《よこいしょうなん》・大村益次郎《おおむらますじろう》につぐ第三次の政府高官暗殺事件である。政府首脳の危機感はさらに高まった。薩長土三藩の兵力(御親兵《ごしんぺい》)をすべて上京させ、かつ国内の戦略諸地点への政府軍の配備を完了した同年七月十四日、藩の存在そのものが万国対峙の実現を阻止しているのだ、とのきわめて明快なる宣言のもと、政府は廃藩置県《はいはんちけん》を断行した。藩収入の一割をも私有財産に保障された大名華族ならびに最下級公家でも一万石の大名と同等の禄高を与えられることになった公家華族にとっては、士族層と異なり、しいて反対する理由はなかった。

創世期国家の課題と征韓論分裂

十九世紀後半段階の欧米列強にならって、その中央集権国家形態の早急な創出を廃藩置県がめざした以上、第一に断行されなければならなかったことは、近世から明治初年までの重層的・地域分散的国家が自らを成立させるために不可欠としていた国家と社会を接合させる各種身分集団を法的に解体し、かわって天皇支配の名のもと、戸籍によって人民を一元的に支配することであった。えた・非人身分集団の法的廃止は、同時に彼らに保障されていた身分的特権の剝奪をも意味したのである。

第二に、万国対峙の実現を自らの責任と宣言し国家権力を掌握した薩長土肥旧四藩連合政権は、翌年に迫った条約改正を、在日各国外交代表団の圧力ペースに巻き込まれず、国家の総力をあげて解決する決意を固めた。直接米欧本国に働きかけ、その筋道をつける(可能ならば条約改正を現地でおこなう)ため、岩倉・大久保・木戸ら政府の最高責任者集団が自ら天皇制国家を代表し米欧に出発する。留守政府を三条・西郷・板垣退助《いたがきたいすけ》・江藤新平《えとうしんぺい》らがあずかった。条約改正の早期実現という偉大な国家目標を可能にするため、国家諸制度の急激な改革が「文明開化《ぶんめいかいか》」と「陋習《ろうしゅう》打破」をスローガンとし

岩倉使節団　1872(明治５)年，サンフランシスコで撮影されたもの。中央は岩倉，右端大久保利通，左端木戸孝允。

て続々と断行された。束髪にかわるザンギリ頭、洋装・肉食・改暦そして鉄道がそのシンボルになった。

この上からの文明開化政策の根幹には創世期の中央集権国家の国家的インフラストラクチュア創出の課題がすえられた。陸軍省《りくぐんしょう》は軍事力の土台となる工廠《こうしょう》を東京と大阪に、海軍は横須賀《よこすか》に建設し、工部省《こうぶしょう》は国家の神経系たる電信網を国内に張りめぐらし、それを長崎において全世界の情報を一瞬にして入手できる海底電線と接続させた。鉄道建設はこの段階では国家財政上巨額の支出となるため文明開化の象徴物にとどめられ、日本全国沿岸の灯台建設を促進することにより日本海軍と海運の発展がはかられ、その後、有事の際の船舶の国家への動員を条件に三菱《みつびし》に特権が賦与された。

陸・海・工部三省の活動と併行して司法省《しほうしょう》は法体制と司法・警察制度の創出・整備を担当し、文《もん》部省《ぶしょう》は学制の頒布とその実体化を、教部省《きょうぶしょう》はキリスト教解禁を前提とした神仏二宗によるキリスト教防遏《ぼうあつ》体制の形成と天皇権威の浮上策に腐心した。このようなかたちで要求される膨大な財政支出のためには、地租《ちそ》を軽減し民富を蓄積することによって農民をブルジョワ的に発展させる方向性は当初から意図されなかった。国家収入を安定化させるための地租改正は、旧貢租高の維持が前提とされ、全国の学校建設は完全に民衆の財政負担のうえに実現させられねばならなかったのである。

しかしながら、この狂躁的な新政府の政策は、旧四藩連合のゆるやかなまとまりのなかで展開され、各省の施策は統御されることなく相互に競合し対立を生み出した。また旧藩の領民への負債を低価で引き継ごうとしたり、開化政策を権力的に人民に強制する方式は、廃藩置県から一八七三(明治六)年にかけ、各地で近世以降未曽有の規模の新政反対一揆を続発させ、板ばさみとなった各県官吏を苦境に追い込んだ。さらに秩禄《ちつろく》を支給されつづけている士族層の処遇に関しなんらの合意のないまま、内乱鎮圧目的の軍隊創出のため発布された徴兵令《ちょうへいれい》により、一八七三年東京鎮台《ちんだい》管区から実施されだした徴兵検査と徴兵取立ては、全国の士族層の不安と不満を一挙に増大させ、自らの存在意義を示すべく士族層がきわめて活性化することとなる。

この混乱の最中に、正当な条約改正要求を英国などの列強に一蹴され、日本の不平等条約は欧米列強が非キリスト教世界に一律に押しつけている鉄鎖の国際法体制の一環だということを骨髄に徹するまでに認識させられた岩倉使節団が帰国した。士族層の不満を解消すべく、一八六八(明治元)年以降国書不受理政策を継続している朝鮮の態度を非礼と難じ、征韓論《せいかんろん》を実現するなかで士族層を国家体制のなかに編入しようとする西郷・板垣・江藤らと権力の主導権を確保しようとする岩倉・大久保・木戸らとの権力闘争は、一八七三年十月、征韓論分裂という破局により結着し、参議西郷隆盛・板垣退助・江藤新平らはいっせいに下野し、同調する軍人士族も軍隊から離脱した。

岩倉・大久保政権と西南戦争

権力を掌握した岩倉・大久保政権は内政を統合的に遂行させるため一八七三(明治六)年十一月内務《ないむ》省《しょう》を創設、府県官吏の人事権を握るとともに警察組織を同省に移した。翌年二月江藤を推戴し、征韓論を標榜した佐賀県不平士族の反乱には、国家に集中した艦船と電信網を駆使して短期間で鎮圧し、国家は自己の創出した国家的インフラに依拠しつつ幕末・維新期的状況からの脱却の足掛りをつかみ始めた。だが焦眉の課題は活性化する士族層と政府のあいだに立って動揺する各鎮台の鎮台兵(ほとんどが士族)とすべて士族からなる軍士官層を国家の側にかたく引きつけつづけることであった。そのため、一八七一(明治四)年十一月、琉球《りゅうきゅう》島民五四人を殺害した台湾原住民を討伐し正義をおこなうことを名分とした台湾出兵を岩倉・大久保政権は七四(明治七)年四月に決行、予想外の清国の強硬な撤兵要求を拒絶して八月より対清戦に備え全国に臨戦体制をしき、徴兵令を前倒しし、また臨時徴兵をおこない、多くの船舶を購入、さらに全面戦争の際には士族層を動員することをも計画にいれた。大久保自らが北京に赴いての息づまる日清交渉は、十月末、日本の軍事行動を清国が義挙と認めたことで、ドンデン返しにも似た結末となった。日本の若い国家権力は、この結果により、清国の強硬姿勢の度合、日本が朝鮮に軍事的圧力をかけた場合の清国の出方、さらに東アジア地域の国際紛争に際し欧米列強がどのように対応するのか、ほぼ正確な判断と予測を同時に獲得することができたのである。

日本政府は日清両属の国際関係を有していた琉球の位置を解消すべく、一八七四(明治七)年七月、外務省から内務省に管轄官庁を変更し、七五(明治八)年七月琉球に清国への朝貢関係を断絶させた。他方幕末以来一貫して外交・軍事問題となってきた日露国境問題を決着すべく、一八七五年五月ロシアとのあいだに千島樺太《ちしまからふと》交換条約を締結した。さらに同年九月、日本は江華島《こうかとう》事件を挑発したうえで、翌七六(明治九)年二月、軍事的威圧をもって朝鮮とのあいだに日朝修好条規《にっちょうしゅうこうじょうき》を締結し、釜山《ふざん》《プサン》・元《げん》《ウォン》山《ざん》《サン》・仁川《じんせん》《インチョン》の三港を開港させ同港での領事裁判権を勝ちとった。鎖国朝鮮を開国させたことは、以前に朝鮮と軍事紛争を引き起こし決着をつけられなかった米仏両国を含む欧米列強に対し権力政治的意味での日本の国際的威信を高める機能をはたした。

東アジアでの日本の国境・国交問題の最後は小笠原《おがさわら》諸島の帰属問題であったが、一八七六年十月、英米などの関係諸国に同諸島が日本領土であることを通告、島民の国籍問題も一八八二(明治十五)年までに全島民に日本国籍を取得させることで解消させた。

以上のごとき日本政府主導の東アジア国際関係の再編成は、一八四〇年代からの長期にわたった国家解体への民族的危機感に終止符を打つこととなった。残るは条約改正実現による欧米列強との完全な対等化の課題のみとなり、士族層からの政府攻撃のための大義名分的スローガンをそれ以外すべて奪い取ったのである。

　国際政治下の国家権威の上昇はただちに国内政治に反作用した。第一に一八七五年二月、幕末以降駐屯していた英仏軍がついに横浜から撤退し、国家主権がここに完全に回復された。第二に士族対策のため一八七四年四月より太政大臣《だじょうだいじん》三条実美のつぎに高官の左大臣《さだいじん》(岩倉は右《う》大臣)に任ぜられていた島津久光と一時参議に復帰した板垣退助が、七五年十月明治天皇の承認のもと、閣外に追放された。

　一八七六年に入ると、三月にはキリスト教との関係で七二年末の太陽暦採用の際導入がひかえられた日曜休日制が施行されるとともに廃刀令《はいとうれい》が出され、五月には地租改正不承服者への一方的地価決定額の押付けが布告され、八月には旧大名・公家や士族の秩禄を公債化する金禄公債《きんろくこうさい》条例が発布、さらに四月と八月に大規模な合県が実行され中央集権化が加速された。

　このような政府の強行政策に対し、一八七六年十二月茨城・三重・愛知・岐阜・堺《さかい》などの諸県に地租改正反対一揆が勃発し、とくに三重を震源とする「伊勢暴動」は数日間に巨大な広がりをみせた。他方、農民の強い不満に連動し同年十月より熊本・秋月《あきづき》・萩《はぎ》において士族反乱が発生、政府は農民と士族の結合を分断するため翌一八七七(明治十)年一月、地租を地価の三%から二・五%に、民費を国税の三分の一から五分の一に低減する措置をとった。

　しかし同年二月、ついに薩摩士族が西郷隆盛を擁して立ち上がり、日向《ひゅうが》・肥後《ひご》・筑前《ちくぜん》など九州各地の士族も合流し、九月西郷の自刃にいたる八カ月の激戦が九州全土に展開した(西南戦争)。政府軍出兵六万人強、うち戦死は六三〇〇人弱、西郷軍四万人、うち死傷者二万人を数えることとなったのである。

2 幕末維新期の社会と文化

情報と「風説留」

ペリー来航後の幕末維新《いしん》期社会を考えるには、なによりもまず情報伝達の早さを念頭におく必要がある。十八世紀末から日本社会は非領主的経済発展と社会的分業の進展により、民族的なまとまりが強くなっていき、ペリー来航情報は一〇日程で日本全国に伝播した。外圧に対する民族的・国家的危機意識は豪農商や一般民衆が共有するものになっていったのである。しかし、幕藩制下では被支配階級が政治情報を公に流布したり集会して論議することは、「一味徒党《いちみととう》」とみなされ厳しい弾圧の対象となっていた。彼らは獲得した諸情報を記録し蓄積し、ひそかに「風説留《ふうせつどめ》」というかたちにまとめ同志のあいだで回覧するなかで、政治の動向を憂慮し政治批判を強めていった。このような豪農商や民衆の全国的衆人環視のなかで幕府と諸藩は政治をおこなわなければならなかった。輿論《よろん》は奉勅攘夷《ほうちょくじょうい》期には天皇と朝廷を、条約勅許《ちょっきょ》後には長州《ちょうしゅう》藩を強く支持し、王政復古《おうせいふっこ》後には、新政府が旧幕府のような対外屈従外交をするのかどうか鋭く凝視しつづけた。輿論を排除するのではなく、輿論を利用し誘導するなかでしか政治展開は不可能だと認識した新政府は『太政官日誌《だじょうかんにっし》』を一八六八（明治元）年に創刊する。これ以降全国の各府県に新聞・雑誌がしっかりと定着し、公論組織の不可欠の媒介物に成長していく。他方、江戸期の経済発展のなかで運送業兼通信業として成長してきた飛脚《ひきゃく》業は、通信業部分が政府の逓信《ていしん》事業に引き継がれ、残りの部分のみが民間の運送業として資本主義化していくのである。

豪農商や民衆は、封建的貢租とならんで多大の苦痛だった助郷《すけごう》や戦時の際動員される陣夫役《じんぷやく》などの各種の封建的夫役《ぶやく》負担とその加重に抵抗し闘い、その結果明治初年にはついにそれを廃止に追い込んだ。また徴兵はあらたな夫役ととらえられ、徴兵戸主や徴兵養子など、兵役免除の資格ある戸籍入籍による徴兵忌避の動きは、とりわけ西南《せいなん》戦争直後は全国的に激しいものとなった。

文明開化と公共性

廃藩置県《はいはんちけん》によって成立した中央集権国家は、旧藩士族の反対をおさえ、強引に統一諸政策を展開するためにも「文明開化《ぶんめいかいか》」イデオロギーを浸透させようとしたが、それを逆手にとり、「日本には唯政府ありて未だ国民あらず」と痛烈に批判しながら、洋学の普及を日本での市民社会形成の課題と結合させて奮闘したのが洋学者福沢諭吉《ふくざわゆきち》であった。一八六六（慶応二）年の彼の『西洋事情《せいようじじょう》』は、すでにその西欧理解の内在的深さを物語っており、その後の『学問のすゝめ』や『文明論之概略《ぶんめいろんのがいりゃく》』も広く読まれ、民権運動の思想的前提を提供したのである。慶應義塾《けいおうぎじゅく》を筆頭に全国各地に多くの英学塾が成立し、西洋文明と欧米諸科学吸収の基礎をつくっていった。福沢の諸著作とならんで漢学者出身の洋学者中村敬宇(正直《まさなお》)が一八七一(明治四)年に翻訳したスマイルス『西国立志編《さいごくりっしへん》』も、西洋市民社会の道徳を日本人が学ぶうえでの導きの糸となった。中村の英学塾同人社《どうじんしゃ》も著名な私塾であった。

廃藩置県により各藩の藩校が廃止され、藩校の中心的学問であった漢学の物質的土台がなくなったとはいえ、日本人の教育・教養の基本として依然として大きな比重を占めており、各地の漢学私塾はその後も長く存続していった。その一因は、地方の名望家子弟の在地における中等教育機関として機能しつづけたからである。

各地の豪農商は、当該時期の政治過程に一貫して大きな役割をはたしつづけるとともに、維新後は地域の名望家層として地方行政の中心的担い手ともなっていった。一八七二(明治五)年、学制《がくせい》が頒布されたといっても、国も府県も小学校の設立と運営に資金を支出する余裕はまったくなかった。各地の町村の人びとが土地を提供し学校を建設し教師を雇ったのである。それは過重な負担を押しつけられた場合には不満が噴出し、反対運動が起こることになったにせよ、学校教育によって地域社会の後継者を育成する必要性は学制頒布より以前から認識され、すでに漢学私塾をレベルアップするなかで実行に移されていった。教師自体、在地名望家の子弟層から供給されていたのである。

同じことは各地の病院設立の場合にもいえることであった。地域の医療要求に基づき資金を集め医師を招き、そして病院がつくられていった。種痘《しゅとう》も府県と連携しつつ、明治初年から地域の医師たちが組合をつくりながら実施し、幼児の死亡率を急速に低下させていった。一八七四(明治七)年の医制《いせい》によって医師に資格試験制度が導入され、西洋医学の知識と技術が必要とされたため、この時期から漢方医がしだいに減少していくこととなった。公論の存在と公共性の自覚が社会に存在していなければ、いくら法令を発布しても社会に根づかないことは、洋の東西を問わず明らかなことである。

民衆レベルでもっとも明らかな変化がみられたのは照明の分野であろう。行灯《あんどん》から石油ランプに、火打石からマッチへこの時期に変わっていった。文明開化を実体験するには汽車に乗ることが手っとり早かったが、建設コストの関係で当該時期ではあまり敷設されず、東京から大阪など、遠距離旅行には汽船が広汎に利用され、近距離では江戸時代の駕籠《かご》にかわって人力車《じんりきしゃ》が使用されだした。また文明開化のありさまは「開化錦絵《にしきえ》」と呼ばれる錦絵によって全国の津々浦々にまで伝えられていったが、役者などの人物画に関しては、またたくまに湿板《しっぱん》写真に取ってかわられた。リアルさがまったく違ったからである。なお一八七四年当時の日本の総人口は三三六二万五六四〇人である。

3 参加と統合

自由民権運動

西南《せいなん》戦争の勝利により、武力の独占化に成功し、その中央集権国家体制を完全に固めた天皇制国家は、同時に日本社会からの離脱過程を完了させた。つぎにくる課題は、国家安定化のための日本社会との接地点の構築である。一八七八(明治十一)年七月布告の府県会《ふけんかい》規則・地方税規則・郡区町《ぐんくちょうそん》村編制法からなるいわゆる三新法は、一面では府県会を設置して各地域の豪農商との合意を模索し、他面では府県庁のもとに郡役所・区役所(一八八九〈明治二十二〉年より市役所)という行政機関を創設して国家行政の社会への貫徹を加速する目的を有していた。

他方、廃藩置県《はいはんちけん》から西南戦争の過程での藩閥《はんばつ》勢力の強大化と自己の疎外化に憤慨する全国の士族層の不満は、下野した旧土佐《とさ》藩リーダーで元参議《さんぎ》の板垣退助《いたがきたいすけ》を擁し、藩閥政府の専制を非難し国会開設を求める自由民権《じゆうみんけん》運動となって実体化していった。この動きに全国の豪農商が合流し中農層もそこに加わった。彼らは農民の合意を要する地租改正《ちそかいせい》事業への参加や高率地租押付け反対運動、さらに府県会活動などを通じて政治意識と政治活動能力を高め、代表権なくして租税負担義務なしとする私有財産権に基づいた政治理論を楯に国会開設とそこへの自己の参加を要求した。一八八〇(明治十三)年に組織された国会期成同盟は国会開設請願運動を全国的に組織するとともに、制定されるべき憲法の内容検討を開始する。

社会の国家権力への強力な下からの圧力は、権力に大きく亀裂を入らせた。藩閥政府内の立場が薩《さっ》長《ちょう》閥に比して弱体な肥前《ひぜん》閥の参議大隈重信《おおくましげのぶ》は一八八一(明治十四)年三月、年内に憲法を制定し、八三(明治十六)年に国会を開設、政府は政党内閣制を採用すべしとの見解を左大臣《さだいじん》有栖川宮《ありすがわのみや》に表明、彼の背後には、官僚機構の内部に入ってきた慶應《けいおう》義塾《ぎじゅく》出身者などからなる自由主義者グループが存在していた。

藩閥政府内の危機意識をさらに強めたのが同年七月から空前の勢いで高揚していった藩閥専横を攻撃する開拓使《かいたくし》官有物払下《かんゆうぶつはらいさ》げ反対運動であった。そこには士族・豪農商層と中農、そして都市知識人層がいた。先手をとらなければ藩閥政府と天皇制国家自体が危機に瀕する。この危機回避の舵をとったのは右《う》大臣岩倉具視《いわくらともみ》だった。その対案骨子は、(1)国会の一八九〇(明治二十三)年開設を国民に約束する、(2)それ以前に憲法を国家の側で制定する(=欽定《きんてい》憲法)、(3)軍事統帥権・外交権・文武重官の任免権・議会解散権などは天皇大権とする、(4)議会は二院制、(5)政府予算案否決の場合は前年度予算を施行できる、というものであった。一八八一年十月、官有物払下げの中止と国会の一八九〇年開設が国民に告げられ、同時に大隈重信とそのグループはいっせいに政府から放逐された。いわゆる明治十四年政変である。

板垣を党首とする自由党《じゆうとう》が同月に、大隈を党首とする立憲改進党《りっけんかいしんとう》が翌年四月に結成され、おのおの民権運動を展開するが、政府は九年後国会開設との約束で満足する層とさらなる体制自由化の前進を望む急進派層を分断し、後者への政治弾圧による閉塞化をねらった。だが九年後に国会が開設され、国家機構のなかに予算審議権を有する議会が定置されることは、廃藩置県による中央集権国家創出以来の国制レベルでの大転換なのであり、開設以前に国家権力側の体制を強力をもって確立しておかなければならない。「期限付き専制化」がここに具体化する。

天皇制国家の対応

第一、憲法制定議会方式で憲法を決めるのではなく、天皇が制定する(=欽定)建前をとる以上、すべては極秘裡に作成されねばならず、一八八八(明治二十一)年五月からの枢密院《すうみついん》での憲法草案審議では議案の持出しすらも禁止された。

第二、政府体制が一八六九(明治二)年以降とられてきた太政官制《だじょうかんせい》から議会に対応できる内閣制(初代総理伊藤博文《いとうひろぶみ》)に一八八五(明治十八)年に移行し、太政大臣三条実美《だじょうだいじんさんじょうさねとみ》は内大臣《ないだいじん》の閑職に移された。

第三、国家財政が強力をもって建て直されねばならない。政府は西南戦争の戦費として予備紙幣二七〇〇万円を発行し、また第十五銀行より一五〇〇万円を借り入れざるをえなかった。大量の不換紙《ふかんし》幣《へい》の流通と貿易赤字による毎年の正貨流出は激しいインフレーションを惹起した。これは一方では地租の実質的軽減と豪農商層と中農層の活性化を生み、他方で華士族層の保有する金禄公債《きんろくこうさい》価格を低落させ、ともに民権運動高揚の一因となったが、根本的には国家収入の減収そのものであった。一八八一(明治十四)年十月大蔵卿に就任した松方正義《まつかたまさよし》は、政府からけっして方針変更せずとの堅い言質をとったうえで、不退転の決意をもって一億五〇〇〇万円の紙幣のうち三四〇〇万円を銷却《しょうきゃく》、他方で輸出促進により正貨を蓄積する政策を強行する。松方は一八八二(明治十五)年日本銀行を創立して唯一の紙幣発行機関とし、八六(明治十九)年には日銀券の正貨兌換《だかん》を実現させ、華士族層の金禄公債の価値を回復させたが、厳しいデフレーションが進行するなかで中農層の経済的発展の芽は最終的につみとられ、農民層の分解・中農層の没落・寄生地主制《きせいじぬしせい》の確立、そして財閥・大資本・政商主体の日本型資本主義の将来像がこの過程で決定された(松方デフレ)。

第四、軍隊は国民の軍隊ではなく天皇の軍隊であることが明確化され、内乱鎮圧から対外戦遂行に組織が変更されていった。一八八二年一月の軍人勅諭《ぐんじんちょくゆ》は軍人の民権運動への関与を厳禁し、「下級のものは上官の命を承ること、実は直に朕が命を承る義なりと心得よ」と軍人・兵士に命じた。同年七月、朝鮮の首都漢城《かんじょう》(ソウル)に反日暴動(壬午《じんご》軍乱)が勃発、清《しん》国が機敏に大軍を漢城に派兵、朝鮮政局を掌握したのを直接の契機として、対清戦を想定しての陸海両軍の大軍拡(陸軍は倍化)を議会開設までに実現しようとする。このためには松方デフレ下にもかかわらず租税を増徴することをも辞さなかった。そして一八八八年には日本陸軍は内乱対応の鎮台《ちんだい》制を廃止し、外征を主目的とする師団《しだん》制をとることとなる。これは同時に東アジアでの日本の軍事的力量の増大を欧米列強に認識させることによって、国際的な不平等条約体制からの一国的脱却をはかる狙いも有していたのである。

第五、議会に二院制をとらせる以上、衆議院《しゅうぎいん》に対峙する貴族院《きぞくいん》の内実をつくるためにも、近代天皇制的身分秩序に基づく華族《かぞく》制がつくりだされなければならない。一八六九年、それまでの公卿《くぎょう》・諸侯《しょこう》の称が廃されて一括して華族と改称されたが、一八八四(明治十七)年七月、華族令が制定され、従来の華族は、その経歴・勲功によって、公《こう》・侯《こう》・伯《はく》・子《し》・男《だん》の五等に分かたれた爵位を授けられた。またこれまで華族ではなかった士族に対しても、維新前後に国家に勲功あった者およびその嗣子は華族に列せられた(勲功華族)。彼らは宮内省《くないしょう》において身分を管理され、その栄爵に対し皇室の藩屏《はんぺい》として奉仕することを義務づけられた。貴族院議員の大多数は彼らより選出されることになる。文明開化《ぶんめいかいか》期の「四民平等」の社会的雰囲気はここに一掃された。

第六、議会に予算審議権を賦与する以上、それ以前に、国家権力の中核となさねばならない皇室の財政的基盤は、議会の介入を許さない磐石なものに仕上げておかねばならない。一八八四年、日本銀行株金五〇〇万円など政府の株券が皇室財産に移管され、また国有林野が皇室財産に繰り入れられること(御料林《ごりょうりん》)などにより、九〇(明治二十三)年までに皇室所有地は三六五万町歩に急増していった。

第七、教育体制が天皇制的な枠組みで固められなければならない。自由民権運動には各地の小学校教員(彼らは在地の名望家・資産家の子弟であり知識人でもあった)が多く参加していたことから、とりわけ小学校教員養成制度を国家が完全に掌握することが眼目とされた。一八八六年の師範学校令《しはんがっこうれい》により、尊王愛国の志気を小学生に振起させうる教師の完全公費負担・全寮制での養成制度がつくられ、正規の小学校教員は師範学校卒業生に限定された。男子生徒は学校で兵式体操を教育され、師範卒業の男子教員は徴兵制度でも六週間現役兵（一般現役兵は三年）の特典を与えられ、この面からも天皇制国家への心理的同調が誘導された。

さらに議会開会一カ月前の一八九〇年十月、天皇への忠誠を最高の価値とする教育勅語《きょういくちょくご》が発布され、軍人勅諭と対となり、戦前日本人の国家道徳観の根幹にさせられていく。議会開設以降も、教育関係の法規は財政関係以外はすべて勅令をもって制定され（勅令主義）、天皇制支配の骨格をかたちづくっていった。

第八、議会開会以前に地方自治制度を資産家優位の制度に、また国の委任事務を担当できる規模につくりかえねばならない。そのため、納税額の多少によって、市会では三級、町村会では二級の等級選挙制度が一八八八年公布の市制・町村制によって導入され、また、従来の七万余りの町村は八九（明治二十二）年末までには約一万六〇〇〇町村（＝行政町村）に減少するまで、強引に町村合併させられていった。

第九、日本の統治者だとする天皇主権の淵源は皇祖神天照大神《あまてらすおおみかみ》が皇孫《すめみま》に授けた天壌無窮《てんじょうむきゅう》の神勅を中核とする記紀神話におかれていた。しかし明治初年の神道国教化政策にも、一八七二（明治五）年以降の神道・仏教を合体させての天皇崇拝・キリスト教排撃運動（教部省《きょうぶしょう》政策）にも失敗した政府は、第三の道を求めた。すなわち、神社は私的信仰の対象ではなく国家の宗祀《そうし》だとし、皇祖神を祀る伊勢神《いせじん》宮《ぐう》を頂点として、全国の神社を官国幣社《かんこくへいしゃ》・府県《ふけん》社・郷《ごう》社・村《そん》社・無格《むかく》社に序列化し（そして各神社の祭神を記紀神話に求めさせて神社を記紀神話の物象化とし）、霊魂の救済をはかる宗教活動から切り離し（一八八二年が端緒）、神社崇敬は宗教ではない、個人的信仰の如何《いかん》にかかわらず国民が崇敬すべき日本民族の習俗・国民的道義だとする新しい神社神道（国家神道）の官僚的定義をつくりあげ（標語が「敬神崇祖」となる）、国民のあいだに普及させていった。この動きと併行して皇室祭祀と神社祭祀の一体化、天皇を祭神とする神社の創建、「万世一系《ばんせいいっけい》の皇統」を可視化させる神代《じんだい》以降の陵墓の確定などが進められた。そして一八八〇（明治十三）年制定刑法中の不敬罪《ふけいざい》が違反者を厳格に取り締まることとなる。

第一〇、社会の単位としての「家《いえ》」には家父長制的な性格が与えられねばならない。女は男に劣るもの、妻は夫と家に従うべきものとの武家家族的な「家」観念が日本社会全体に押し広げられ、また一八九〇年の集会及政社法により、女子は政談集会に参加しまたその発起人になること、また政社に加入することが禁止されてしまった。それ以前の女性の地位からの後退である。このような社会的雰囲気のなか、同年公布されたフランス法に基づく民法は、そこでの男女平等の精神や夫妻単位の小家族主義思想が批判にあい、その施行が延期され、改正された民法（一八九八〈明治三十一〉年公布）では、長子家督相続制、強大な戸主権、妻の法的無能力などが規定され、女性の男性と「家」制度への隷属が決定的なものとなった。

中央と地方の結合方式

一八九〇(明治二十三)年十一月の議会発足を挟む前後の期間に、近世的な幕府・諸藩からなる重層国家と村請《むらうけ》制を前提とする社会との静態関係(そこでは旧慣維持が約束されており、両者間には社会的身分諸制度による緩衝装置が常時機能していた)は天皇制的国家と私有財産権を前提とする社会との動態関係に転化していき、したがって、前述の郡役所・区役所的な相互の媒介機関も整備されていくのである。一八七六(明治九)年、区裁判所・地方裁判所の設置により、大審院《だいしんいん》・上級裁判所・地方裁判所・区裁判所の裁判所制度が全国的に成立する。経済活動と司法制度の根幹をなす私的所有権の確定・確認のためには、一八八六(明治十九)年の登記法により、区裁判所かその出張所に設けられた全国の登記所がその機能をはたすこととなり、八九(明治二十二)年には土地台帳規則公布により農民各人に私的所有を証明する地券《ちけん》制度は廃止される。

収税については、当初は前代からの伝統を引き継ぎ府県庁がそれを担当していたが、一八八四(明治十七)年、各府県に大蔵省主税局の下部機関税務課(のち収税部)が設置され、八九年には郡市役所所在地に収税部出張所がおかれる(九六〈明治二十九〉年に大蔵省直轄の税務署となる)。

徴兵事務は当初はもっぱら各町村戸長《こちょう》が担当していたが、徴兵忌避を阻止すべく次第に軍組織と郡区役所の協同作業で遂行されるようになり、一八八八(明治二十一)年の師団制度化と同時に大隊区司令部が設置され、徴兵事務・予備役《よびえき》・後備役《こうびえき》の統轄および各種軍事動員をすべて大隊区司令部が司ることになった(一八九六年連隊区司令部に改称)。

4 帝国憲法システムと日清戦争

帝国憲法と条約改正反対運動

一八八九(明治二十二)年二月、大日本帝国憲法が欽定《きんてい》憲法として公布された。憲法は議会に法律・予算の承認権を認めた。天皇制国家構造のなかに議会が不可欠のものとして組み込まれたのである。ただし、国家権力側は議会の権限に幾重もの国家のための防壁を設けた。

第一に天皇は神聖不可侵《しんせいふかしん》な日本帝国の主権者であり、緊急勅令・官制制定・文武官の任免・宣戦・講和・条約締結などの天皇大権を有するとされ、また陸海軍は内閣からも独立して天皇に直属し(統《とう》帥権《すいけん》の独立)、軍事に関しては議会は財政以外まったく関与不可能であった。さらに内閣官制などによって軍機軍令に関しては陸海軍大臣・参謀総長・軍令部長は天皇に直接上奏する帷幄上奏権《いあくじょうそうけん》を保障された。

第二に議会は二院制とされ、華族《かぞく》・勅選《ちょくせん》議員・多額納税者議員から構成される貴族院《きぞくいん》が拒否するかぎり、衆議院《しゅうぎいん》を通過した法律案は成立させられず、また衆議院が予算案を否決した場合は、政府は前年度予算を執行できるとされた。

第三に、内閣は衆議院第一党が組織することはできず、天皇によって任命（大命降下）される総理大臣がそれを組織し、各国務大臣は天皇にのみ責任を負った。内閣は議会に対し直接の責任を負う義務はなかったのである。

第四に、枢密院《すうみついん》は天皇の任命による枢密顧問官によって構成され、条約案・勅令案など天皇の諮《し》詢《じゅん》に応え重要国務を審議し、憲法の解釈をも担当するとされた。

第五に、国民は天皇の臣民とされ、その諸権利が規定されたが、それらすべてには法律の範囲内という制限がつけられていた。

憲法制定とならんで天皇制国家は明治初年以降の最大の課題でありつづけた条約改正をも秘密裡に実現しようとしていた。外相井上馨《いのうえかおる》がそれを担当した。しかし、治外法権を全廃するかわりに、外国人法官を日本の裁判所に任用し、法典も外国の承認を得ようとする政府案がもれ、「居留地《きょりゅうち》に限定されていた不利益を日本全国に拡大するもの」との反対運動の高揚のなかで、一八八七（明治二十）年九月、井上外相は辞任に追い込まれ、改正交渉は中断させられた。欧米との完全な国民・国家の対等化を求めるこの民族運動は三年後に迫った議会開設、そのための総選挙をにらんだ各派の政治運動を本格化させる契機となり、府県の代表者たちは東京に結集、同年十月には高知県を代表して板垣退助《いたがきたいすけ》の腹心片岡健吉《かたおかけんきち》は外交の回復・地租軽減・言論の自由を求める「三大事件建白《けんぱく》」をおこない、これを代表例として政府に対するさまざまな建白運動が各府県での政治的活性化を踏まえおこなわれた。猛烈な運動におされた政府は同年十二月保安条例を公布、五七〇人の活動家を東京から追放する措置をとらざるをえなくなった。

しかし、弾圧だけでこの社会からの圧力を回避することは不可能だった。政府は一八八八(明治二十一)年二月、七年前に政府から放逐した大隈重信《おおくましげのぶ》を外相として入閣させ、立憲改進党《りっけんかいしんとう》系勢力をこの運動から離脱させようとした。

また激派を排除しつつ財産家を主体とする大同団結《だいどうだんけつ》運動を展開していた旧自由党《じゆうとう》幹部の後藤象二郎《ごとうしょうじろう》を一八八九年三月逓信《ていしん》大臣として入閣させ、大同団結運動を分裂させようとした。

外相に就任した大隈は、外国人法官の任用を大審院《だいしんいん》にかぎり、法典についても外国の承認を要しないなど、井上案よりも前進した内容をもって条約改正交渉を進めようとしたが、一八八九年五月、内容がもれるや、再度反対運動が全国的に展開され、同年十月には大隈暗殺未遂事件が発生し、これまた交渉中止に追い込まれた。政府には二度の改正反対の民族運動の圧力のもと、もはや完全な対等条約を結ぶほかとるべき道はなくなってしまった。

初期議会

一八九〇(明治二十三)年七月、第一回の衆議院議員総選挙がおこなわれた。選挙人の資格は二十五歳以上の男子で、直接国税一五円以上の納税者、被選挙人の資格は三十歳以上の男子で、同じく一五円以上の納税者に限られ、投票は記名投票によっておこなわれた。

三〇〇人の選出された議員のうち、旧自由党(自由党は一八八四〈明治十七〉年解党していた)系が一三〇人、立憲改進党(八四年大隈らが脱党)系が四〇人、それに対し政府系の大成会《たいせいかい》議員は七九人にとどまった。自由民権運動と大同団結運動がこの結果をもたらしたのである。

同年九月、板垣退助を中心として旧自由党各派が合同して立憲自由党《りっけんじゆうとう》を組織し、また立憲改進党は自由党との提携を拒まずとの方針を定め、同年十一月二十五日の議会開会を前にして、藩閥《はんばつ》政府・吏《り》党《とう》対民党《みんとう》連合戦線との対抗関係がここに形成された。

一八九〇年十二月、明治二十四年度政府予算案提出に際し首相山県有朋《やまがたありとも》は、予算歳出額の大部分を占めるのは陸海軍にかかわる経費であるが、国家独立のためには第一に主権線を守禦し、第二には「わが主権線の安全と堅く相関係する区域」を画する利益線を防護しなければならないと、朝鮮をめぐっての軍備拡張の必要性を強調し、陸海軍費のために巨額の金額を割く理由を説明した。だが、松《まつ》方《かた》デフレ直後の疲弊した農村の現状を踏まえた民党は、「政費節減・民力休養」をスローガンに、政府予算案から八〇〇万円を削減して藩閥政府を追いつめた。政府は後藤象二郎(逓《てい》相)や紀州《きしゅう》出身で農商務相の陸奥宗光《むつむねみつ》(和歌山県第一区選出の衆議院議員でもあった)を介して片岡健吉や植木枝盛《うえきえもり》などの自由党土佐《とさ》派を妥協派に転向させて民党の団結を切りくずし、翌年二月、六〇〇万円の削減で最初の予算案を成立させた。自由党の中江兆民《なかえちょうみん》は、議会を「無血虫の陳列場」と非難し、議員を辞職した。

しかしながら、民力休養・地租《ちそ》軽減の民党要求は依然として強烈であり、一八九一(明治二十四)年十二月には明治二十五年度予算案は九〇〇万円削減され、時の松方内閣は衆議院を解散、九二(明治二十五)年二月の第二回総選挙に際しては、政府は警官・官吏などを動員して多数の死傷者を出す大々的な選挙干渉を全国的におこない吏党候補者の当選をはかった。だが、またもや民党側勢力が過半数を占める結果となり、松方内閣は同年七月に総辞職せざるをえなくなった。

ところで、初期議会期の民党側も深刻な問題点をかかえていた。削減して浮かせた財源を地租軽減や民力休養にまわすことは、貴族院の厚い壁に阻まれて実現させることが不可能だったのである。貴族院の体制を変革させるためには大規模な国民運動が必要だったが、民党はその内部から、民権運動の底辺を支えていた中農・自作農層よりなる民主主義的・急進主義的部分を切り捨ててきていたのであり、自由党は一八九一年十月、同党大会での地方代議員権限の削減、代議士大会による党大会の代行を大会で決定することで、この変質過程を完了させていた。

また、明治二十年代に入り、松方デフレの終了後、日本の資本主義は綿糸紡績・鉄道・鉱山などを中心に本格的に発展し始め、民党内部からも、地域産業振興のため政府の積極的財政投資を望む声が高まっていった。自由党は星亨《ほしとおる》の指導のもと、一八九二年末ころから、政府の掲げる「積極主義」に同調することによって、このジレンマから脱出しようとした。すなわち改進党との民党連合を解消し、政党勢力との提携に好意的な伊藤《いとう》系官僚（同年八月第二次伊藤博文《ひろぶみ》内閣が成立）と結ぶことによって、政界縦断と単独過半数政党の実現をねらうのである。

ただし藩閥政府と民党の対立は依然として続き、一八九三（明治二十六）年一月、衆議院は明治二十六年度予算案のうち、軍艦建造費など九〇〇万円弱を削減、伊藤首相は議会を解散してもふたたび民党が優位となると判断し明治天皇を政治的に利用した。天皇は二月内廷費三〇万円を六カ年間下付し、同期間中文武官俸給の一割を納付させ製艦費補助にあてることを命ずる詔書《しょうしょ》をくだした。衆議院はこの詔書に屈服し、製艦費を認め、削減額を二六〇万円に縮小し、修正予算案を可決した。民党は詔書に対し、あくまで軍拡費を削減し藩閥政府のあり方を問う闘争を組織することはできなかったのである。これ以降、予算案に対する原則的闘いは不可能となってしまい、改進党は従来の民力休養の旗を曖昧なままにおろしていき、かわってこれまでの条約改正の立場を変更して現行条約励行論を唱えるようになっていった。

日清対立と国際情勢

一八八〇～九〇年代の東アジアの国際情勢は日清《にっしん》関係を軸に展開していった。清国は一八七四（明治七)年の日本の台湾《たいわん》出兵を機に、従来の閉鎖的な台湾政策を転換して大陸清国人の入台耕墾を認め、七九(明治十二)年の琉球《りゅうきゅう》の廃藩置県《はいはんちけん》(沖縄県成立)によりさらに対日警戒心を強めた。その結果が日本政府の意想外にでた壬午《じんご》軍乱への迅速な清国の大兵派遣となるのだった。一八八四(明治十七)年六月、ベトナムの植民地化をねらうフランスと同国への宗主権を守ろうとする清国のあいだに清仏戦争が勃発、日本は清国の敗勢を利用して朝鮮への勢力拡大をはかり、同年十二月、朝鮮開化派のクーデタに日本守備隊(壬午軍乱により駐兵権を獲得)が協力、王宮を占拠して開化派政権を成立させたが、駐留清国軍は敏速に行動し、日本守備隊を破ったため、公使竹添進一郎《たけぞえしんいちろう》は金玉均《きんぎょくきん》《キムオッキュン》らの亡命者をともなって長崎に逃げ帰った(甲申《こうしん》事変)。

翌一八八五(明治十八)年四月、伊藤博文と李鴻章《りこうしょう》とのあいだに事態収拾の交渉が天津《てんしん》でおこなわれ、朝鮮よりの両国軍隊の撤兵、いずれかの国は朝鮮出兵の際、相手国に事前通告することなどを決めた天津条約が結ばれた。清国は朝鮮内政を掌握している以上、これで十分だと判断したのである。また清国は一八八四年には新疆《しんきょう》を、八五年には台湾を省に昇格させて国境部分の軍事的強化をはかった。

ただしこの時期の日清対立は世界史的意味をもっていた。当時の世界の二大強国英露の対立は東アジアにおいて激化しており、一八八五年五月、イギリスはロシア軍港ウラジヴォストークをにらむ前進基地として朝鮮南端沖の巨文島《きょぶんとう》《コムンド》を占拠した。イギリスは香港《ホンコン》以北に軍事基地を有していなかったのである。同島からの撤兵は一八八七(明治二十)年二月のこととなる。他方ロシアは極東へのさらなる進出をはかるべく、ウラジヴォストークを東端とするシベリア鉄道建設に一八九一(明治二十四)年五月着工した。イギリスはますます自国の対日接近の遅れを意識せざるをえなくなる。このロシアの極東進出には世界強国の道をめざし反英的態度を明確にし始めたドイツが大歓迎して後押しし、さらにフランスは一八九二(明治二十五)年仏露軍事協約を結んで対独軍事同盟をつくりだした。イギリスにとって栄光ある孤立政策をとりつづけることが不可能となったのである。ここに日本の軍事力を高く評価したうえでの対日条約改正に関するイギリスの新提案が出現し、一八九三(明治二十六)年七月より日英間での改正交渉が進展、翌九四(明治二十七)年七月、批准後五年で治外法権《ちがいほうけん》を完全に撤廃、日本の法権を回復する日英新条約(日英通商航海条約)の調印がなされた(関税自主権の完全回復は一九一一〈明治四十四〉年のこととなる)。

日清戦争

このような東アジアの国際情勢下で、朝鮮への日本の政治的支配権の樹立をねらうことは一挙に世界的問題となることはあまりに明白であった。国際関係を悪化させずに如何に遂行するのか。

他方、一八九四(明治二十七)年五月、立憲改進党を中心に「責任内閣・自主的外交」をスローガンとする対外硬派と自由党が政府の外交政策を攻撃し、行政整理・経費節減を求める内閣弾劾《だんがい》上奏案を可決、政府を苦境におとしいれた。政府は六月二日、議会を解散したが、この国内政局の混乱を抜本的に変える方法を政府は発見しなければならなくなっていた。

ちょうど議会解散の当日、在朝鮮日本公使館より、大規模な農民反乱（東学党《とうがくとう》の乱）鎮圧のため、朝鮮政府は清国に援兵を要請したとの電報が入った。政府は天津条約を理由に即時出兵を決め、六月十日より四〇〇〇人の軍隊を漢城《かんじょう》（ソウル）に送り込んだ。天皇親臨の戦争指導機関大本営《だいほんえい》は早くも同月五日に設置された。しかし急派された清国軍は衝突を好まず、開戦の口実をつくりだすため陸奥外相は、清国の拒否を見込んで、日清両国が共同して朝鮮内政改革にあたることを朝鮮公使大鳥圭介《おおとりけいすけ》に提案させ、六月二十一日清国が拒否するや、大鳥公使は七月十日、実行期限をつけた内政改革案を朝鮮政府に提出した。この時点での最大の問題は、列強、とくにイギリスが日本の強硬姿勢にどう反応するかであったが、同月十六日、イギリスは日英新条約に調印することにより、日本の対朝鮮進出が、イギリスにとって対露防壁となるならば、イギリスは反対しないという意図を明白にした。このことにより日本はつぎのステップに進むことが可能となった。

七月二十日、大鳥公使は、朝鮮政府に対し対清宗属関係の破棄、清国軍への撤兵要求を強要する最後通牒を突きつけ、朝鮮政府が拒むや二十三日日本軍は王宮を占領して朝鮮軍を武装解除、政府を転覆して親日政権を樹立し、その命をもって、二十五日海軍は豊島《ほうとう》沖《プンド》で清国軍艦を攻撃、二十九日陸軍は成歓《せいかん》で清国軍を撃破、八月一日、朝鮮を清国から独立させることを理由に、明治天皇は清国に宣戦を布告した（日清戦争）。

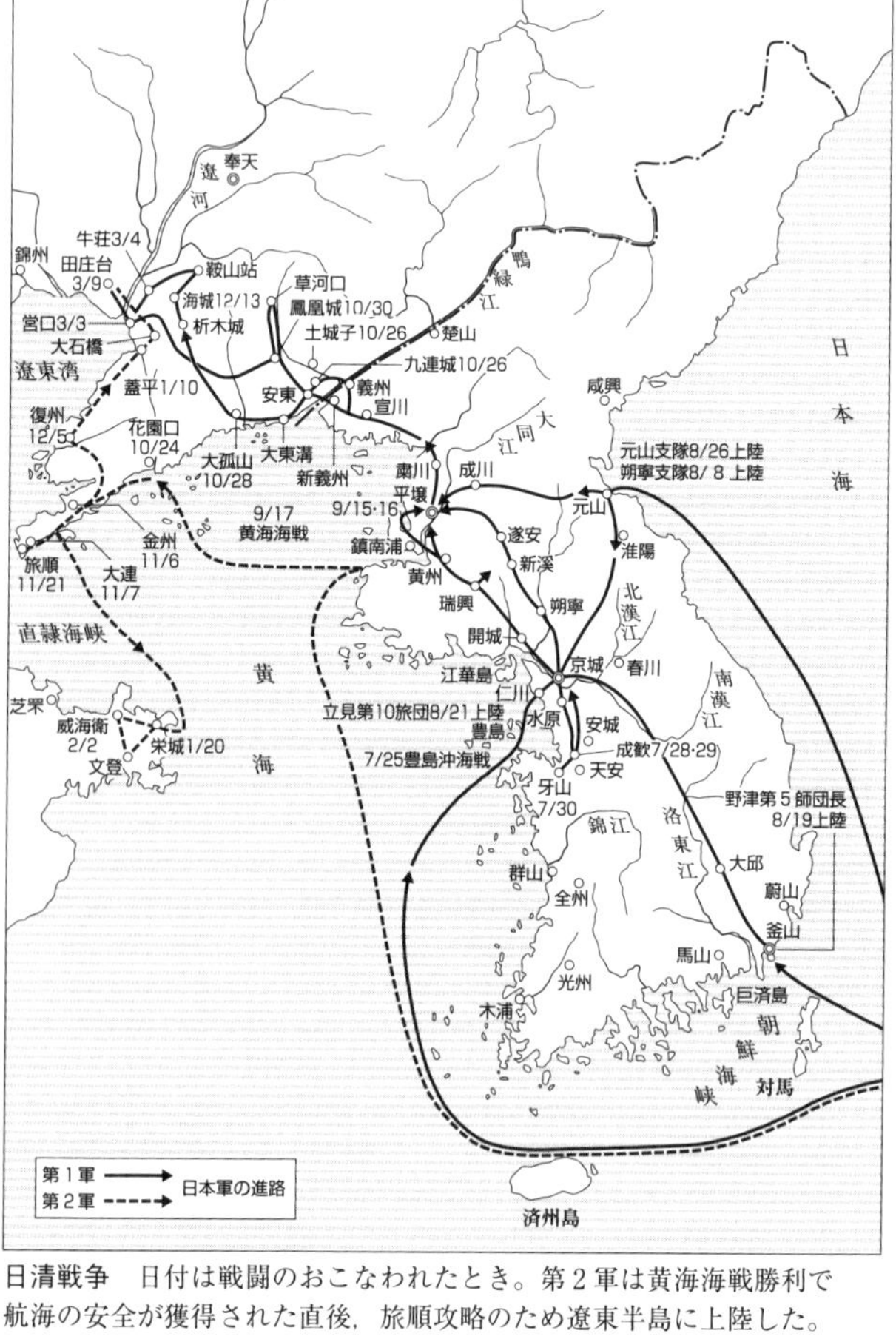

日清戦争　日付は戦闘のおこなわれたとき。第２軍は黄海海戦勝利で航海の安全が獲得された直後，旅順攻略のため遼東半島に上陸した。

日本軍は九月十六日、平壌《へいじょう》《ピョンヤン》の戦いで清国軍を破り、翌十七日、海軍は黄海《こうかい》《ファンへ》で清国艦隊を撃破、朝鮮西方海面の制海権を確保した。そのうえで、十月下旬に日本陸軍の第二軍は遼東《りょうとう》半島に上陸、清国海軍二大根拠地の一つ旅順《りょじゅん》を十一月二十一日に攻略(このとき日本軍による旅順虐殺事件が発生した)、平壌戦を闘った第一軍は十月下旬に鴨緑江《おうりょくこう》《アムノッカン》をこえて清国領土に進出、翌一八九五(明治二十八)年二月、清国艦隊根拠地の山東《さんとう》半島の威海衛《いかいえい》を攻略、同艦隊を降伏させ、さらに翌三月には澎湖《ほうこ》諸島に上陸した。朝鮮国内の農民反乱も日本軍が鎮圧した。

同年四月十七日、日清講和条約が下関《しものせき》で締結された。同条約により、第一に、清国は朝鮮の「独立」を認め、日本は朝鮮への支配権確立への手掛りを獲得した。第二に、清国は遼東半島南部と台湾・澎湖諸島を日本に割譲することを承認し、第三に賠償金二億両《テール》(三億一〇〇〇万円)を日本に支払うことに同意し、第四に、従来から欧米各国が清国に対し有していた各種の法権および通商の特権を日本にも与えることを認めた。日本は一躍にして植民地を領有し、国際関係に重要な影響をおよぼす帝国主義国家となったのである。他方、戦勝にわきたつ議会は、一八九四年十月、臨時軍事費一億五〇〇〇万円を即決、ここに初期議会での藩閥政府対民党という政治的対抗軸は最終的に消滅した。天皇と陸海軍を先頭とし議会が協賛する挙国一致《きょこくいっち》体制が成立するなかで、帝国主義国になるのと同時に日本国民と日本国民国家の内実が形成されたのであった。

5 国民文化の可能性と現実

国民文化の三重構造

明治十年代の民権《みんけん》思想の広がりは、幕末期以降の国内革新の上げ潮に乗り当るべからざるがごとき様相を呈していた。政治運動をめぐる雰囲気そのものが伝染性をおびていたのである。民権運動家でもまったくなく、石巻《いしのまき》に医学修業に赴いていた一介の青年佐藤量太郎でさえ、郷里山梨県郡内《ぐんない》の親類に、一八八二(明治十五)年六月「業ヲ立テ父ノ后ヲ続ケントスルヨリ、自由ノ精神ヲ自由ニスル能ワズ、自由ノ世ニ生レテ未ダ束縛ノ世ヲ免ガレズ、君、民権ヲ伸暢《しんちょう》スル諸君ヲ見ヨ、朝ニ自由ヲ唱エ夕べニ民権ヲ演ズ、此処ニアッテハ演説シ、彼処ニアッテハ討論会ヲ開ク、已《すで》ニ二十三年ノ国会開設ヲ待テ吾ヲ先キニト競イ争フ、是レ是等ヲ自由精神ト云ワズシテ何ヲカ謂ワンヤ」(『大月市史』)と書通していた。

民権思想は出版物や演説会だけで広められたのではなかった。政治小説・政治講談・民権芝居、そして民権かぞえ歌によっても普及されていった。「一ツトセ　人の上には人はなき　権利にかはりがないからは　この人じやもの」で始まるこの歌は、「五ツトセ　五つに分れし五大州の　中にも亜細《アジ》亜《ア》は半開か　この恥かしや」「六ツトセ　むかし思へば亜米利加《アメリカ》の　独立なしたるむしろ旗　この勇ましや」とあるように、福沢諭吉《ふくざわゆきち》の普及した政治思想を土台にしてもいたのである。

この政治思想は男性ばかりでなく岸田俊子《きしだとしこ》や景山英子《かげやまひでこ》ら多くの女性の心のなかにも浸透していった。また中江兆民《なかえちょうみん》を介し沖縄出身の東京農科大学学生謝花昇《じゃはなのぼる》にも多大な影響を与え、沖縄で民権運動を開始させることにもなった。

民権思想と一部重なりながら、その外側には殖産《しょくさん》ナショナリズム思想が多くの日本人をとらえていた。外商の圧力を排し国富を増大させる目的を有した生糸直輸出《きいとじきゆしゅつ》運動もこの思想に基づき、遠州《えんしゅう》地方の国産木綿《もめん》を原料とし、輸入綿糸を防ぐため二〇〇〇錘機械紡績の遠州紡績会社(水車が動力)を設立した掛川《かけがわ》の報徳運動家岡田良一郎《おかだりょういちろう》の思想もここにあった。

さらにその外側に、日本の独立を守るための幕末以降続いている専守防衛軍事構想があった。幕末期の海岸防禦《ぼうぎょ》思想、そのための要塞・砲台建設思想が引き続き存続しており、外国兵の侵攻に闘う戦場は内地となり、それゆえ、三年兵役ではなく、多くの護郷兵《ごきょうへい》を早期に養成するための一年兵役制が主張されたのである。曽我祐準《そがすけのり》の『日本国防論』や三浦梧楼《みうらごろう》の『兵備論』がそれであり、中江兆民も同様の軍事構想をいだいていた。一国の独立の確保と国家主権の真の達成こそが目的であるならば、当然のこととして、一方ではいまだ撤廃が達成されていない治外法権《ちがいほうけん》と協定関税の廃棄をめざす条約改正運動が基軸的な民族運動の目標となり、他方においては、民族抑圧に憤り民族の独立を求めて闘う安南《アンナン》・インド・エジプト、そしてアイルランドの人びとに対する熱烈な共感と支援の動きとなるのだった。柴四朗《しばしろう》の『佳人之奇遇《かじんのきぐう》』（初篇は一八八五〈明治十八〉年）が広範な愛読者を獲得した理由もここにあった。

明治初年の英学塾の隆盛を受け、明治十年代には法治国家日本を担う青年を育成するための法律学校が創設されていった。東京法学社（法政大学）・明治法律学校（明治大学）・東京専門学校（早稲田大学）・英吉利《イギリス》法律学校（中央大学）・関西法律学校（関西大学）などがそれである。一八七七（明治十）年に設立された官学の東京大学も、この段階では国家官僚養成機関ではなかった。東京専門学校創設に深くかかわった高田早苗《たかたさなえ》・市島謙吉《いちじまけんきち》・天野為之《あまのためゆき》・山田喜之助《やまだきのすけ》、そして坪内逍遙《つぼうちしょうよう》はみな東京大学の卒業生だったのである。

キリスト教のこの段階での普及も、日本がつくりださねばならない市民社会と自由主義政治体制構築の課題と深くかかわっていた。男性優位と一夫多妻制という日本社会の現実は、多くの女性をキリスト教に入信させ、また高知民権運動の指導的人びとであった片岡健吉《かたおかけんきち》（立志社《りっししゃ》社長）・坂本直寛《さかもとなおひろ》（竜馬《りょうま》の甥）・山田平左衛門《へいざえもん》（片岡のつぎの立志社社長）などは高知教会を組織した。

天皇制国家による再編の動き

しかし自由民権運動は集会条例《しゅうかいじょうれい》や不敬罪《ふけいざい》を用いながら弾圧されていき、民権運動の土壌となっているとみなされた各地の私立学校に対しては、政府は一八八三（明治十六）年徴兵令《ちょうへいれい》を改正し、私立学校学生の徴兵猶予特典を剝奪してその弱体化をはかった。福沢が留学中の息子宛の手紙（一八八四〈明治十七〉年二月一日付）で、「徴兵令改正に付ては本塾も大に影響を蒙り……、或は文部の小吏、この機に乗じて私塾を倒す抔《など》と考もあらんかと、夫れのみ掛念《けねん》いたし居候」と憂慮しているとおりである。

政府の狙いは一八八六（明治十九）年帝国大学令の発令と帝国大学設立にもうかがえる。そこでは帝国大学は「国家ノ須要ニ応スル学術技芸」を教える処と特権化され、市民社会ではなく天皇制国家を支える官僚・学者・軍事技術者をはじめとする高級技術者養成の場となった。この年東京に設立された帝国大学は、一八九七（明治三十）年に京都帝国大学が新設されたため、東京帝国大学と改称された。日本国土防衛のためには、東京・京都間の鉄道線は海岸線を避け、中山道《なかせんどう》をとおることが計画されていたが、対外攻勢戦略がかたまったこの一八八六年、東海道《とうかいどう》経由に変更となった（開通は八九〈明治二十二〉年）。

国家の中核に天皇制度をすえ、愛国心を忠君思想と直結させようとする動きが強まるならば、絶対者を神に求めようとするキリスト教信仰は危険視されてくる。教育勅語《きょういくちょくご》に対し拝礼しなかったことをもってキリスト教徒の内村鑑三《うちむらかんぞう》は一八九一（明治二十四）年第一高等中学校（九四〈明治二十七〉年より第一高等学校と改称）講師から追放された。この学校は帝国大学入学生の養成を目的とする国立学校であったのである。

そして岡田良一郎らが苦心惨憺して経営努力をおこなってきた遠州紡績会社は一八九四年解散に追い込まれた。安価な輸入綿花を原料とし蒸気機関を使用して経営する東京・大阪の大規模紡績会社の優位性がこの時期には決定的になったからである。

だが、民権の思想・産業ナショナリズムの思想・不平等条約体制を打破し真の主権国家を樹立しようとする思想の三重構造は、幕末期に淵源する基本的構造だったものであり、弾圧程度では容易なことではこわれなかった。明治二十年代には雑誌『国民之友』や『日本人』、新聞『日本』などがその思想を代表した。その構造を根本的に転換させる転轍手《てんてつしゅ》の役割をはたしたのが、朝鮮を清国の属邦から解放して真の独立国とする名目をもって遂行された日清《にっしん》戦争であった。

幕末期より日本の独立を確保するための日本海軍建設に腐心し、欧米列強に抗するためには日朝中三国の友好が必要だとの伝統的思想をいだいていた勝海舟《かつかいしゅう》は、「朝鮮を独立させると言つて、天子から立派なお言葉が出たぢやアないか、夫で、今ぢやア、どうしたんだエ」(『海舟座談《かいしゅうざだん》』)と戦争直後に語っているが、この鋭い批判は、その後の日本帝国の運命を、彼の予想した以上にきわめて的確に予言するものとなったのである。

第十章 大日本帝国と東アジア

1 帝国主義強国への道

台湾の植民地化

一八九五(明治二十八)年四月十七日の日清講和《にっしんこうわ》条約により日本に割譲された台湾《たいわん》では同年五月、島民が日本の植民地化に反対して台湾民主国樹立を宣言し、同月末に上陸した日本軍とのあいだで各地で激戦が続いた。十月台湾南部防衛の首領劉永福《りゅうえいふく》がアモイに逃亡して大規模な抗日戦闘は終わった(反日ゲリラ活動は一九〇二〈明治三十五〉年まで続く)が、日本軍も戦死・戦病死者約五〇〇〇人と多大な犠牲者を出した。翌九六(明治二十九)年台湾総督府《そうとくふ》が設置されたが、台湾駐屯軍の指揮権を握る総督には一九一九(大正八)年まで陸軍大中将が任命されつづけた。また台湾には帝国憲法と日本の法律が適用されず、同年に制定された法律第六三号により、行政当局たる台湾総督は台湾域内に「法律の効力を有する命令(＝律令)」を発することができた。この総督命令第一号が反日運動家を死刑の極刑をもって威嚇《いかく》する「匪徒懲罰令《ひとちょうばつれい》」であった。

台湾が植民地となったのにともない、従来日本の周辺地域民衆と位置づけられてきた沖縄県民とアイヌ民族の同化政策が始まった。沖縄では一八九六年に郡区制、九八(明治三十一)年に徴兵令《ちょうへいれい》が導入され、九九(明治三十二)年には地租改正《ちそかいせい》事業が着手された。また風俗改良が強制され、方言撲滅や改姓名政策が推進されていった。北海道でも一八九六年に徴兵令が導入、一九〇二年に選挙法が導入さ れるとともに、一八九八年北海道旧土人保護法が制定され、アイヌ民族に対し徹底した同化政策が進められた。

三国干渉

話は前後するが、講和条約調印直後の一八九五(明治二十八)年四月二十三日、ロシア・フランス・ドイツの三列強は軍事的威嚇のもと、遼東《りょうとう》半島を清《しん》国に還付すべしと勧告してきた。ロシアは日本の半島領有が自国の南下政策を挫折させるものと考え、フランスは仏露同盟の立場からロシアを支持し、ロシアの関心を極東に向けさせようとつとめてきたドイツもロシアの行動を強く支持したのである。イギリスの軍事的援助が得られないことを確認した日本は三国干渉を受諾するほかなかった。五月十日、遼東半島還付の詔書が発せられた。

この三国干渉は東アジア全体に大きな波紋を投げかけた。台湾の民主共和国宣言も、この干渉に影響された面があったが、日清戦争中の朝鮮保護国化への日本の強圧的態度に反発を強めていた朝鮮政府は、三国干渉の結果日本の威信が大幅に低下するや、ロシアへ接近し始めた。日本の外交的劣勢を挽回しようとした駐朝鮮公使三浦梧楼《みうらごろう》・日本守備隊・大陸浪人などによる同年十月の王妃(閔妃《びんひ》)殺害事件は、朝鮮国民の反日感情をさらに高め、翌九六(明治二十九)年二月朝鮮国王と世子がロシア公使館に移動する異常事態となった。日本の対朝鮮政策はここに破綻してしまったのである。

列強の中国分割

日清戦争での日本の勝利と台湾の植民地領有、他方での清国の予想外の弱体化の暴露は、列強の清国進出に拍車をかけることとなった。日本への巨額の賠償金をつくりだすため、清国は一八九五(明治二十八)年七月ロシア・フランスから四億フランの借款をおこない、ロシアは同年十二月清国への金融的進出の拠点として露清《ろしん》銀行を設立し、さらに翌九六(明治二十九)年六月、ニコライ二世の戴冠式のためペテルブルグに赴いた李鴻章《りこうしょう》とロシア蔵相ウィッテのあいだに露清秘密協定が結ばれ、ロシアは日本の攻撃に対する共同防衛を清国に約し、同時に満洲《まんしゅう》北部をへてチタ・ウラジヴォストーク間を直結する東清鉄道《とうしんてつどう》敷設権を獲得した。

ロシアに負けじとドイツは、一八九七(明治三十)年十一月山東省《さんとう》膠州《こうしゅう》で自国民宣教使が殺害されたことを口実に同月膠州湾を占領、翌九八(明治三十一)年三月同湾周辺地域の租借権《そしゃくけん》を清国から獲得した。同じく三月、ロシアは旅順《りょじゅん》・大連《だいれん》の租借権とハルビン・旅順間の南満洲鉄道《みなみまんしゅうてつどう》敷設権を得、さらにロシアの南下政策に対抗するイギリスは同年七月威海衛《いかいえい》を租借し、これらの動きに便乗してフランスは同年十一月、南方の広州《こうしゅう》湾周辺地域を租借する。

日清戦争の勝利、三国干渉の屈辱、そして干渉した当事者たる露仏独三国およびイギリスの清国での租借地強奪競争という、世界史そのものが眼前の極東地域で急展開するなかで、日本人の国際意識も大きく旋回していった。従来はそれほど強くはなかった朝鮮人や中国人への蔑視感が一般化し、彼らに比しての日本人の民族としての優越意識が増大していった。戦勝し植民地を有する帝国国民となったことがこの意識の土台をつくった。それは同時に天皇を中軸とする日本国家への帰属意識と忠君愛国思想の国民への浸透をも意味した。他方では、国際秩序を支配するものは平和と正義・公正さではなく、軍事力を背景とした国力のみが意味をもち、弱肉強食の論理には抗しがたいという考えが国民一般のものとなっていった。日清戦前まで平民主義・平和主義を主唱していたジャーナリスト徳富《とくとみ》蘇峰《そほう》は三国干渉を機に帝国主義是認論に急旋回したが、これは彼個人の問題というよりも、当時の知識人一般の問題でもあったのである。

日清戦後軍拡と立憲政友会の成立

日本の発展をおさえ、極東に進出しようとするロシアに対抗し、「臥薪嘗胆《がしんしょうたん》」のスローガンのもと軍事力を増強することが日清戦後の国是となった。すなわち、陸軍では従来の近衛師団《このえしだん》および六個師団の体制にさらに六個師団ならびに騎兵・砲兵各二個旅団《りょだん》を増設する、海軍は甲鉄戦艦四隻をはじめとし、大小艦艇九四隻を建造し、東アジア海域での海軍力対露優位性を保つというものであった。

このような日清戦後軍拡の実現を保証したのが清国の対日賠償金であった。日本は遼東半島を還付した代償として五〇〇〇万円を獲得、総計三億六〇〇〇万円の賠償金は償金特別会計として以下のように支出された。第一、日清戦争戦費補充に七八九五万円、第二、陸軍拡張に五六七九万円、海軍拡張に一億三八一五万円、第三、帝室御料に二〇〇〇万円、第四、水雷・教育・災害準備三基金に五〇〇〇万円（緊急時には軍用に供する）、第五、台湾領有に基づく事業資金三五〇〇万円のうち一二〇〇万円等々というものである（一九〇五〈明治三十八〉年度に終了）。

また日本は賠償金の収入をもって、一八九七（明治三十）年に世界資本主義の基軸的通貨体制である金本位制《きんほんいせい》に移行することができた。

ただし兵営や軍艦の経常費や台湾植民地経営費、産業基盤の育成費用や高等教育機関の増設費などは経常費を膨脹させる以外に方法はなく、ここに増税が必須となり、日清戦前のように、前年度予算施行という便法はとれなくなった。藩閥《はんばつ》政府の政党への譲歩が必要となる。政党にとっても藩閥政府の増税政策を支持することで、種々の利権や官職ポストを入手し党勢拡大をはかる志向性が強くなっていった。

しかしながら、この方向への歩みも単純にはいかなかった。一八九八（明治三十一）年六月、自由党《じゆうとう》と進歩党《しんぽとう》（一八九六〈明治二十九〉年三月立憲改進党《りっけんかいしんとう》などが結成）の合意を得ないまま、第三次伊藤博文《いとうひろぶみ》内閣が提出した地租増徴案（田畑の地租を地価の一〇〇分の二・五から三・七とする）は大差をもって否決され、政局運営に自信を失った伊藤内閣は総辞職し、同月自由・進歩両党が合同した憲政党《けんせいとう》により第一次大隈重信《おおくましげのぶ》内閣（大隈首相と板垣退助《いたがきたいすけ》内相）が組閣された。はじめての政党内閣である。

だが陸相・海相のポストは藩閥によっておさえられ、両相は天皇の勅命を受け、軍拡政策の継続を条件にようやく留任することとなる。また長州《ちゅうしゅう》閥山県有朋《やまがたありとも》系官僚議員が支配している貴族院《きぞくいん》や枢密《すうみつ》院《いん》は憲政党内閣に強く反発し、党内でもポストの争いが激化、旧自由党系は星亨《ほしとおる》を中核とし憲政党を維持するより藩閥勢力に結合しようとする。そのさなかの同年八月文相尾崎行雄《おざきゆきお》の「共和演説」が不敬だと貴族院と枢密院に攻撃され、十月には明治天皇が尾崎の罷免を求めるにおよんで尾崎は辞職に追い込まれ、これをきっかけに翌十一月、憲政党は旧自由党系の憲政党と旧進歩党系の憲政本党《けんせいほんとう》に分裂、日本最初の政党内閣は四カ月余りで崩壊してしまった。

同年十一月に成立した第二次山県内閣は憲政党と提携し、翌十二月に懸案の地租増徴法をようやく成立させ、同時に成立した他の増税諸法案をあわせ、増税額は四二〇〇万円にも達した。星亨指導の憲政党も藩閥勢力と結ぶことで入手・成立させた各種の国家的許認可権や法改正により、従来の地主《じぬし》階級のみならず都市商工業者層をも自己の政党基盤に組み入れようとつとめた。星が一八九九(明治三十二)年六月の東京市会選挙に出馬し、自派を圧勝させたことは、その象徴的出来事であった。

第二次山県内閣のもとで一九〇〇(明治三十三)年三月に公布された治安警察法《ちあんけいさつほう》も、藩閥・政党の相互関係の変化を如実に表現している。これまでの政党活動を束縛していた諸制約が廃止された一方、労働組合・小作人《こさくにん》組合の禁止、ストライキの禁止など、労働運動・小作争議の弾圧条項が詳細に盛り込まれ、藩閥と政党が共同して民衆運動・社会運動を抑圧する法体制がここに確立した。

だが山県内閣は藩閥勢力に象徴される国家権力側の利害貫徹にも十分配慮したのであり、一八九九年三月の改正文官任用令《ぶんかんにんようれい》により勅任官の自由任用を資格任用とするなど、天皇に奉仕する国家官僚身分保持に有利な改変をおこない、翌年五月には陸海軍省官制改正により、軍部大臣は現役の大中将たることと規定した。

ところで、山県とならび長州藩閥を代表する伊藤博文は、東アジア進出を促進するためには政局動揺や内閣瓦解を避けねばならず、そのためには都市商工業者も包括する一大政党勢力の育成が不可欠と認識し、新党結成に立ち上がった。星指導下の憲政党はこの動きに対応して山県内閣との提携策を変更、この結果党名を廃して会名に、総裁を板垣より藩閥代表でありつづけた伊藤に変更した立憲政《りっけんせい》友会《ゆうかい》が一九〇〇年九月に成立する(十月第四次伊藤内閣成立)。自由民権運動以来の自由党の伝統はここに消滅した。

北清事変

立憲政友会の成立は、日清戦争についで東アジアの国際情勢を激変させ、同地域の帝国主義的諸関係をつくりあげた北清事変《ほくしんじへん》の進行とみごとなまでに対応していた。列強の中国侵略の動きはとくに華《か》北《ほく》地域に顕著であり、侵略の象徴としての外国人宣教師と教会に対する反感から秘密結社義和団《ぎわだん》が勢力を拡大して反帝反キリスト教闘争を展開、一九〇〇年一月には北京《ペキン》列国公使団が清国に義和団鎮圧を要求するまでになった。しかしその後も「扶清滅洋《ふしんめつよう》」を掲げるこの勢力は増大しつづけ、六月には北京の各国公使館自体が義和団に包囲され、同月清国が列国に宣戦を布告する事態にいたった。当時イギリスはボーア戦争のため、アメリカはフィリピンの反米独立戦争弾圧のため、大兵を清国に割くことが不可能な状態であり、ロシアの南下を恐れるイギリスの再三の出兵要請を受け、日本政府は七月第五師団ほかを出動させ列国中最大規模の出兵をおこない連合軍の主力となった。八月、連合軍は北京総攻撃をおこない公使団を救出、その後各国の将兵は北京などで略奪・惨殺・放火などをおこなった。日本はこの出兵により、清国での反帝運動鎮圧の不可欠の軍事強国との評価を英米などから獲得する（「極東の憲兵」）。一九〇一（明治三十四）年列国（日・英・米・露・仏・独・伊など一一カ国）と清国のあいだに議定書が調印され、これにより清国は四億五〇〇〇万両《テール》（六億三三五〇万円、日本の分配比は七・七％）の賠償金の支払い、北京公使館区域への外国人護衛兵の常駐、北京・海浜間の要衝の外国軍占領などを認めた。日本はこの協定に基づき北清駐屯軍を編成配置するが、これが後年の支那駐屯軍の起源となるのである。

日英同盟

イギリスは中国での巨大な既得権益を守るうえでも、強力な反帝民族運動をおさえるためにも、さらにロシアの南下阻止の政策からも、切実に同盟国を求めざるをえない状況に追い込まれた。他方、日本は日清戦直後は、ロシアの韓国（朝鮮は一八九七〈明治三十〉年、国号を大韓帝国と改称）進出に対し満韓交換論で対処することも考えていたが、北清事変後は自己の軍事的力量に自信をもち、韓国への排他的支配要求と満洲での日本権益拡張要求を結合させる姿勢を確立し、建設中の東清鉄道保護を口実に満洲全土に大兵を派遣したロシアの撤兵を強硬に要求した。東アジアでの利害が一致した日英両国は、ロシアを主敵とする日英同盟《にちえいどうめい》を一九〇二（明治三十五）年一月に締結した。締約国の一方が他国と戦争する場合、他方は中立を守り、二カ国以上と戦争する場合、同盟国は参戦するという明白な東アジア規模の軍事同盟である。

日英同盟成立に直面してもロシアは姿勢を変えなかった。一九〇三（明治三十六）年八月には極東の軍事・行政・外交を握る極東総督府が旅順に設置され、同月対日温和派の蔵相ウィッテが失脚し、その後の日露交渉でもロシア側は、満洲は日本の利益範囲外であることを日本が承認すること、北緯三九度以北の韓国領土は中立地帯とすることを主張しつづけた。

このような緊迫する状況下で、軍部は早期に対露開戦を決断するよう第一次桂太郎《かつらたろう》内閣に強く迫った。シベリア・東清両鉄道が完成しても、現段階ではロシアの軍隊輸送能力は十分ではなく、海軍も四対三の比率で日本に有利だが、開戦を遅らせれば、それだけ状況は日本に不利となる、これが軍部の早期開戦論の根拠だった。

日露戦争

一九〇四(明治三十七)年二月四日の御前《ごぜん》会議は、対露交渉を打ち切り軍事行動に移ることを決議、同月九日、日本艦隊は仁川《じんせん》《インチョン》停泊中のロシア軍艦二隻を撃破、翌十日、日本はロシアに宣戦を布告した(日露戦争)。翌二月十一日、大本営《だいほんえい》が設置される。

ロシア軍が攻撃態勢をとらず、本国からの兵力輸送を急ぎ、満洲での決戦方針をとったため、朝鮮は戦闘なしに日本の軍事占領下におさめられた。

満洲の主作戦の展開を保障するため、旅順のロシア太平洋艦隊主力の行動を封じるべく海軍は五月までに三次の旅順口閉塞作戦をおこない、そのうえで五月五日第二軍は遼東半島に上陸を開始し、その支援のため仁川と鎮南浦《ちんなんぽ》《チンナムポ》から上陸、朝鮮を北上した第一軍は鴨緑江《おうりょくこう》《アムノッカン》を渡河、同月一日九連城《きゅうれんじょう》で日露戦争最初の陸戦がおこなわれた。

五月二十六日、第二軍は遼東半島を南北に分断し旅順・大連を孤立化させる要地南山《なんざん》を占領したが、同地で死傷者四四〇〇人という予想をこえた消耗戦を強いられ、大本営は旅順攻略の困難性をここに認識し、六月三十日第二軍を割いて留守近衛師団長乃木希典《のぎまれすけ》を司令官とする第三軍を編成した。同じくこの六月二十日、総司令官大山巌《おおやまいわお》(参謀総長)・総参謀長児玉源太郎《こだまげんたろう》(参謀次長)からなる満洲軍総司令部が編成され、満洲派遣各軍の統轄と作戦指揮にあたることとなった。大本営の作戦は、第一軍(近衛・第二・第一二師団)・第二軍(第三・第四・第六師団)・第四軍(五月十九日、第一軍と第二軍の中間地点たる遼東半島のつけ根大孤山《たいこざん》に上陸した第一〇師団に第五師団を加え六月三十日に編成)を北上させ、ロシア軍主力が増強される以前に大打撃を与え、他方第三軍(第一・第九・第一一師団、十一月より第七師団を増強)の旅順攻略を早めさせることであった。旅順攻略の課題はロシアがバルチック艦隊の極東派遣を決定したことにより緊急度を増した。海軍は同艦隊の極東海域到着以前に旅順のロシア艦隊を撃滅しておかなければならなかったからである。海軍の強硬要請の圧力も加わり、第三軍は八月十九日より二十一日にかけ全軍あげての旅順強襲を決行したが、ロシア守備軍の頑強な抵抗に阻止され、総兵力五万人のうち死傷者一万五八〇〇人という大損害を受け失敗に終わった(第一次旅順総攻撃)。

第三軍の総攻撃に連動し第一・第二・第四軍は八月二十八日遼陽《りょうよう》においてロシア軍と激戦を開始し、九月四日同地を占領した(遼陽会戦)。日本軍の死傷者二万三五〇〇人、旅順と同じくここでも砲弾の補給は続かず、追撃の余力はなかった。

十月五日、沙河《さが》においてロシア軍ははじめて全軍あげての総攻撃をおこない、日本の第一・第二・第四軍は激戦ののちロシア軍を撃退した（沙河会戦）。日本軍の死傷者二万五〇〇〇人、しかも砲弾欠乏のため追撃できなかった。このため総司令部は旅順攻略後、第三軍の北進を待って決戦することとし、日露両軍あわせて三五万人の大軍は沙河を挟んで対峙したまま厳冬を過ごすこととなる。

第二次旅順総攻撃は十月二十六日に開始されたが、これもまた三八〇〇人の死傷者を出して失敗に終わった。

だが、十月十五日、バルチック艦隊が極東に向け出航したため、大本営は旅順ロシア艦隊の殲滅《せんめつ》を厳しく要求し十一月二十六日より第三次旅順総攻撃が開始された。死闘に死闘を重ね、一万七〇〇〇人の死傷者を出し、旅順要塞のもっとも弱い地点だった二〇三高地を占領することができたのが十二月五日、六日以降港内のロシア艦隊に向け砲撃が始められた。旅順攻略戦への日本軍戦闘参加人員一三万人、死傷者五万九〇〇〇人もの大損失（ロシア軍側の戦死者約一万人）を出すとは、開戦前にはまったく予想されてはいなかった。コンクリートに堅固にかためられ、最新式の銃砲と頑強な守備兵によって防備された要塞に向けた歩兵の白兵突撃がいかに犠牲を強いられるかという痛切な教訓は、しかし日本陸軍のものにはならなかった。旅順開城は一九〇五（明治三十八）年一月二日のことである。

ロシア軍は、旅順攻略後の第三軍が対峙戦線に到着する以前に戦局を決しようと、一月二十六日か

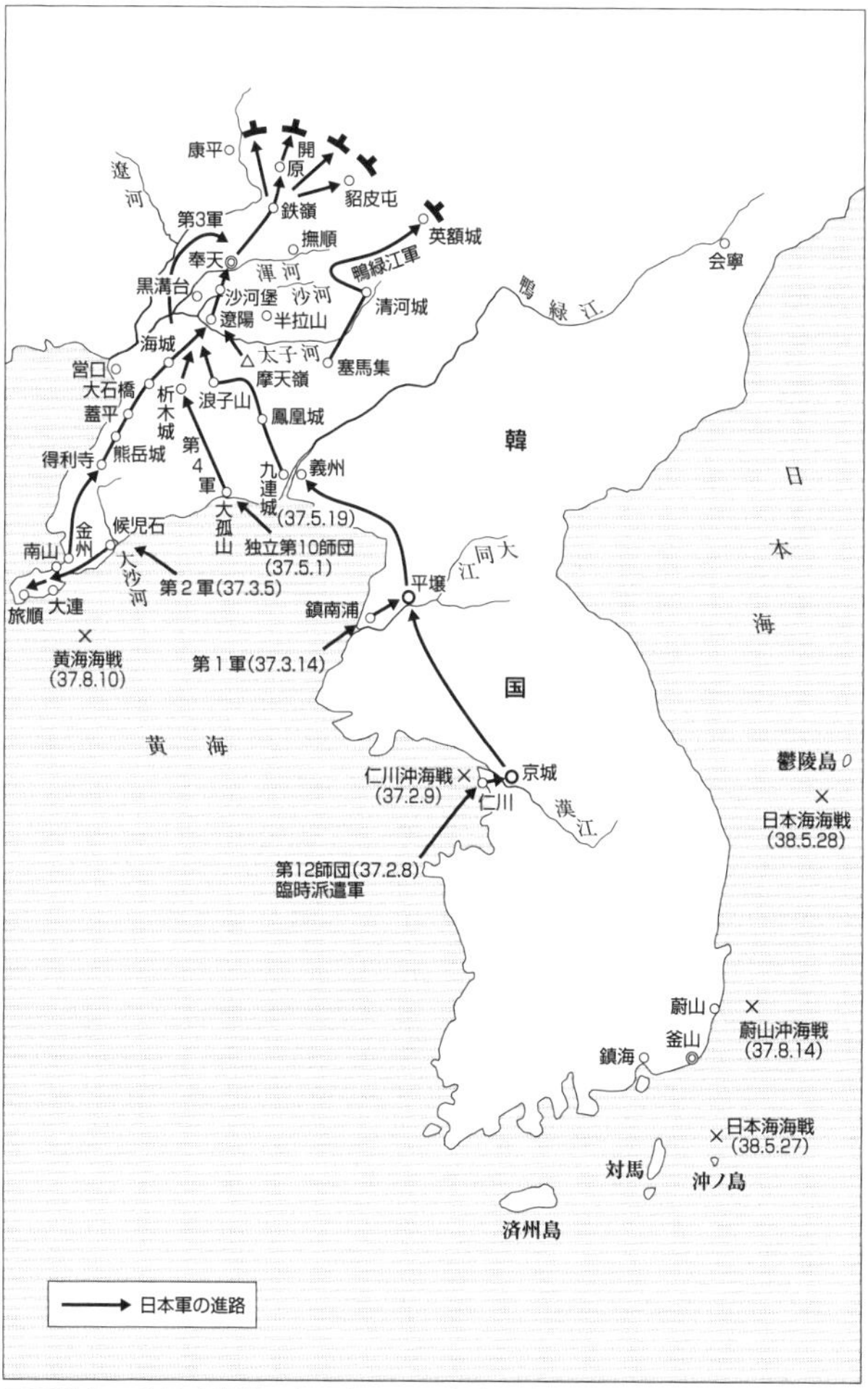

日露戦争　日付は戦闘のおこなわれたとき。第３軍を除く第１・第２・第４軍はロシア主力軍と闘うべく満洲の地を北上する。

ら二十九日に黒溝台《こっこうだい》に猛攻撃をかけるも、日本軍側は第八（師団長立見尚文《たつみなおぶみ》）・第二・第三師団（臨時立見軍）がこれに応戦し撃退した（黒溝台会戦）。日本軍の戦死傷者は九三〇〇人にのぼった。

日本軍はロシア軍主力を殲滅する目的をもって、動員しうる総兵力（既設一三個師団のすべてと兵員二五万人）を結集し、三月一日より奉天《ほうてん》近郊で総攻撃を開始し、十日奉天に突入したが、ロシア軍主力の北方への後退を阻止することは不可能だった。未訓練の補充兵が日本軍を構成するようになっていたからである。奉天会戦での日本軍の戦死傷者は七万人にも達した。

ここが日本の戦力の限界であった。現役兵（戦時下第一三・第一四・第一五・第一六の四個師団が増設された）・予備役《よびえき》・後備役《こうびえき》兵（後備師団二、後備歩兵旅団一〇が編成され前線に投入された）のすべてが動員され、その消耗の激しさから続々と補充兵が前線に送り出され、海を渡った総兵力は一〇二万にも達し、よく訓練された将校と下士官たちは死傷によって補充が不可能となっていたのである。

しかしロシア皇帝と政府は、まだバルチック艦隊の戦果を期待していた。したがって五月二十七日、対馬《つしま》水道にさしかかった同艦隊と日本海軍の連合艦隊とのあいだで一大海戦が展開され、バルチック艦隊がほとんど全滅してしまったのち、ロシアははじめて講和交渉に応じることとなった。日本が海戦史上未曽有の勝利をおさめた原因には、ロシア側の将兵の疲労・統率の悪さとともに、日本海軍側の訓練され統率のとれた艦隊行動、砲撃の正確さ、さらに下瀬《しもせ》火薬の破壊力の強烈さなどがあった。

日比谷焼打事件と日露講和

日本は戦力の限界に達したとともに財政の限界にも達した。日露戦争の戦費は日清戦争の七・五倍の一七億二〇〇〇万円、二回にわたる地租増徴を含めた非常特別税での大増税により一億四〇〇〇万円が増収される。そのなかで相続税・通行税・織物消費税などの新税が創設され、また塩とタバコに専売制が導入された。内国債もつぎつぎと発行され、七億二〇〇〇万円の実収を政府は得るが、増税と内国債だけでは到底戦費を捻出しえず、関税収入・タバコ専売益金を担保とし、政府手取金八七％という劣悪な条件でイギリス・アメリカ両国(のちドイツも加わる)において、六億九〇〇〇万円にのぼる外国債を募集せざるをえなかった。

国民は肉親の死傷と多大な財政負担を、政府・ジャーナリズムの連戦連勝との誇大宣伝と根拠のない賠償金(国民はそれが戦費補塡・傷病兵の手当・遺家族救恤《きゅうじゅつ》にもあてられると考えていた)予想によってたえていた。しかし、無賠償講和の現実と戦時中の態度とは手のひらを返したような政府の高圧的態度により、講和条約調印当日の一九〇五(明治三十八)年九月五日から七日にかけての東京全市の民衆暴動(日比谷焼打事件《ひびややきうち》)が勃発し、全国に非講和運動が展開した。

アメリカの東海岸ポーツマスで調印された日露講和条約では、第一に日本の韓国に対する指導・保護に一切干渉しない、第二に日本に旅順・大連ならびに付近の租借権を譲渡する、第三に日本に長《ちょう》春《しゅん》・旅順間の鉄道・付属炭坑を譲渡する、第四に両国は各自の鉄道保護(長春・ハルビン間および東清鉄道はロシアの鉄道である）のため一キロに一五人の守備兵をおく、第五に日本に樺太《カラフト》南部を譲与する、第六に日本に極東ロシア領沿海での漁業権を認める、ことをロシアは承認した。賠償金には言及されなかった。

朝鮮の植民地化

日本は日露開戦直後の二月、韓国に日韓議定書《にっかんぎていしょ》を押しつけ、同国の内政・外交の実権を掌握するとともに、軍事上必要な諸地点を臨機収用する根拠を入手した。翌三月には韓国駐箚《ちゅうさつ》軍を設置して朝鮮全土を軍事支配下におき、八月には第一次日韓協約《にっかんきょうやく》を強要して日本が推薦する財政・外交顧問を韓国政府に雇用させ始めた。日露戦争終了後、韓国が独立国としてふたたび外交を展開することを憂慮した日本政府は、伊藤博文を大使として特派し、一九〇五（明治三十八）年十一月、韓国政府に同国の外交権をすべて日本に委ねさせる第二次日韓協約の締結を強要し、翌十二月には外交のみならず内政全般を指揮する韓国統監府《とうかんふ》が設立され、天皇に直隷する統監に伊藤が任命された。

韓国内では反日の空気がみなぎり、一九〇六（明治三十九）年からは各地で反日武装反乱（義兵《ぎへい》運動）が発生し始める。韓国国王は日本の独断専行と日本軍隊の横暴を訴えるため、一九〇七（明治四十）年六月ハーグの第二回万国平和会議に密使を派遣したが、伊藤統監はこの事件を利用し、七月国王を譲位させ、第三次日韓協約を強要した。統監はこの協約により韓国の全行政を直接掌握することとなり、日本人が韓国政府各部の次官に任命されるのである。

解散された韓国軍軍人の一部が義兵運動に参加することにより、義兵運動は韓国全土に拡大していった。朝鮮民族の憎悪の対象となった伊藤前韓国統監は一九〇九(明治四十二)年十月、ハルビン駅頭で独立運動家安重根《あんじゅうこん・アンジュングン》に暗殺された。

反日運動の高揚に対し弾圧のため軍隊がつぎつぎと派遣され、一九〇七年十月には韓国駐劄憲兵隊が設置されて韓国全土の警察行政を日本軍憲兵が指揮することとなった。弾圧での陸軍の主役化は陸軍の韓国支配に関する発言権を強化させていった。陸軍は統監府の方針を弱腰と批判し、韓国併合方針(一九〇九年七月閣議決定)の早期実施を主張、一九一〇(明治四十三)年五月、陸相寺内正毅《てらうちまさたけ》が統監をかね、八月韓国併合条約を韓国政府に押しつけた。長い歴史と文化を有する一つの国家がここに消滅させられた。

朝鮮が完全植民地化されるや、朝鮮総督府《そうとくふ》がおかれ、総督は陸海軍大将から親任され、天皇に直隷し、朝鮮での日本陸海軍の統率権を有するものとされた。総督は一年以下の懲役を課す総督府令を出す権限を有し、「法律ヲ要スル事項」は総理大臣をへて勅裁を得たうえで総督命令(制令)をもって規定でき、また臨時緊急を要する場合にはただちに制令を発しうるものとされた。憲兵隊司令官は総督府警務部長を兼任し、各道憲兵隊長は警務部長を兼任するという徹底した憲兵警察制度も確立した。そして朝鮮の軍事支配を確実なものとするために、陸軍は朝鮮に常設の二個師団を設置しようとする。

この朝鮮植民地化政策には、台湾での統治方法と統治技術が各所で参考にされたことも注意すべきことである。

帝国主義世界体制と日本

日本は日露講和条約《にちろこうわじょうやく》でロシアから譲渡された諸権益を一九〇五(明治三十八)年十二月の「満洲に関する日清条約」により清国に承認させたうえで、翌〇六(明治三十九)年九月、関東州《かんとう》租借地を管轄し、満鉄線路の保護・取締りをつかさどり、満鉄業務を監督する関東都督府《ととくふ》を設置した。都督は親任官で陸軍大中将から任命され、鉄道守備隊を含む部下軍隊を統率する任が与えられていた。

日本の朝鮮植民地化と満洲への進出は、帝国主義世界体制の枠組作りと表裏一体のものであった。一九〇五年八月の改定日英同盟では、イギリスが日本の対韓国保護権を認めるかわりに、日本は同盟の守備範囲をインドまで拡大するなど、世界規模的な攻守同盟の性格に強化された。同年同月の桂太郎首相とアメリカの陸軍長官タフトのあいだの秘密協定では、アメリカが韓国に対する日本の優越支配を承認し、日本はアメリカのフィリピン支配を認めた。一九〇七(明治四十)年六月の日仏協約でも、日本の韓国支配、フランスのインドシナ支配、清国での両国の勢力範囲を相互に承認しあった。この協約成立後、フランスの要請を受け、日本政府は国内で独立運動をおこなっていたベトナム人を国外に追放した。

ところで、このような枠組作りは全世界的規模の帝国主義体制構築の一環であった。オーストリアと同盟してのドイツの急速な帝国主義的発展はイギリスに対独包囲網敷設の必要性を痛感させた。その出発点が一九〇四(明治三十七)年四月に成立した英仏協商である。それまでの露仏同盟が変質し始め、その延長線上に一九〇七年八月の英露協商の調印となり、ペルシア・アフガニスタン・チベットでの両国の勢力範囲がここで設定されることによって対独英仏露三国協商ができあがった。これによって英仏ともに露日間の安定した関係が必要となった。他方日本としても清国の抵抗とアメリカからの鉄道などの満洲市場開放要求をおさえるためにもロシアへの接近が必要となってきた。一九〇七年七月の第一次日露協約では、両国は満洲における鉄道・電話利権に分界線(第二次協約では両国の特殊利益の分界線とされた)を設定し、日本は外蒙古《がいもうこ》でのロシアの特殊利益を承認した。一九〇九(明治四十二)年十二月のアメリカの満洲鉄道中立化提案を拒絶した両国は翌一〇(明治四十三)年七月第二次日露協約を結び、相手の地域内ではいかなる政治的活動もせず、必要な際は共同防衛の措置をとることとした。両国のみでの満洲勢力圏化の確認である。さらに一九一一(明治四十四)年十月の辛亥《しんがい》革命を受けた一二(大正元)年七月の第三次日露協約では満洲での分界線を内蒙古にまで延長し、同地を東西に分け、勢力範囲を確定した。

国内の帝国主義化と大逆事件

帝国主義強国となるためには、国内の国家主義化と軍国主義化が不可欠となっていった。一九〇三（明治三十六）年から小学校教科書は国定教科書となって教育内容の画一化がおこなわれ、家父長制的家族制度と国家有機体論の結合した、天皇を頂点におく家族国家論が教育を介して国民意識とされていった。教育のレベルを高め、同時に国家主義思想を浸透させるため、一九〇七（明治四十）年、義務教育期間が四年から六年に延長された。

また国家の基礎たるべき全国の行政町村は、国家の諸要請を受け、地域内でそれらを実践できるような組織（＝「国家のための共同体」）に造り替えられなければならなかった。日露戦後、内務省が主導して展開する地方改良運動がその課題を担った。行政町村内の部落対立や地主小作《じぬしこさく》対立はあってはならず、小学校卒業後の青少年を掌握しなければならず、また行政町村の財政負担能力の向上が強く求められた。想定された運動の担い手は町村吏員・小学校長・宗教家・中小地主や自作上層からなる有志集団であった。この運動の過程で部落有林野の行政町村への統一、一村一社政策・一村一小学校政策・青年会設立運動（部落単位の若衆組《わかしゅうぐみ》の改変政策）、上からの農事改良指導などが進められていった。

日露戦争の経験に鑑み陸軍も、現役を終わった予備役・後備役および補充兵役の平時からの掌握と訓練、有事の際の動員体制の確立の必要性を痛感した。しかも従来過重だった歩兵科の三年兵役制を一九〇七年に実質二年兵役制に軽減したため、この課題の重要性はさらに増大した。ここに一九一〇

（明治四十三）年十月、陸軍大臣寺内正毅を会長とし、支部長を連隊区司令官とした帝国在郷軍人会《ていこくざいごうぐんじんかい》が発足する。これ以降帝国在郷軍人会は日本社会の軍国主義化の中核として機能するようになる。

天皇を中核とする国家主義化・軍国主義化の動きは、社会主義者に対する過酷な弾圧と連動していった。日清戦後に発生し、日露戦中には非戦論を貫いた彼らへの圧迫は日露戦後非常に厳しいものになっていった。そして、一九一〇年五月、平民社《へいみんしゃ》に出入りしていた者が爆弾を製造していたことが発覚し、これを契機に政府は全国の社会主義者数百人を検挙し、翌年一月、大審院《だいしんいん》は天皇暗殺未遂の大逆《たい》逆罪《ぎゃくざい》で幸徳秋水《こうとくしゅうすい》以下死刑二四人（うち一二人が無期に減刑）・有期刑二人の判決をくだし、同月に死刑が執行された。計画らしきものを進めていたのは四人、他は連累させられたのである。この大逆事件により社会主義運動は冬の時代をむかえることとなる。

日露戦後軍拡の矛盾

だが日本社会は日露戦中より以降、帝国主義化のなかで深刻な矛盾を抱え込むこととなった。都市暴動を含む全国の非講和運動にあらわれた民衆動向を政治化させないため、一九〇一（明治三十四）年より政権をとっていた桂太郎藩閥《はんばつ》内閣は、議会第一党の立憲政友会を政権担当者の位置に引き上げざるをえなくなった。桂首相と政友会の西園寺公望《さいおんじきんもち》・原敬《はらたかし》のあいだに、政友会が反政府行動をとらないことを条件に、政権授受の約束が成立（「桂園《けいえん》時代」の到来）し、一九〇六（明治三十九）年一月、第一次西園寺内閣が発足する。

しかし軍部は内閣での政党勢力の拡大を好まず、一九〇七(明治四十)年二月の公式令で、勅令には首相の副署を要すると規定されたのを統帥権《とうすいけん》の独立を侵すものだとみなし、その結果同年九月、軍令第一号が出され、陸海軍の統帥に関し勅定《ちょくじょう》をへた規定を軍令とし、陸海軍大臣だけが副署すればよいとしたのである。

ところで、政党勢力の伸張には共同で対処する陸海軍は軍拡に関しては対立することになる。一九〇七年二月、明治天皇の承認を受けた最初の「帝国国防方針」では、陸軍はロシアを想定敵国とし平時二五個師団の建設を、海軍はアメリカを想定敵国とし戦艦八隻・巡洋艦八隻を基幹とする八八艦隊の建設を目標とした。想定敵国が分裂したことは必然的に陸海軍対抗思想を強め、両者間の軍事予算獲得競争を引き起こした。陸軍は戦時下での近衛師団を含む一七個師団に加え一九〇七年には第一七および第一八師団を設置し、さらに二個師団増設をねらい、他方海軍の同年度の海軍軍拡継続費は三億五〇〇〇万円に達していた。

しかも軍部と財界から、運輸体系の統一化と合理化が求められていたため、一九〇六年に鉄道国有法が公布され、約五億円の公債が発行された。また八幡《やはた》製鉄所の拡張、朝鮮・満洲経営経費、満鉄創業事業などの要求が重なり、一九〇三(明治三十六)年度の歳出総額二億五〇〇〇万円だったものが、一九〇八(明治四十一)年には六億三六〇〇万円にもなった。

これに加えて外債利子支払いと累年の貿易収支赤字によって正貨流出が続いた。財政緊縮がぬきさしならない課題となってきたのである。

他方、都市民衆は重税と物価高に不満と怒りを強めていった。中小商工業者は過重な営業税の軽減・廃止を求めた。商業会議所に結集する全国の資本家たちも生産力充実による国力増大を主張し非生産的な軍拡路線を非難するようになった。

陸軍は韓国併合による朝鮮民族の反日運動を抑圧するため、朝鮮常駐の二個師団増設を切望した。辛亥革命による中華民国の成立が満洲および朝鮮に影響するのを恐れ増設要求はさらに激しいものとなった。これに対し海軍は海軍軍拡遂行のため陸軍に批判的態度をとって政友会に接近し、政友会は地方への利益・利権散布による党勢拡大方針からして、過大な軍拡路線をもはや飲むことはできなくなった。そして一九一二(大正元)年七月の明治天皇の死去は、新しい時代の到来を社会全体に予感させた。

大正政変

新しい時代のきっかけをつくったのは陸軍だった。一九一二(大正元)年十二月、第二次西園寺内閣の陸相上原勇作《うえはらゆうさく》は増師案が否決されるや、帷幄上奏権《いあくじょうそうけん》を利用し即位直後の大正天皇に辞表を提出し、しかも軍部大臣現役武官制規定を利用して後任陸相を出さず、西園寺内閣を倒した。かわって内大臣《ないだいじん》の桂太郎が第三次内閣を組織したが、陸軍の内閣「毒殺」は民衆の反陸軍感情に油を注ぐ結果となり、立憲政友会の尾崎行雄や立憲国民党《りっけんこくみんとう》の犬養毅《いぬかいつよし》などが中心となり、「閥族打破・憲政擁護」のスローガンのもと、憲政擁護運動が展開され、都市民衆と商工業者が運動を担った。しかも桂が政権基盤をつくるため、反政友会の新党（のちの立憲同志会《りっけんどうしかい》）結成を意図したため、従来桂との提携によって立憲政友会内の地位を築いてきた原敬を憲政擁護運動に追いやることとなった。数万の民衆に議会を包囲された桂内閣は一九一三（大正二）年二月、五〇日余りで総辞職せざるをえなかった（大正政変）。

総辞職を受け海軍大将山本権兵衛《やまもとごんべえ》が立憲政友会の支持を受けて組閣した。山本内閣は運動の圧力のもと軍部大臣現役武官制を廃止する（陸軍は対抗して陸軍省の多くの権限を参謀本部に移した）が、都市民衆と中小商工業者の強い要求であった営業税や三悪税（塩専売・織物消費税・通行税）廃止要求には応えず、行財政整理の成果を海軍軍拡の財源とした。都市民衆の運動は廃税運動として全国に広がっていった。そこに海軍高官の汚職事件（シーメンス事件）が暴露され、「海軍閥糾弾・海軍廓清《かくせい》」のスローガンのもと、運動はさらに高揚した。民衆運動の圧力を立憲政友会の多勢に依拠して突破しようとした山本内閣に、長州藩閥の首領山県有朋グループが牛耳る貴族院が、海軍費七〇〇〇万円を削減、結局、一九一四（大正三）年度予算が不成立という未曽有の事態となり山本内閣は三月総辞職を余儀なくされた。

だが後継首班として元老会議《げんろうかいぎ》で指名された貴族院の清浦奎吾《きようらけいご》も海軍の報復によって後任海相を得ら

れず清浦内閣は流産した。ここに陸軍・海軍・政友会・貴族院の四大政治勢力のすべてが政権を担うことができなくなった。そのようななかで、軍部にも貴族院にも立憲政友会にも関係をもたない立憲改進党以来の大隈重信が衆議院の少数政党立憲同志会(一九一六〈大正五〉年十月憲政会《けんせいかい》となる)を率いて、四月首相となることが可能となったのである。

2　帝国日本の経済と社会

一九〇〇年代の経済構造

輸入防遏《ぼうあつ》のための国内産業振興政策が放棄され、経済的試練にたえられない産業部分の切捨て、米価低落と金納高率地租《ちそ》負担という松方《まつかた》デフレの進行により、全国的に民権《みんけん》運動の基礎となった中農層が没落し、土地を集積した寄生地主《きせいじぬし》の体制が一九〇〇年代に確立した。藍《あい》・砂糖・菜種《なたね》・綿花など各種商品作物の栽培は衰退し、農業経営は米作を中心とし、裏作に麦作、そして養蚕《ようさん》による現金収入というかたちが基本となった。地主は高率小作料《こさくりょう》収入を諸企業に投資し自己の経営を安定化した。

一八八六(明治十九)年から八九(明治二十二)年の企業勃興、九〇(明治二十三)年の日本資本主義の最初の恐慌《きょうこう》をへて、これ以降産業革命が進行し、機械制大工業が成立してきた。その典型は輸入綿花を原料とした綿紡績であった。同産業の発展により輸入綿糸は減少し、逆に綿糸は日本の主要な輸出商品のひとつに成長していった。労働力には若年女子労働力が用いられ、募集人によって集められた多くの出稼《でかせぎ》女工《じょこう》が寄宿舎に収容され低賃金で労働したが、それは寄生地主制下の貧農・小作人層の家計補充的労働ともなっていたのである。

綿紡績とならぶ主要な輸出商品だった生糸《きいと》製造においても、明治二十年代には機械製糸が手工業製糸を生産量において凌駕《りょうが》するようになった。募集人が貧農層から製糸女工を集め、女工たちは養蚕地帯の製糸工場寄宿舎で生活し低賃金で労働した。また製糸業の発展とともに養蚕農家が増大していき、米とならぶ現金収入を生み、養蚕業は地主小作関係を維持する重要な産業となったのである。

鉱業では筑豊《ちくほう》・常磐《じょうばん》・北海道での石炭業と足尾《あしお》や別子《べっし》の製銅業が盛んとなり、とくに後者は輸出され外貨を獲得する比重が非常に高かった。重工業の中心は東京・大阪の陸軍工廠《こうしょう》、横須賀《よこすか》・呉《くれ》・佐世保《させぼ》・舞鶴《まいづる》などの海軍工廠といった国家資本経営企業体であった。重工業の生命ともいうべき製鉄業は日清《にっしん》戦争賠償金を資金とし、一九〇一(明治三十四)年に生産を開始した官営八幡《やはた》製鉄所によって大きく発展していった。陸海軍工廠やレールを需要する鉄道作業局が主たる販売先となった。原料の鉄鉱石は中国湖北《こほく》省の大冶《だいや》鉱山より購入され、石炭は筑豊炭田から供給されたが、日露《にちろ》戦後は半官半民で設立された巨大国策企業南満洲鉄道《みなみまんしゅうてつどう》株式会社の経営する撫順《ぶじゅん》炭田の良質のコークスが使用された。日本の重工業は当初から東アジアと、また日本の帝国主義化としっかりと結合していたのである。

日露戦後の資本主義のさらなる発展とその帝国主義化は日本の各地の私有鉄道を国有化させることとなった。商品移送・輸出を有利にするための運賃低廉化と運輸体系の統一化・合理化が財界から求められ、他方で植民地経営を維持するため、国内鉄道・京釜《けいふ》鉄道・京義鉄道・南満洲鉄道間での一貫した連絡体制の確立が軍部と官僚から要望されたからである。その結果、一九〇六(明治三十九)年鉄道国有法が成立した。

一九〇〇年代の寄生地主制と結合した日本資本主義の構造を貿易構造からとらえるとつぎのようなものとなる。英国などの欧米から鉄鋼・機械・船舶など重工業製品を輸入し、米国をはじめとする米欧には生糸・絹織物を輸出する。「生糸が軍艦を生み出す」といわれた根拠である。東アジア貿易では米・砂糖・綿花などを輸入し、綿糸・石炭(船舶からの需要が大きかった)・銅などを輸出する。そして入超構造を改革するため、台湾《たいわん》での製糖独占企業の育成や台湾米・朝鮮米の移入等々、植民地経営が本格化する。また幕末以来の日本の悲願だった関税自主権が回復されるのが一九一〇(明治四十三)年のことであった。

社会と文化の変化

資本主義の発展は日本社会を大きく変えていった。国内交通は江戸《えど》期よりの河川交通が鉄道交通に取ってかわられ、そのため築堤技術も一八九六(明治二十九)年の河川法によって低水工事から高水工事に転化し、水量の獲得よりも洪水による田畑の損耗を防ぎ、河川遊休地を農地化することが主眼となった。地主制はこの面からも進展していった。鉄道網の全国的展開とともに、駅から目的地までを結ぶ荷馬車などの小運送も発展していった。都市部では明治十年代から馬車鉄道が走るようになり、一九〇〇年代に入ると市街電車にかわり、さらにそれが市有化され市電となっていった。ランプから電灯にかわるのが明治末から大正期にかけてであり、屋内はガラスの普及により昼夜ともにみちがえるように明るくなっていった。

写真が新聞印刷に使用できるようになるのは日露戦争時からであり、明治後期からは多色刷りを可能にする凸版《とっぱん》カラー印刷やオフセット印刷が日本で始まり、錦絵《にしきえ》はここに絶滅した。

都市部の娯楽は江戸期よりの落語《らくご》・講談《こうだん》・浪花節《なにわぶし》・義太夫《ぎだゆう》・カッポレなどの寄席《よせ》芸能と芝居が続いていたが、日露戦争前後より活動写真(映画)が普及し始め、都市部の多くの寄席は大正期にかけて映画館に改造されていった。

西洋音楽も明治前期より讃美歌や小学唱歌を介して国民のなかに入り始めていたが、日清戦争期に大流行した軍歌がその浸透をはやめた。口語体唱歌が出てくるのは日清戦後のことである。

衛生面では一八九七(明治三十)年の伝染病予防法制定が日本社会に大きな影響を与えた。コレラ・赤痢《せきり》・腸チブス・ジフテリアなど一〇種の伝染病に関して届け出と隔離を義務づけたため、全国の市町村では伝染病院または隔離病舎設立の経費を負担することとなり、衛生改善は一方で死亡率を低下させ、他方で義務教育費負担増とともに市町村財政の窮迫とその合理化を不可避のものとした。

社会運動と非戦論

資本主義の発展は当然のこととして労働者を増大させ労働問題を生み労働運動を必然化させていった。片山潜《かたやません》らによって一八九八(明治三十一)年労働組合期成会が設立される所以である。しかし一九〇〇(明治三十三)年の治安警察法《ちあんけいさつほう》により萌芽状態の段階で弾圧され、〇一(明治三十四)年五月に八時間労働制、団結権の保障、小作人保護法の制定、普選実施、貴族院《きぞくいん》廃止、軍備縮小、治安警察法廃止などの要求を掲げて結成された社会民主党《しゃかいみんしゅとう》も二日後、治安警察法により禁止された。その後社会問題を取り上げ、金権派対正義派、元老《げんろう》対民衆、富者対貧者、専制思想対自由思想の対立構造を設定し、紙勢拡大をはかったのは黒岩周六《くろいわしゅうろく》(涙香《るいこう》)の『万朝報《よろずちょうほう》』であり、黒岩は同年七月社会改良の理想を掲げた理想団を発足させた。この段階の藩閥《はんばつ》・政党・財界対一般民衆との対抗関係を典型化した社会運動は田中正造《たなかしょうぞう》が代表者となった足尾鉱毒《あしおこうどく》反対運動であり、一九〇一年十二月の明治天皇への田中の直訴状は、民権活動家から社会主義者となった中江兆民《なかえちょうみん》の愛弟子幸徳秋水《こうとくしゅうすい》が執筆したものであった。

しかし一九〇三(明治三十六)年十月、『万朝報』は日露開戦支持の立場を明確にし、反対の幸徳秋水(二年前に『廿世紀之怪物帝国主義』を出版した)・堺利彦《さかいとしひこ》・内村鑑三《うちむらかんぞう》の三記者は同社を退社した。幸徳と堺は、資本主義の必然的結果としての帝国主義化・軍国主義化に対し労働者・勤労者と社会主義の立場から非戦論と平和主義を主張した。内村はキリスト教徒の立場から、殺人は大罪悪であり、大罪悪をおかしては個人も国家も利益をおさめることは不可能だとして戦争の絶対的廃止を主張した。田中正造は、鉱毒被災民の要求を無視し生活者の窮状に心を微動だにさせない日本の権力者が遂行する戦争はさらに彼らの立場を強化し、民衆抑圧を厳しくするだけだ、との徹底した地域主義的民権家の立場から戦争反対を貫いた。そして西南《せいなん》戦争時熊本城籠城を成功させた名将谷干城《たにたてき》は国家の道義性をかたく信ずる者の立場(谷は儒者の家系である)から戦争に反対した。谷は主戦論者に「道理の貫く者」なしと難じ、彼らは「全く侵略主義」「殆ど凶器を持つ強盗」と同じと断じた。

日本的近代とその批判

日露戦後、日本が帝国主義世界体制のなかで一等国になった段階で、日本の知識人はそれぞれの感性と個性に従って日本資本主義がつくりだした日本社会をとらえなおし始めた。

英国近代文学の豊かな素養を土台に倫理性にとんだ個人主義の立場から、夏目漱石《なつめそうせき》は内発的ではなく外発的にしか形成されてこなかった日本社会の文明批評を鋭くおこなった。山県閥《やまがたばつ》の一人としてドイツに留学し軍医総監にまで世俗的には出世した軍医官僚森鷗外《もりおうがい》は、他方文人の魂から、日本社会の内発性の欠如と内在性の喪失を痛感する知識人でもあった。その彼は、日本人にかつて明白にあった個人倫理の問題を『阿部一族《あべいちぞく》』(一九一三〈大正二〉年)で、そしてペリー来航以前に豊かに存在していた文化的社会の実態を『渋江抽斎《しぶえちゅうさい》』(一九一六〈大正五〉年)で憧景をもって描ききった。

農商務官僚の柳田国男《やなぎたくにお》は、資本主義の浸透が寄生地主制を進展させ、農村を窮乏化させている現状をみつめながら、それ以前の農村に豊富に存在しつづけた、書物的知識になんら依拠することのない常民の生活文化を、言語・芸能・伝説・祭礼・風俗などを手掛りに再現させることに全力をつくした。一九一〇(明治四十三)年の『遠野物語《とおのものがたり》』はそのうぶ声となった。

夏目・森・柳田より一世代若い石川啄木《いしかわたくぼく》は、彼ら以上に日露戦後の息づまる時代閉塞《へいそく》の現状を皮膚で感じとった。この国家権力という強権への反発と対決の姿勢は、韓国併合の事態を「地図の上朝鮮国にくろぐろと墨をぬりつつ秋風を聴く」と彼をして歌わしめたのである。

女性は男性以上に、家父長制と家族制度を土台とする国家と帝国主義の抑圧に鋭敏にならざるをえなかった。平塚《ひらつか》らいてうとその同志が、自由恋愛・自由結婚を主張し、家父長制と家族制度を明確に批判する立場に立って青鞜社《せいとうしゃ》を結成するのが一九一一(明治四十四)年のことである。

3　民主主義対国家主義

日本と第一次世界大戦

一九一四（大正三）年八月に勃発した第一次世界大戦は財政的・経済的危機状態に陥っていた日本にとって「天佑《てんゆう》」となった。ヨーロッパ諸国が後退したアジア・アフリカ市場には綿糸などが、日本と同様大戦景気にわくアメリカには生糸《きいと》などが輸出され、さらに交戦諸国からは軍需物資の注文が殺到した。一四年六億円の輸出総額が一九（大正八）年には二一億円に激増し、また世界的な船舶不足と運賃増大により貿易外収支も同期間に一四億円の受取超過となり、金準備は二〇（大正九）年には一二億五〇〇〇万円にふえ、戦前債務国だった日本は同年には二七億七〇〇〇万円の債権国に転じていた。ヨーロッパ諸国からの輸入がとだえたこともあり、各種産業、とりわけ海運・機械・造船・綿業・化学工業などが著しい発展をとげた。「船成金《なりきん》」「鉄成金《なりきん》」が続出した理由である。大戦中および一九二〇年の戦後恐慌《きょうこう》のなかで資本が集中し、銀行では三井《みつい》・三菱《みつびし》・住友《すみとも》・第一《だいいち》・安田《やすだ》の五大財閥《ざいばつ》銀行が金融面で独占的な地位を占めるようになり、これら財閥は銀行を中核に造船・製糸・商事・鉱業等々を傘下におさめる財閥独占体をつくりあげた。

第一次世界大戦は日本のさらなる帝国主義的対外発展のバネともなった。日英同盟を理由に連合国側に加わった日本は、一九一四年八月ドイツに宣戦を布告し、ドイツ租借地の山東省《さんとう》青島《チンタオ》を攻略し、十月には赤道以北のドイツ領南洋諸島を占領した。さらにイギリスからの日本軍艦地中海派遣要請に対し、山東省の旧ドイツ権益と南洋諸島に関する日本の要求を講和条約の際支持するとの密約を取りつけたうえで一九一七（大正六）年四月より休戦まで地中海での連合国船団護衛にあたった。

　大戦でヨーロッパ列強が中国に力を割けなくなったのを好機として、第二次大隈重信《おおくましげのぶ》内閣（外相加藤高明《かとうたかあき》）は一九一五（大正四）年、山東省の旧ドイツ権益の日本への移譲、旅順《りょじゅん》・大連《だいれん》の租借年限の二五年より九九年への延長、南満洲《まんしゅう》や東部内蒙古《うちもうこ》の日本権益の強化など、二一カ条の要求を中国政府に突きつけ、要求の大部分を強引に承認させた。発足当初減税要求と陸軍増師要求の板挟みとなっていた第二次大隈内閣は、大戦勃発後事態が急変したのを利用し、朝鮮常駐二個師団《しだん》設置を実現した。このことで大隈の役割は終わったと考えた山県有朋《やまがたありとも》ら元老《げんろう》は大正《たいしょう》天皇に陸軍大将寺内正毅《てらうちまさたけ》を後任首相候補者として推薦し、原敬《はらたかし》率いる立憲政友会《りっけんせいゆうかい》を与党として一六（大正五）年十月寺内内閣が成立した。

シベリア出兵と米騒動

　一九一七（大正六）年十一月、ロシアに革命が起き、レーニン指導のもと、世界最初の社会主義政権が成立した。寺内内閣はこれを好機とし日本の勢力を従来ロシアが権益をおさえていた北満洲、さらに東部シベリアにまで拡大しようとした。他方一八(大正七)年五月にシベリアで反ソヴィエト蜂起を起こしたチェコ兵捕虜救出のため、アメリカ(一七年対独宣戦布告)は七月、日本に共同出兵を提案した。ただちに応じた日本は八月出兵を開始した。しかし大戦が終了し、列国がロシアから撤兵したのちも駐兵を続けた結果、アメリカをはじめとする列国から領土的野心ありと厳しい非難をあび、ようやく二二(大正十一)年十月に撤兵を完了した。この期間シベリアに出動したのは第三・第一二・第一四・第五・第一三・第一一・第八の七個師団、北満に出動したのは第七・第一六の二個師団、総計延べ九個師団が交代しつつ出兵し、延べ兵員は七万二〇〇〇人に達した。期間中アメリカとの関係は悪化の一途をたどり、国内では「無名の師」(名義の立たない出兵)と非難されて陸軍の威信は著しく損なわれ、他方で自国の独立を守りとおしたソ連邦とその共産主義思想への憎しみが軍部のなかに蓄積されていったのである。

大戦中、労働者は激増し都市人口は膨張、賃金は上昇するが、寄生地主制《きせいじぬしせい》のもと米の生産が追いつかず、米価の上昇がそれを上回り、また地主層・米穀商・大商社による売惜しみ・買占めのため米価が騰貴し、さらにシベリア出兵による軍用米需要を見越した投機のため暴騰した。このため一九一八年八月、日本全国に米騒動が勃発した。寺内内閣は軍隊を出動させて鎮圧したが、事件の責任を負って総辞職せざるをえなかった。元老は藩閥《はんばつ》官僚勢力のなかから事態を収拾しうる適任者を見出すことができず、ここに立憲政友会総裁原敬を首相とする政党内閣が誕生する。陸・海・外務の三相を除き他はすべて政友会党員で組閣されたのである。

三・一運動と五・四運動

一九一八(大正七)年十一月、ドイツとオーストリアが連合国側に降伏し翌一九(大正八)年パリ講和会議が開かれベルサイユ条約が締結された。本条約により日本は山東省の旧ドイツ権益を継承し、赤道以北旧ドイツ領南洋諸島の委任統治権も得た。また国力を認められ、世界平和維持機関として設立された国際連盟の常任理事国に選出された。他方ロシア革命でレーニンは民族自決権を主張、旧ロシアの帝国主義的諸特権をすべて放棄し、無併合・無賠償の即時講和を提唱しており、それに対抗しながらウィルソン米国大統領は講和会議で民族自決の原則を強調した。このような世界情勢を受け一九一九年三月一日、朝鮮の京城《けいじょう》(ソウル。韓国併合後漢城《かんじょう》を改称)で独立を求める民衆の示威運動が発生し、瞬時に朝鮮全土に拡大した(三・一独立運動)。朝鮮総督府《そうとくふ》は軍隊・警察を動員して徹底的に弾圧し約八〇〇〇人もの犠牲者を出した。中国でも朝鮮の独立運動の影響をもろに受け、また講和条約で山東省の旧ドイツ権益が日本に継承されたため、同年五月四日の北京《ペキン》での学生反日デモをきっかけに激しい排日運動が中国全土に広がり(五・四運動)、民族の強圧を受けた中国(一七〈大正六〉年対独宣戦布告)代表団はベルサイユ講和条約への調印を拒否した。

第一次世界大戦が終了し、戦争の惨禍を二度と繰り返すまいとする平和への希求が高まり、戦争を回避するため国際連盟が設立され、さらに民族独立運動が全世界の植民地・従属地域で活発になり始めた段階で、国際協調のもと帝国主義支配を維持するためには、従来の武断政治は時代遅れとなってきた。原内閣は対応しなければならなかった。一九一九年四月、関東都督府《かんとうととくふ》は関東庁と関東軍司令部（関東軍の組織的出発である）に分離され、関東庁長官には文官もなれることとなった。ついで同年八月、朝鮮・台湾両総督府官制が改正され、総督武官規定が撤廃されたことにより、朝鮮総督の朝鮮軍に対する兵権委任が解かれ（二個師団設置により一九一八年五月朝鮮軍司令部がおかれた）、台湾ではそれまでの台湾総督府陸軍部が廃止、台湾軍司令部が設置され、総督府から分離して陸軍直属となった。朝鮮では同時に悪名高かった憲兵警察制度が廃され、台湾同様、制限つきの言論・出版・集会の自由が認められることとなる。ブルジョワ民族主義者の右派部分を取り込んだ植民地体制再編の試みがここに開始するのである。

大正デモクラシーと社会運動

第一次世界大戦後のヨーロッパを中心とする世界的な革命的・民主主義的思想と運動の日本への強烈な影響への上からの既成政党的対応が原内閣の対応だとすれば、大正デモクラシーと呼ばれる思想と運動が、それらへの下からの民衆的対応となった。大正デモクラシー思想と運動の指導的役割をはたしたのが吉野作造《よしのさくぞう》であった。彼は天皇主権と正面から対立する民主主義という用語にかえ、一般民衆の利益・幸福を目標とし、民衆の意向を重んずる政治が「民本《みんぽん》主義」だとして、第一に国内政治論として普通選挙制の導入・貴族院《きぞくいん》改革論・枢密院《すうみついん》廃止論を統一的に展開し、労働者階級をも含めた一般民衆の権利伸張に尽力し、第二に国内政治の治外法権《ちがいほうけん》的部分である統帥権《とうすいけん》の独立・帷幄上奏権《いあくじょうそうけん》などを攻撃して、日本の国家主義的・帝国主義的勢力の根源たる軍部を激しく非難し、第三に日本の帝国主義進出を、朝鮮統治、中国への強権的勢力拡張、シベリア出兵などを例証として批判していった。また憲法学者の美濃部達吉《みのべたつきち》は政党政治・議会政治を根拠づける憲法解釈（天皇機関説）をおこない、政党勢力の伸張をうながした。このような思想を背景にさまざまな社会運動が進展していく。

一九一八（大正七）年の米騒動は日本の労働者階級を自覚させ団結させ始めた。一九一二（大正元）年、鈴木文治《すずきぶんじ》らによって組織された友愛会《ゆうあいかい》は労資協調主義に立つ労働者の修養団体であったが、大規模なストライキを闘うなか、二一（大正十）年には、治安警察法《ちあんけいさつほう》の改正・労働組合の公認・八時間労働制の確立などを掲げ日本労働総同盟《にほんろうどうそうどうめい》を結成した。

農民運動も本格的な社会運動に成長していき、小作《こさく》争議が激増するなかで、一九二二（大正十一）年、賀川豊彦《かがわとよひこ》・杉山元治郎《すぎやまもとじろう》によって日本農民組合が結成された。また封建的身分差別と貧苦に苦しんできた被差別部落の人びとも、同年西光万吉《さいこうまんきち》や阪本清一郎《さかもとせいいちろう》らを中心に全国水平社《すいへいしゃ》を組織し、自力による部落差別撤廃運動を開始した。女性解放運動も米騒動以降活発化し、二〇（大正九）年、平塚《ひらつか》らいてうや市川房枝《いちかわふさえ》らは新婦人協会を組織し、女性の政治的活動を全面的に禁止した治安警察法第五条の修正を求め、二二年一部改正に成功した。市川らは二四(大正十三)年婦人参政権獲得期成同盟会《ふじんさんせいけんかくとくきせいどうめいかい》を設立する。学生運動も一八年十二月東京帝国大学での新人会《しんじんかい》結成を皮切りに各大学で組織がつくられていき、二二年には横断的な学生連合会を成立させるのだった。

このような社会運動の高揚は社会主義の冬の時代をも打ち破ることになった。一九二〇年には広い意味でのすべての社会主義者たちが結集する日本社会主義同盟《にほんしゃかいしゅぎどうめい》が組織化される。しかし治安警察法により結社禁止となるや、社会主義者たちに合法主義の限界を痛感させることとなり、二二年七月、マルクス・レーニン主義に立つ日本共産党《にほんきょうさんとう》が堺利彦《さかいとしひこ》・山川均《やまかわひとし》らによって非合法下に組織されたのである。

ワシントン体制の成立

社会運動の進展の象徴となった普選運動に対し、原内閣の与党立憲政友会は普選法案を否決、それにかわって納税額の制限を直接国税三円以上に引き下げ、地方利益の散布を期待した新有権者たる自作農層の支持を得て一九二〇(大正九)年五月の総選挙に政友会は圧勝した。しかし武断政治を手直ししたとはいえ、中国との対立は強まる一方であり、シベリア出兵も収拾の目途は立たず、中国・シベリア問題をめぐる日米対立の激化により、一般会計に軍事費が占める割合は二一(大正十)年度には四九%にまで達した。他方大戦終了までの東アジア国際関係の枠組みであった日英同盟(二一年七月満期になるが廃棄措置はとられなかった)も、帝政ロシアと帝政ドイツが解体したのちは、イギリスにとっては無意味となり、日本は東アジアで孤立せざるをえなくなる。また二〇年三月の戦後恐慌により、財政上大幅な緊縮政策が必須となってきた。

この東アジアでのジレンマの解決策を提起したのは日本ではなくアメリカであった。戦後恐慌はアメリカをも直撃し、自国の膨大な建艦計画遂行が不可能となった。この機会に戦争の惨禍に苦しむ国際世論に訴えつつ画期的な軍縮提案をおこない、同時に従来の東アジア国際政治にかわる新しい枠組み創出のイニシアティヴをアメリカはとろうとしたのである。

一九二一年七月、アメリカは日・英・仏・伊四カ国に軍備制限と東アジア問題討議のためワシントンで国際会議を開きたいと提案し、後者の問題については中国・オランダ・ポルトガル・ベルギーの四カ国が加えられた。

同年十一月から翌二二(大正十一)年二月までのワシントン会議で三つの条約が締結された。

第一は日米英仏伊の五カ国の海軍軍縮条約である。その骨子は、(1)主力艦総トン数を米・英はおのおの五二・五万トン、日本三一・五万トン、仏・伊はおのおの一七・五万トン(米・英・日の比率は一〇・一〇・六となる)に制限し、(2)この目的を達するため、建造中の主力艦と一部老齢艦を廃棄し、(3)一〇年間(これは一九三〇〈昭和五〉年のロンドン軍縮会議でさらに五年間延長される)建艦は休止する、というものである。海軍内部は交渉にあたり七割を強硬に主張したが、合理的な首席全権加藤友三郎《かとうともさぶろう》海相は、内部の反対意見をおさえつつ、六割を受諾するかわりに日・米・英間での太平洋諸島での防備や軍事施設の現状維持を提案し、これが米英に了承されたため、調印にこぎつけることができた。調印を受け、日本では建造中の戦艦土佐《とさ》・加賀《かが》、巡洋戦艦天城《あまぎ》・赤城《あかぎ》の四隻、未起工巡洋艦愛宕《あたご》・高雄《たかお》の二隻、摂津《せっつ》以下の老齢艦一一隻などが廃棄された。

第二は日米英仏四カ国の太平洋問題に関する条約である。この条約は相互間の軍事義務や同盟的性格を削り、かわって太平洋諸島・領地についての四カ国の権利を相互に尊重し、共同会議による紛争解決を約束したものである。この条約が成立したことにより、日英同盟は本条約発効の日(一九二三〈大正十二〉年八月十七日)と同時に終了することとなった。

第三は九カ国による中国問題に関する条約である。ここでは中国の主権・独立・領土的ならびに行政的保全を尊重することが約束され、中国における門戸開放・機会均等の原則が明記された。しかしながら、本条約は、中国の要求した列国の特殊権利などの全面的公表とその有効性の審査、不平等条約撤廃などを拒否し、列国の既得権を承認し、日本の満蒙《まんもう》における特殊利益を暗黙に了解するなかで成立したものであった。日本は条約協議中の一九二二年二月、二一カ条要求中留保しつづけてきた第五号要求(日本人の政治財政軍事顧問の傭聘《ようへい》、必要な地方での警察の日中合同制、兵器供給特権など)を撤回することを声明する。

ワシントン会議は一九二二年二月に終了したが、ここにおいて成立したワシントン体制は一九二〇年代の東アジア国際関係を律する基本的な国際体制となった。日本は主体的にこの体制形成にかかわったのではなかったが、できあがったこの国際体制を日本国内に持ち込むことによって、第一次世界大戦期までの古典的な帝国主義世界体制とは異質な新しい世界体制に対応する国内体制をつくろうとした。

第一にシベリアからの撤兵が一九二二年十月に完了した(北樺太《カラフト》は除外)。なお北満に兵力を展開するために中国に強要した一八(大正七)年五月の日華軍事協定は二一年一月に廃止された。

第二に山東問題の解決である。ワシントン会議と併行して同地で日中間で交渉が進められ、その結果、山東鉄道の有償返還、旧ドイツ領租借地の行政権返還などの合意をみ、日本軍は一九二二年十二月、山東より全面撤兵する。九カ国条約での勢力範囲否定の原則が山東問題に適用され、日本がそれに従った結果であった。

山梨・宇垣軍縮

第三が軍縮である。海軍軍縮条約に従い、海軍では大規模な廃艦・建造中止の措置により海軍費を大幅に削減した。一九二〇年代の国家財政がそれを許さなかったのである。このことは陸軍にも当然波及する。二二(大正十一)年七月、六万人の人員と一万三〇〇〇頭の馬匹《ばひつ》が整理された。多くの部隊・官衙《かんが》の編制が改正されて定員が減じられ、歩兵大隊は四個中隊編制から平時三個中隊に縮小された（当時の陸相山梨半造《やまなしはんぞう》の名をとって山梨軍縮と呼ばれる）。

陸軍は財政上の客観的要請により一九二五（大正十四）年五月、再度軍備整理（当時の陸相の名をとって宇垣《うがき》軍縮と呼ばれる）を内部の反対を押しきって断行した。三万三〇〇〇人の人員と六〇〇〇頭の馬匹が整理され、第一三（高田《たかだ》）・第一五（豊橋《とよはし》）・第一七（岡山）・第一八（久留米《くるめ》）の四個師団が廃止された。捻出した経費を編制・教育の改善に充当する名目がつけられた。

宇垣一成《かずしげ》陸相は、整理された将校を各学校配属に転出させ、中学校以上の学校で軍事教練を実施することとし（一九二五年四月、陸軍現役将校学校配属令）、他方義務教育修了の一般青少年に対しては二六（昭和元）年七月開設の青年訓練所で兵式訓練をほどこす措置をとった。陸軍による国民掌握のあらたな動きである。また軍縮により野にくだった多数の将校が帝国在郷軍人会《ていこくざいごうぐんじんかい》に加わり、陸軍の思潮は国民のあいだに深く根をおろすこととなった。

しかしながら、定員削減による昇進可能性の減少や早期の退職措置は、陸軍内部に不満を蓄積させていき、しかもそれは政府の大陸政策の軟弱性への攻撃や政党政治の否定と結びついていくのだった。海軍においても、七割主張のとおらなかったことが内部の反発を強め、制限を受けない補助艦建造によって不足を補おうとする動きを加速させ、ロンドン海軍軍縮会議での大問題となる。

関東大震災

　ここにみたワシントン条約体制下において、国内の大正デモクラシー思想を土台とする社会運動の展開、中国での巨大な民族革命運動の進展、そして政党政治の拡大のなかで起こる財界との癒着と贈収賄の進行といった諸要素のなかで、既成政党を軸とする諸政治集団が如何なる対応をとっていったかを以下検討していこう。

　一九二一（大正十）年九月安田財閥の創始者安田善次郎《やすだぜんじろう》が「奸富《かんぷ》」であると、既成政党を打破することが「大正維新《たいしょういしん》」の前提とみなしていた右翼によって暗殺され、二カ月後の十一月には国利よりも党利を優先させていると、立憲政友会内閣首相原敬が右翼青年に暗殺された。政党が資本家・地主の利害を代弁するだけでなく、国民と深く結びつき、その権利と要求を伸張できるかどうかが鋭く問われ出したのである。高橋是清《たかはしこれきよ》が政友会内閣を引き継いだが、新しい社会情勢に対応しようとする首相とそれに反対する政友会幹部の対立によって内閣は崩壊、大命は加藤友三郎海相にくだり、加藤は政友会を与党として組閣する。この時期は与党の政友会といえども財政難のなか、地方に利権を散布して党勢を拡大することはすでに不可能であり、軍縮を含めた緊縮財政を党方針とせざるをえなかった。他方枢密院《すうみついん》は日本の国益を損するとワシントン条約体制に批判的であり、九カ国条約締結の結果必要となった中国国内での外国郵便局撤廃のための日華《にっか》郵便約定が同院に諮詢《しじゅん》された二二（大正十一）年十二月、政府は弱腰だと弾劾上奏を可決した。

翌年八月、加藤首相がガンで死亡し、かわって大命がくだったのは議会第一党の立憲政友会高橋総裁ではなく海軍の大御所山本権兵衛《やまもとごんべえ》であった。組閣直後の九月一日、神奈川を震源地とする関東大震災が発生、総被害は死者・行方不明一四万三〇〇〇人、全焼・全半壊戸数は七〇万戸にのぼった。警察機能が弱体化し、治安維持のため翌二日戒厳令《かいげんれい》がしかれ軍隊が出動した。軍と警察双方が、民衆の窮状を扇動して事を起こそうとする者の存在を極度に警戒するなか、朝鮮人暴動の流言が広まり、軍と警察は流言の真偽を確認せず逆にそれに保証を与え、流言の拡大と民衆の組織化をはかった。警察と軍や帝国在郷軍人会などからなる自警団により虐殺された朝鮮人は約六〇〇〇人に達したといわれている。また社会主義者・無政府主義者は続々と警察に検挙され、亀戸《かめいど》署では平沢計七《ひらさわけいしち》ら一〇人の労働運動活動家が軍によって殺害された。軍の社会主義者・無政府主義者に対する憎悪は激しかった。九月十六日憲兵大尉甘粕正彦《あまかすまさひこ》は東京憲兵隊本部において大杉栄《おおすぎさかえ》と妻野枝《のえ》、さらに六歳の甥橘宗一《たちばなそういち》の三人を扼殺《やくさつ》した。彼はこの殺人行為に対し背後関係を追及されないまま、わずか懲役一〇年の宣告を受け、しかも恩赦によって軍法会議の判決から三年足らずの一九二六(昭和元)年十月に出所した。

関東大震災は経済界にも大打撃を与えたため、政府は九月緊急勅令により支払不能の可能性のある銀行の手持手形を日本銀行に再割引させる措置をとった。このいわゆる「震災手形」は四億三〇〇〇万円以上となり、一九二七(昭和二)年の金融恐慌の直接的原因をつくることとなる。

山本内閣は一九二三(大正十二)年十二月、難波大助《なんばだいすけ》が摂政宮《せっしょうのみや》を狙撃した虎の門《とらのもん》事件により総辞職したが、元老西園寺公望《さいおんじきんもち》は枢密院議長清浦奎吾《きようらけいご》を天皇に推薦して大命は清浦にくだり、陸海軍と外務以外の全大臣を貴族院《きぞくいん》からとった「特権内閣」が発足、政権は第一党の立憲政友会総裁高橋是清の門前を二度まで素通りしたのである。

普通選挙法と治安維持法

ここにおいて憲政会《けんせいかい》(党首加藤高明)・革新倶楽部《かくしんくらぶ》(党首犬養毅《いぬかいつよし》)・立憲政友会の三党は、特権勢力の専横を阻止し政党内閣制を確立するために一致した行動をとることに合意し、一九二四(大正十三)年一月第二次憲政擁護運動を展開し始めた。政友会内の反高橋派は、党首の行動は民衆運動の力を借りて階級対立を激化するものだと、脱党し政友本党《せいゆうほんとう》を組織し清浦内閣の与党となった。

また、山本内閣時の司法大臣だった司法官僚の大物平沼騏一郎《ひらぬまきいちろう》は、辞任後枢密顧問官となったが、虎の門事件に衝撃を受け、海軍の加藤寛治《かとうひろはる》・陸軍の荒木貞夫《あらきさだお》・内務の後藤文夫《ごとうふみお》・司法の塩野季彦《しおのすえひこ》など軍部・官僚の中心メンバーを結集し、民本主義に対抗し国家主義的教化運動をおこなう国本社《こくほんしゃ》を一九二四年三月に創設した(一九二六〈昭和元〉年四月、平沼は枢密院副議長となる)。軍人を含めた高級官僚がはじめて右翼運動に乗り出したのである。

清浦内閣は政権基盤を強化しようと一九二四年五月に総選挙をおこなうが、与党の政友本党は大幅に議席を後退させ、野党で一貫して普選実現を訴えてきた憲政会が第一党となった。小選挙区制下で政友本党と争った政友会は二四議席を失い、二大政党に挟まれた革新倶楽部も一三議席を減らした。この結果、組閣の大命は加藤高明にくだり、三派連立内閣が成立した。この内閣の第一の使命は当然普通選挙法の成立であった。国民の意向は明らかであり、社会運動がいよいよ労働者や農民階級に担われていく状況のなかで国民を国家に引きつけるには普選の実現は不可避かつきわめて有効であった。一九二五(大正十四)年三月成立した普通選挙法は、選挙権を二十五歳以上の男子すべてに与え、選挙区制を中選挙区制に改めるというものであった。ただし婦人参政権獲得期成同盟会の運動にもかかわらず、女子には選挙権が与えられなかった。普選法成立にともない、地方議会の選挙にも普通選挙制が導入されることとなった。

だが普選法の成立は治安維持法《ちあんいじほう》を同時に成立させることなしには不可能であった。合法的な活動を禁圧された社会主義運動・共産主義運動は非合法的結社のかたちで自己を守らざるをえず、届出制を前提とし、秘密結社に対しては軽い罰則しか用意していなかった治安警察法は有効ではなくなってきた。これにかわって司法省が準備した過激社会運動取締法案が一九二二(大正十一)年二月議会に上程されたのを皮切りに、司法・内務をはじめとする官僚勢力はあらたな治安立法の実現に執念をもやしていた。普選法案の審議にあたった枢密院は、同案可決に際し治安立法も実現すべしとの付帯決議をおこなった。政党側としても、普選法実現のための官僚勢力・枢密院・貴族院勢力への譲歩という理由以外にも、普選実施によって予想される無産階級の議会進出に際し、革命的勢力を弾圧し、穏健勢力を既成政党の枠内に封じ込めるために治安維持法は不可欠の武器となるものだった。

尾崎行雄《おざきゆきお》ら衆議院議員一八人が反対するなか、国体を変革しまたは私有財産制度を否認する目的で結社を組織したり加入した者を一〇年以下の懲役または禁錮《きんこ》とし、そのための協議・扇動なども重刑に処するとする治安維持法は普選法成立と同月の一九二五年三月に成立した。絶対君主制を少しでも国民主権の立場から変えていこうとする動きも、民衆の生存権も労働権も認めない資本家・地主の排他的で絶対的な私有権を少しでも制約していこうとする動きも、この法律は厳罰をもって禁じ、社会改革による矛盾緩和の試みの可能性を自ら閉じ込めてしまった。そして国体概念のなかに日本の植民地支配のあり方をも含み込ませたため、朝鮮・台湾の民族独立運動もまた治安維持法によって徹底的に弾圧されることとなるのである。

金融恐慌

普選法成立をもって三派連立内閣の使命は終わったとして、立憲政友会は一九二五(大正十四)年四月、高橋是清にかえて豊富な政治資金をつくることのできる実力を有した元陸相で予備役陸軍大将の田中義一《たなかぎいち》を新総裁にむかえ、翌五月には革新倶楽部を吸収する。犬養毅は、無産勢力が政治の舞台に登場しつつあり、革新倶楽部がこれまでのような役割をはたせなくなったこと、また普選時代に要求される多額の党資金をつくる展望のないことから政友会との合同をはかったのである。

だが閣内不統一のため総辞職した加藤高明に一九二五年八月ふたたび大命がくだり、翌二六（昭和元）年一月、加藤が死去するや、憲政会総裁若槻礼次郎《わかつきれいじろう》に組閣命令がくだり、二度にわたり憲政会単独内閣が続いた。若槻内閣は一九二六年四月、治安警察法を一部改正し、ストライキ処罰規定を削除して労働争議に合法性を与えたが、準備した労働組合法案や小作法案は資本家・地主階級の圧力のもと、到底実現することは不可能であった。

一方、加藤・若槻両内閣において外相をつとめた幣原喜重郎《しではらきじゅうろう》は、国共合作のもと中国国民党の進める北伐と中国統一の動きを不可避的だと認識し、反共の立場に立つ蔣介石《しょうかいせき》を列国が追いつめることに反対した。だが、このような広い視野に立ったブルジョワ外交政策は政友会・貴族院・枢密院、そして陸軍側から「軟弱外交」として激しく非難・攻撃されることとなった。また幣原外相はロシア革命以降国交が杜絶《とぜつ》していたソ連邦とのあいだに、一九二五年一月日ソ基本条約を結び、日本はようやく北樺太から撤兵することとなる。

戦後恐慌以降、慢性的不況にあった日本は、一九二三（大正十二）年九月の関東大震災によってさらなる経済的打撃を与えられた。二七（昭和二）年、巨額な未決済の「震災手形」整理法案が議会で審議されるなか、一部銀行の不良経営が明るみに出され、取付け騒ぎが全国的に発生、三月には銀行の休業が続出、若槻内閣は破産した大商社鈴木商店への多額の不良貸付けをおこなっていた台湾銀行救済のため、緊急勅令によって日本銀行に非常貸付けをおこなわせようとしたが、内閣の中国政策は国威を失墜させているとみなしていた枢密院はこの勅令案を全員一致で否決し、内閣は総辞職に追い込まれ、同年四月立憲政友会田中義一内閣が成立した。取付け騒ぎはふたたび拡大し台湾銀行や十五銀行などの大銀行や全国の中小銀行があいついで休業・破産した。田中内閣は緊急勅令により支払猶予令の実施や日銀の非常貸付けなどの措置をとることにより、五月に金融恐慌を鎮静化したが、三井・三菱・住友・第一・安田などの大銀行への預金集中と銀行合同が進み、巨大財閥の経済支配がさらに強化された。

張作霖爆殺事件

田中内閣は内相や法相に平沼派の主要メンバーを配置し社会運動を弾圧する強硬姿勢をとった。一九二八(昭和三)年二月に普選下の第一回総選挙がおこなわれ、無産政党から八人の当選者を出したが、この総選挙で日本共産党がはじめて公然と「君主制の廃止・帝国主義戦争反対・植民地の独立」などの党政策を国民のあいだに宣伝したことに驚き、三月十五日、一六〇〇人の党員や支持者を検挙(三・一五事件)し、六月には緊急勅令により治安維持法を改正して違反者の最高刑を一〇年から死刑に変更、七月にはこれまで主要府県のみに設けられていた特別高等警察《とくべつこうとうけいさつ》(特高《とっこう》)を全国すべての府県に設置、さらに翌二九(昭和四)年四月十六日には共産主義者三〇〇人を検挙(四・一六事件)し、運動の壊滅をはかった。治安維持法改悪に最後まで反対した無産政党選出の衆議院議員山本宣治《やまもとせんじ》は同年三月、右翼に刺殺された。

田中内閣は中国政策では幣原外交を批判して「積極外交」を主張、居留民《きょりゅうみん》保護を口実に国民革命軍の北上を武力でくいとめるべく、一九二七（昭和二）年五月、四〇〇〇余人の軍隊を山東省に派遣し、翌二八年五月にかけ、三次にわたり山東省に万余の軍隊を送り込んだ。軍隊派遣とともに田中首相は二七年六月、駐華公使と各地総領事・関東軍司令官を含む陸海軍代表者らを東京に招集していわゆる「東方会議《とうほう》」を開催し、⑴在華日本権益と在留邦人のため自衛措置をとる、⑵満蒙を中国本土より分離し日本の勢力下におく、⑶満蒙の治安維持には日本があたることを、田中内閣の基本方針として秘密裡に確立した。政府は従来支持してきた満洲軍閥張作霖《ちょうさくりん》の政治的短命を見通し、より直接的な満蒙支配の方式を考え始めたのである。

しかし、華北《かほく》で敗北した張作霖軍ならびに北伐《ほくばつ》軍は武装のまま満洲に進入することを許さずとした一九二八年五月の日本政府「満洲治安維持宣言」は、あまりに明白な中国国家の主権侵害にあたり、中国と国際世論の猛反発を受けるため、田中内閣は宣言を実施することができなかった。武装解除を張政権打倒の好機とみていた関東軍高級参謀河本大作《こうもとだいさく》大佐は、田中内閣に見切りをつけ、六月四日、奉天《ほうてん》に引揚げ途中の張搭乗列車を爆破して張作霖を殺害した。殺害後の満洲軍閥政権内紛に乗じ関東軍を出動させようとしたのである。だが、準備不足のためこのプランはうまくいかず、他方日本のやり方に激怒した息子の張学良《がくりょう》は二九（昭和四）年十二月、満洲全土に国民政府の青天白日旗を掲げさせて国民政府に合流してしまった。田中内閣の中国政策はすべて失敗、結局二九年五月山東出兵軍隊を撤兵させ、同年六月にいたり、米英仏にはるかに遅れ、ようやく中国国民政府を正式に承認することとなったのである。

田中首相は爆殺事件の犯人が陸軍内部の者であることをつかんでいたが、陸軍が強硬に反対するなか、事件の公表も実行犯の処罰もすることができず、一九二九年七月一日、調査の結果犯人不明と上奏したが、昭和《しょうわ》天皇は「お前の最初に言ったことと違うじゃないか」と叱責、天皇の信任喪失を自覚した田中首相は翌二日、総辞職を決行した。

金解禁と世界恐慌

一九二九(昭和四)年七月、組閣の命がくだった立憲民政党《りっけんみんせいとう》(一九二七〈昭和二〉年六月憲政会と政友本党が合同して結成)総裁で首相の浜口雄幸《はまぐちおさち》は幣原喜重郎をふたたび外相とした。しかし幣原外交は中国政策では一方では中国側の不平等条約廃棄と諸外国利権回収をめざす民族的圧力、他方では幣原外交は弱腰であり、とくに満蒙は日本の生命線であって一切の譲歩不可とする関東軍を先鋒とする軍部や軍部と結びつく二十数万の満蒙在留日本人、さらには立憲政友会の圧力の板挟みとなっていった。

ただし国際協調外交は国内の財政問題解決からも依然として大前提であった。一九三〇(昭和五)年一月、英米両国の主導下、日仏伊も加わったロンドン海軍軍縮会議が、各国補助艦の建艦競争を中止させるべく開催され、日本の補助艦を対英米比で〇・六九七五（当初案〇・七）とする条約に四月日本は調印した。しかし七割を主張する海軍軍令部長加藤寛治や軍令部次長末次信正《すえつぐのぶまさ》は強硬に反対し、枢密院・立憲政友会・右翼がこれに同調、田中義一のあとを受け政友会総裁となっていた犬養毅は、調印直後の議会で、軍令部長の反対を押しきって調印したのは天皇大権である「統帥権《とうすいけん》の干犯《かんぱん》」だと攻撃した。さらに六月加藤軍令部長は帷幄上奏をおこない、浜口内閣の措置を弾劾して辞表を提出し、政友会は軍部を反対の立場に立たせ政変を起こそうとした。しかし浜口首相は兵力量の決定権は統帥部の意見を参考にしたうえで内閣にあるとの立場をくずさず、枢密院に対しても条約諮問が否決された場合には反対上奏をも辞せずとの強い姿勢で臨み、十月枢密院での可決を実現させた。だが十一月浜口首相は反共・大陸積極主義を主張する右翼に東京駅で狙撃され、翌三一（昭和六）年民政党後任総裁若槻礼次郎が首相となった（浜口は同年八月死亡）。

　浜口内閣の軍縮政策は、蔵相井上準之《いのうえじゅんの》助《すけ》を先頭に実現しようとした金解禁政策と表裏一体のものだった。日本経済は一九二〇（大正九）年の戦後恐慌以降、二三（大正十二）年の関東大震災、二七年の金融恐慌と財界救済のための財政支出が続き停滞の時期が約一〇年となった。第一次世界大戦中の一七（大正六）年、アメリカに続いて金輸出を禁止、金本位制を停止したまま、米英がすでに金本位制に復帰したのに、この国内経済状態のためにいまだ日本だけが戻ることができていなかった。井上蔵相は金本位制に復帰し低迷する円為替《かわせ》を安定させるとともに、金解禁を機に救済インフレに慣れた経済界に産業合理化と企業統合を迫り、日本資本主義の国際競争力を強化しようとした。極度の財政緊縮とデフレによる一時的不況が前提となる大資本・財閥資本優位の政策を民政党は貫こうとしたのであった。三〇年一月、金輸出が解禁され、金本位制に復帰、円の為替相場は一五％程切り上げられた。これに対処するためには生産費の切下げ、物価引下げ、輸出産業の振興という筋道が描かれていた。

だが時期があまりにも悪かった。一九二九(昭和四)年十月の米国ウォール街に発した世界大恐慌は三〇年三月には日本に波及、経済と国民生活は大混乱に陥った。春マユは二九年の貫当り七円五〇銭が二円五〇銭に暴落、米価指標も二九年を一〇〇として三一年には六三・五まで低落、小作農のみならず自作農家の経済もその根底から揺り動かされた。大企業は操業短縮・人員整理・賃金切下げ・労働強化で対処しようとし、続発する労働争議も賃金切下げ反対・解雇反対の防衛闘争が主たるものとなり、中小企業の倒産・休業で三〇年の失業者は三〇〇万人となり、小作争議も小作契約の継続や土地取上げ反対を掲げる生活を死守するものとなった。勤労者の生活が追いつめられていった。この最中、二九年末の日本の正貨保有高一三億四三〇〇万円は三一年末には五億五七〇〇万円にまで減少、大量の金が海外に流出し、金輸出再禁止を予想しての金融資本・大資本の円売り・ドル買いの動きが経済論理の必然から激化していった。

社会体制の変革の方向が厳しい弾圧のなか閉ざされたということは、矛盾の解消をなんら意味してはいなかった。農村の中間層たる自作農は農本主義の立場から都市・政党・大資本批判を強めていき、都市の中間層たる中小商工業者は不況脱出を希求し、政党と大資本への攻撃を激化させた。そして地方中小都市の政治的・経済的担い手となってきた幕末以来の地域名望家《めいぼうか》層が恐慌の打撃をもっとも深く受ける階層となったのである。地方の社会基盤の安定性が喪失されていった。ここにおいては、三〇年二月の総選挙で獲得した、政友会一七四議席に対する民政党二七三議席という政治体制はなんら民政党を支持するものにならなくなった。政党を支えてきた社会的土壌そのものが融解しだし、液状化してきたのである。他方三一年には、満鉄《まんてつ》の東西に二つの並行競争線を海港に直結させて建設する計画が、国民党中央委員となった張学良をはじめとする中国国民政府側で進められ、幣原外交をさらに苦境に追い込むこととなった。

4　十五年戦争

満洲事変

一九二八(昭和三)年六月の張作霖《ちょうさくりん》爆殺事件以降、陸軍は幣原《しではら》外交のみならず立憲政友会《りっけんせいゆうかい》の対中国政策にも見切りをつけ、同年秋から関東軍参謀《かんとうぐんさんぼう》となった石原莞爾《いしはらかんじ》は同軍高級参謀板垣征四郎《いたがきせいしろう》と満蒙《まんもう》占領計画を立て始めた。一九二九(昭和四)年五月には全員陸軍大学校出身の東条英機《とうじょうひでき》らエリート佐官たちが一夕会《いっせきかい》を組織し、国家総動員体制の実現と満蒙問題の解決を検討し始めた。中国問題の激化と国内の社会不安の深化を踏まえ、一九三〇(昭和五)年九月には橋本欣五郎《はしもときんごろう》中佐らが桜会《さくらかい》を結成し、反政党・反元老《げんろう》重臣・反財閥《ざいばつ》を掲げ、国家改造のためには武力行使をも辞せずとする軍部ファシズムの方向を明確に打ち出した。海軍内でも反英米追随・海軍軍拡支持の「艦隊派」勢力が増大し、海軍青年将校らは海軍・陸軍・右翼の連合した「革命維新《かくめいいしん》」を構想し始めた。右派無産政党内にも反資本主義イデオロギーを親軍・反財閥の立場と結合させる活動家たちが成長してきた。民間右翼内にも反資本主義と国家改造を結びつける勢力が拡大した。同年十一月の浜口雄幸《はまぐちおさち》首相狙撃事件は各集団のこのような志向性に大きなはずみをつけることとなった。橋本らは翌三一(昭和六)年三月、陸軍首脳部をだきこみ、労働者のデモをきっかけに軍がクーデタを起こして国内改造を断行し、強力政府を樹立して外交政策を改変するプログラムを実行に移そうとした(三月事件)。同年六月の満洲《まんしゅう》での中村大尉《なかむらたいい》事件、七月の万宝山《まんぽうざん》事件は陸軍全体が満蒙問題の抜本的「解決」を国民全体に訴える絶好の機会となった。このような緊迫する情況下、同年九月十八日、関東軍は奉天《ほうてん》付近の柳条湖《りゅうじょうこ》で南満洲鉄道(満鉄)線路を爆破し、関東軍を軍事出動させる口実をつくった。満洲事変がここに勃発する。

関東軍の計画は周到に準備されていたものだった。指揮下の満洲移駐第二師団《しだん》および独立守備隊六個大隊の出動により、翌十九日には奉天・長春《ちょうしゅん》・営口《えいこう》を占領、二十一日には早くも吉林《きつりん》に進出し、同日朝鮮軍司令官林銑十郎《はやしせんじゅうろう》は独断で第三九旅団《りょだん》を満洲に派兵した。張学良《ちょうがくりょう》とその軍隊は日本軍と

満鉄線路の爆破　直後に奉天行列車が通過したほどの小規模な爆破で，枕木も２本が破損しただけだった。

の衝突を避け満洲南西部の錦州《きんしゅう》に移動したが、関東軍は十月八日同地を爆撃し満洲全土軍事占領の意図を全世界へ明らかにした。関東軍は当初より計画していた「満洲国」創出計画をスムーズに運ぶため世界の視線を満洲の事態からはずす必要があり、上海《シャンハイ》で謀略事件を起こし、一九三二(昭和七)年一月から三月にかけ中国軍とのあいだで激戦がおこなわれた(上海事変)。日本軍は海軍陸戦隊に加え、第九・第一一・第一四の三個師団および一個旅団という大軍がこの戦闘に参加した。満洲に対しては前年三一年十二月の朝鮮軍第三八旅団の派遣につづき、この四月、第八・第一〇師団が内地から増派され、上海事変停戦後、同月上海から満洲にさらに第一四師団が移動し戦闘を続けた。上海事変の報道が日本と全世界の目を釘づけにしていた一九三二年三月、関東軍は清朝《しんちょう》最後の皇帝であった溥儀《ふぎ》を天津《てんしん》から連れ出し、同人を執政《しっせい》とする傀儡《かいらい》国家「満洲国」(三四〈昭和九〉年帝政に移行)を樹立した。未占領の熱河《ねっか》省(内蒙古《うちもうこ》地域の一部)を含め総面積一一〇万平方キロ、人口三四〇〇万人の国家である。

関東軍は中国よりの満蒙分離と「満洲国」建国の強硬な軍事行動を日本国内の国家改造の挺子《てこ》としても位置づけていた。その方向に国内を誘導していくうえで各地の連隊区司令官(大佐)が支部長をつとめる会員三〇〇万人の帝国在郷軍人会《ていこくざいごうぐんじんかい》が絶大な威力を発揮した。社会基盤が液状化し地主・資本家の階級利害しか代弁できない政党組織が社会統合機能を大幅に弱体化させた正にこの時期において、自作農層を含め都市・農村の社会的中間層を構成主体としていた帝国在郷軍人会は最大の能動的政治団体の役割をはたすこととなったのである。「満蒙生命線」論を呼号し、満洲・上海両事変への挙国《きょこく》一致《いっち》の軍事後援を組織し、「満洲国」成立を支持し、日本政府に「満洲国」承認を迫り、貧困在郷軍人の満洲武装移民を計画し、婦人の軍事動員(一九三二年十二月大日本国防婦人会《だいにほんこくぼうふじんかい》成立)をはかる帝国在郷軍人会は、その後国際連盟脱退、ワシントン・ロンドン両軍縮条約廃棄、天皇機関説排斥運動の中核団体として活動しつづけることとなる。

軍部ファシズムの思想

満洲事変直後、事態の鎮静化につとめた立憲民政党《りっけんみんせいとう》第二次若槻礼次郎《わかつきれいじろう》内閣は、閣僚殺害・軍部政権樹立をねらったクーデタ計画(十月事件)の発覚に脅かされ、また事変への対処をめぐっての閣内不統一により一九三一(昭和六)年十二月総辞職し、かわって陸軍の輿望《よぼう》を担った強硬派荒木貞夫《あらきさだお》を陸相とする立憲政友会犬養毅《いぬかいつよし》内閣が成立し、ただちに蔵相高橋是清《たかはしこれきよ》による金輸出再禁止とインフレ政策により新事態への対応をはかった。

　クーデタにより国家改造を考えていた陸軍内集団は犬養内閣の成立と荒木陸相の実現により国家改造が可能と判断して国内改造運動から離脱し、その後は国内の既成政党・財閥などの特権階級の打破こそが日本のアジア進出の前提だとする海軍青年将校と民間右翼が軍部ファシズム運動の前面におりでた。民間右翼井上日召《いのうえにっしょう》の組織する血盟団《けつめいだん》団員が一九三二（昭和七）年二月に井上準之助《いのうえじゅんのすけ》前蔵相を、三月に三井財閥の指導者団琢磨《だんたくま》を暗殺し、五月十五日には海軍青年将校と民間右翼橘孝三郎《たちばなこうざぶろう》の指導する愛郷塾《あいきょうじゅく》塾生たちが五・一五事件を引き起こし、犬養首相を殺害した。犬養は立憲民政党よりは大陸積極主義者ではあったものの、自由民権運動以来の古くからの政党人であり、軍部の独断横暴を快く思わず、「満洲国」建国にも賛成してはいなかったのである。

　軍部は五・一五事件を最大限に利用し、政党内閣出現絶対反対の態度を明確に打ち出し、ここに海軍予備役《よびえき》大将斎藤実《さいとうまこと》（元朝鮮総督）を首相とする中間内閣（蔵相と陸相は留任）が成立し、政党内閣は終焉した。斎藤内閣がおこなった第一の仕事が九月の「満洲国」承認であり、九カ国条約などの国際関係をまったく踏みにじる日本の国際政治は国際社会から猛烈な反発を呼び、国際連盟は翌三三（昭和八）年二月、「満洲国」不承認案を四二対一（反対は日本のみ）で可決し、翌月日本は国際連盟を脱退した。日本は、明治維新以来の英米との協調路線とここではじめて訣別し、国際的孤立化の道に突入したのである。ナチスが権力を掌握した直後のドイツも日本を手本として同年十月、国際連盟を脱退する。

関東軍は「満洲国」内に含まれるとして、一九三三(昭和八)年二月より抗日勢力の支配する熱河省に第六・第八師団および第一四・第三三旅団をもって侵攻し、さらに四月には万里《ばんり》の長城《ちょうじょう》以南のいわゆる関内《かんない》にまで侵入、五月、余力のなかった中国国民政府とのあいだで、河北《かほく》省東北部からの中国軍の撤退、非武装化された同地域の治安維持には中国警察機関があたるとした塘沽《タンクー》停戦協定が成立、これによって「満洲国」の国境は確定し、満洲事変は終結することとなった。

以上のような過程のなかで軍部ファシズムの思想が明確なかたちをとってあらわれてきた。彼らはワシントン体制を前提とし英米と協調しながら日本の国際政治を処理しようとする既成の政治勢力に「現状維持派」のレッテルを貼りつけ、それと闘う自己を「革新派」と位置づけた。そして「持てる国」と「持たざる国」とを極端に対比させてその「不公正」の是正を主張し、日「満」提携による国内人口問題・農村問題の解決や日本の経済的・資源的発展を提唱し、そのための軍拡と「国防国家」樹立をヴィジョンとして押し出すのである。当然のこととして四面楚歌《しめんそか》となる国際関係については反ソ・反米・反中国の立場を際立たせて「孤立化を恐れるな」と国民を煽動し、従来の西洋かぶれの思想として社会主義・共産主義・無政府主義・民主主義・反軍国主義・自由主義思想を同一線上にならべて非難・攻撃する。それにかえて彼らは一大家族国家の宗家にして家長たる現人神《あらひとがみ》天皇が主権を有して統治する万邦無比《ばんぽうむひ》の日本(それが国体だと観念されている)においては個が全体に帰順しており、先祖以来の皇恩に報ずることが日本人のつとめだとする日本主義と日本精神なるものをあらゆる機会をとらえて浸透させるのであった。

荒木陸相は一九三二年の初頭、明治以来伝統的な「国軍」の名称を「皇軍」と変更する。そして陸軍主流は、軍の統制を確立し、軍が一体となって政府に軍部の要求を飲ませていこうとする立場をとったが、反ソ的・精神主義的色彩がより強い一部の青年将校たちは、この主流派を「統制派」と非難し対抗意識を強めていった(いわゆる「皇道派《こうどうは》」グループである)。

海軍においても「艦隊」派勢力が圧倒的なものになっていき、一九三三年から三六(昭和十一)年にかけての海相大角岑生《おおすみみねお》は、ロンドン海軍軍縮条約成立に協力した穏健派海軍軍人たちを海軍部内から一掃してしまった。

斎藤・岡田両内閣と社会運動

高橋蔵相は就任以降、立憲民政党のデフレ政策にかえ軍事インフレ政策を採用したため、世界に先駆けて大恐慌《だいきょうこう》の影響から脱出したが、金輸出再禁止措置により下落した円相場のため急増した日本の輸出はソーシャル・ダンピングとの国際的非難をあび、世界経済のブロック化を加速させた。

深刻な農村不況に対しては政府の財政支出、自給自足経済化の指導や産業組合組織化政策などからなる農山漁村経済更生運動と呼ばれた国策が打ち出され、そこでは国策と結びつき自己の社会的立場を上昇させようとする農村中堅層が従来の地主《じぬし》階級以外に台頭してきた。しかし、そこでも地主・小作《こさく》関係の長期的解決は貧困農民層の満洲移民しかないと認識されており、そのための措置が講じられていった。

政党政治時代には政党勢力に影響されざるをえなかった国家官僚のなかにも、満洲事変直後から「天皇の官吏」との立場を強く打ち出し、軍部と積極的に結びつき、国防充実・国内政治刷新を唱える新官僚と呼ばれる集団が勢力を増大させ、政党勢力を弱体化させての国民の直接掌握をねらい始めた。また彼らにとっての「満洲国」は自らの活動の天国となった。議会も政党も存在しない「満洲国」は、軍と協調でき、軍の構想を実行しうる多数の有能な日本人官僚を要求したからである。彼らの「満洲国」経営の手腕は岸信介《きしのぶすけ》のように、その後日本に持ち込まれ、戦時統制経済政策樹立に大きく貢献することとなる。

満洲事変とそれ以降の中国侵略戦争を帝国主義侵略戦争だとして一貫して反対の態度をとりつづけた非合法下の日本共産党《にほんきょうさんとう》は徹底した弾圧を受け、逮捕された人びとには激しい拷問が加えられた。一九三五(昭和十)年三月、最後の中央委員が捕縛されて、活動は停止した。治安維持法《ちあんいじほう》は日本共産党のみならず、政府の政策に反対する労働運動・農民運動・文化運動の多くの担い手たちをもその弾圧の対象に取り込んでいった。検挙人員のピークは三三(昭和八)年であり、一万四〇〇〇余人にも達したのである。この三三年は戦前日本の社会運動の分水嶺ともなった。同年六月、投獄されていた日本共産党の最高幹部佐野学《さのまなぶ》・鍋山貞親《なべやまさだちか》が獄中から、これまでの共産主義運動は誤りであり、皇室は民族的統一の中心だとする転向声明を発表した。展望を失った多くの治安維持法違反の被告たちは続々と転向していった。佐野・鍋山の転向声明は日本共産党と社会運動全般の決定的転機となったのである。

この一九三三年には社会主義思想だけでなく、自由主義思想も弾圧の対象となり始めた。京都帝国大学法学部教授滝川幸辰《たきがわゆきとき》の自由主義刑法理論に基づいた二つの著作が発売を禁止され、五月同人は教授会の同意なしに休職処分を受け、学内外の反対運動が弾圧・分断されるなか、七月同人は辞職せざるをえなかった。いわゆる滝川事件である。

斎藤内閣は社会運動の弾圧や自由主義思想の抑圧では軍部と同一の立場をとったが、全面的同調からは程遠かった。また軍部の政党政治攻撃に反発する立憲政友会と立憲民政党は政党勢力の力量を回復するため、ファッショ排撃・議会政治の擁護・政党の信用回復を目標に政民連携運動を開始した。しかし挙国一致と軍部ファシズムの方向に同調する貴衆両院の勢力は政民連携運動に敵対的態度をとり、さらに平沼騏一郎《きいちろう》の影響力の強い司法省検察当局は、政党と財界が結託した大規模汚職だとして、帝国人絹《ていこくじんけん》株式会社の株売買をめぐって関係政治家をつぎつぎと取り調べる帝人《ていじん》事件（裁判の結果全員無罪）を引き起こし、斎藤内閣は一九三四（昭和九）年七月総辞職に追い込まれた。後任首相には元海相岡田啓介《おかだけいすけ》が任命された。同内閣は、対米均勢・軍備自主権の立場に立つ海軍の強硬論に従い、同年十二月ワシントン海軍軍縮条約廃棄（三六〈昭和十一〉年末で失効）通告をおこない、三五年十二月のロンドンでの海軍軍縮会議でも日本は海軍要求に従い軍備対等を主張して米英と対立して翌年一月軍縮会議から脱退した。この結果、ワシントン・ロンドン両軍縮条約は三六年末をもって失効し、以降軍備無条約・大軍拡時代に入ることとなった。

　軍部と右翼勢力は岡田内閣をさらに自己の側に引き寄せるべく、一九三五年二月より、貴族院《きぞくいん》議員で法学者の美濃部達吉《みのべたつきち》の天皇機関説（統治権は法人である国家に属し天皇はその最高の機関として統治権を行使するという国家法人説をいう）を、統治権は絶対無限に天皇に属するという極端な天皇主権説の立場から大々的に攻撃を開始した。美濃部学説は、兵力量の決定は内閣にあるとする憲法解釈の根拠となっていたからである。岡田内閣はこの攻撃に屈し、美濃部は同年九月貴族院議員辞任に追い込まれた。

二・二六事件

　ただし岡田内閣と軍部のあいだには依然として大きなギャップがあった。

　外務省は「満洲国」問題を棚上げとさせたうえで、中国国民政府との関係の正常化を意図していた。他方軍部は華北《かほく》五省（河北・山東《さんとう》・山西《さんせい》・チャハル・綏遠《すいえん》）を中国から分立させようとしていた。その第一歩として一九三五（昭和十）年六月梅津美治郎《うめづよしじろう》支那駐屯軍司令官は中国側代表何応欽《かおうきん》に対し、国民党（中国の支配政党）部と中国中央軍の河北省からの撤退ならびに停戦協定区域を北平《ペイピン》（北京《ペキン》）・天津地域まで拡大する協定を強要した。また関東軍側でも同月、土肥原賢二《どひはらけんじ》奉天特務機関長がチャハル省代表秦徳純《しんとくじゅん》に、同省からの国民党部と中国軍を撤退させる協定を強要した。この二協定は中国での抗日の動きを一層強め、日本の外務省を苦しい立場に追い込んだ。外務省の方針に反発する支那駐屯軍の意見を代表し、新任の多田駿《ただはやお》司令官は同年九月中国政府より独立した華北政権の樹立を声明したのである。さらに進展する中国政府の幣制《へいせい》改革に対抗して分離工作を促進させるため、支那駐屯軍は同年十一月、親日派中国人に河北省東北部に冀東防共《きとうぼうきょう》自治委員会をつくらせ、中央政府からの離脱を宣言させた。

岡田内閣と軍部との不一致は世界経済のブロック化への対処をめぐっても存在した。ブロック化の進行は日本資本主義の長期的将来にとっては不利となり、その改善をはかろうとする政府とブロック化を促進させ、そのためにも中国華北部の資源独占化が必要とする軍部とのあいだの対立が深まっていった。

財政問題でも両者は対立した。高橋蔵相は赤字公債の日銀引受けと円安政策により満洲事変後の軍事費増大要求に対処し、輸出を振興しようとしたが、あくまでも景気回復までの一時的便法と考え、歳入の回復と軍事費・農村対策費の減少によって健全財政に復帰することを基本としていた。また世界経済のブロック化によって輸出の伸びは鈍化し、他方国内の設備投資は輸入を増大させ、為替《かわせ》下落のため、少量の輸入でも多額の外貨支払いを必要としたために、国際収支の破綻を防ぐためには、どうしても軍事費膨張を抑制しなければならなかった。したがって一九三六(昭和十一)年度予算編成では、高橋蔵相と軍部の対立が激化し、蔵相は公債増発を断乎拒否したのである。

軍部全体の岡田内閣への不満は増大していった。その劇的な爆発が一九三六年二月二十六日に発生した軍事クーデタ、いわゆる二・二六事件であった。「満洲国」建国により、そのソ連・内蒙古《もうこ》・中国三カ国に接する長大な国境線を維持するため、満洲事変の直後より国内の陸軍各部隊は「満洲国」永駐を前提としてつぎつぎと同国へ転出していった。そして東京・埼玉・千葉・神奈川・山梨を徴兵区とする第一師団自体もこの三六年に永駐転出することとなった。同師団に所属する東京歩兵第一・第三連隊内の、軍上層部の対政府方針を軟弱だとし、軍事力をもってでも国家改造を断行すべきだとする皇道派の青年将校たちは他の連隊の同志にも呼びかけ、転出する以前に、部下の一四〇〇人の下士官兵を動員してクーデタを決行した。軍の行動を掣肘《せいちゅう》し、統帥権干犯《とうすいけんかんぱん》をおこなっているとした内閣・元老《げんろう》・重臣・軍人を殺害して国家を改造し、軍事政権を樹立することがその目的であった。大蔵大臣高橋是清・内大臣《ないだいじん》斎藤実・陸軍教育総監渡辺錠太郎《わたなべじょうたろう》は殺害され、侍従長《じじゅうちょう》鈴木貫太郎《すずきかんたろう》は重傷を負わされ、殺害目的で首相岡田啓介邸も襲撃されたが、からくも首相は難を逃れた。陸軍首脳部はこのクーデタへの対処をめぐって大きく動揺したが、岡田・斎藤・鈴木の海軍三長老を殺傷された海軍は反徒鎮圧の立場を当初より明確にし、また統帥権の根幹を破壊され、自己の親任・信頼していた部下たちを殺傷され激怒した昭和天皇は反徒鎮圧を厳命し、反乱部隊は帰営し首謀青年将校らは全員捕縛された。

二・二六事件は国内の政治的雰囲気を一変させ、その後の政治展開に決定的影響を与えた。どのレベルの政治家も軍の蹶起《けっき》により殺害されてしまう事態となったのである。他方、軍を批判する政治と政治家を擁護する民衆勢力を既成政治家と政党はすでに弾圧し、自己の背後には誰も存在しなくなっていた。元老・重臣たちは口をつぐんだ。

陸軍は事件への非難をそらすためにも反乱将校を厳刑に処さなければならなかったが、それは「皇道派」という内部の批判グループを根絶する好機ともなった。他方、事件のつくりだした政治的恐怖感を最大限に利用しつつ軍の発言権を飛躍的に増大させた。客観的には、事件は軍要求の障害物を暴力をもってみごとに一掃してくれたのである。

軍部要求への内閣の屈服

岡田内閣倒壊後の広田弘毅《ひろたこうき》内閣(一九三六〈昭和十一〉年三月成立)に対し軍部は組閣人事に全面的に介入し、広田内閣は軍の傀儡《かいらい》的存在として出発させられた。広田内閣の第一の仕事は、五月の陸海軍軍部大臣現役武官制の復活だったのである。また元老・重臣が危険だとしてその就任を阻止しつづけてきた親軍派右翼官僚の代表的人物平沼騏一郎は、この三月、ついに枢密院《すうみついん》議長となった。

軍要求への妨害物が排除されたのを前提に、満洲事変後、極東へソ連軍が増強され、在満兵力の劣位回復をあせっていた陸軍と、海軍軍縮両条約を廃棄させて無条約時代に突入するなか、対米戦を第一目標として海軍軍拡をはかろうとする海軍が計画を調整し、所要兵力算定の基礎となる帝国国防方針の第三次改訂案（一九一八・二三〈大正七・十二〉年の改訂につぐもの）が六月昭和天皇の裁可を得た。主要想定敵国として米・ソを並列し、「東亜大陸 並《ならびに》 西太平洋」を制するに足る所要兵力は、陸軍五〇個師団（在満兵力は最少六個を基幹とする二〇個常設師団とされた）、海軍主力艦一二隻・空母一二隻とされた。当時の陸軍は一七個師団、海軍は主力艦九隻・空母四隻であった。この方針をもとに陸軍では軍拡が開始され、海軍では戦艦大和《やまと》・武蔵《むさし》や空母蒼龍《そうりゅう》・飛龍《ひりゅう》・翔鶴《しょうかく》・瑞鶴《ずいかく》などが続々と建造されていくこととなる。

陸海軍の策定した新帝国国防方針に基づき、八月広田内閣において「外交国防相まって東亜大陸における帝国の地歩を確保すると共に、南方海洋に進出発展する」との「国策の基準」が決定され、この基準を根拠に、馬場鍈一《ばばえいいち》蔵相は軍の予算要求を丸飲みにして、前年度に比し七億三〇〇〇万円も膨張させた一九三七（昭和十二）年度大軍拡予算案を編成し十二月の帝国議会に臨んだ。

「国策の基準」は陸軍の華北分離政策を促進する根拠ともなった。同年八月決定の第二次北支処理要綱は「（北支の）分治政治ノ完成ヲ援助シ該地域ニ確固タル防共親日満ノ地帯ヲ建設セシメ併セテ国防資源ノ獲得 並《ならび》ニ交通施設ノ拡充ニ資」することを明言した。すでに二・二六事件直後の四月には、支那駐屯軍は従来の三倍の総人員約五八〇〇人に増員されていたのである。

陸軍は国際的に孤立化を深めていく日本にとってのあらたな国際的枠組みをつくるうえでも主導的役割をはたした。駐独陸軍武官大島浩《おおしまひろし》がナチス・ドイツのリッベントロップとのあいだで、対ソ戦勃発時、他の締約国はソ連の戦争遂行を助成しないことに関する日独協定の話を進め、この案をもとに、一九三六年十一月、コミンテルンの活動阻止を表面にうたった日独防共協定が成立し、翌三七年十一月、ムッソリーニのイタリアも同協定に加わった。

一九三七年一月、政党の時局認識に怒った陸軍の議会解散要求と解散反対閣僚との板挟みとなった広田内閣は総辞職し、後任首相候補宇垣一成《うがきかずしげ》に組閣の大命がくだったが、軍縮の責任者であり、かつ浜口内閣時の陸相だったことを理由に陸軍は断乎反対の立場をとり、復活させた軍部大臣現役武官制を利用して陸相推挙を拒んで宇垣内閣を流産させた。後任首相となった予備役陸軍大将林銑十郎は立憲政友・立憲民政両党から一人も入閣させない親軍内閣を二月に組閣したが、馬場財政への財界の反発を顧慮して蔵相には財界の信頼のあつい日本興業銀行総裁結城豊太郎《ゆうきとよたろう》をむかえ、予算を削減し増税案を抑制した三七年度予算を可決させたうえで、三月「議会刷新」を理由に議会を解散し、政党を懲罰しようとした。しかし四月の総選挙の結果は林内閣を支持するものではなく、議会と政党を無視しては事態を乗りきれないまま、五月末総辞職する。あらたに六月首相となったのは、軍部からも政界からも財界からもあつい期待を寄せられ、自分自身も満洲事変後の事態を支持し、この非常時を乗りきるため挙国一致内閣的な強力政権をつくる構想をあたためていた、貴族院議長であり華族《かぞく》最高の家柄を背景にもった近衛文麿《このえふみまろ》であった。

中国の抗日統一戦線

しかしながら、「満洲国」を樹立され、日本軍の華北分離工作が進展するなか、中国では抗日を軸に民族が従来みられなかったほどに強固にまとまり始めてきたのである。一九三六(昭和十一)年十一月、関東軍に支援された内蒙古モンゴル族軍隊は綏遠《すいえん》省東部に進出、同月中国軍に大敗した。この勝利は無敗の日本軍を破った最初の勝利とされ、中国民族の抗日意欲をいやがうえにも高揚させるものとなった。続いて十二月には依然として抗日よりも国内統一のための共産党討伐政策を優先させ西安《せいあん》に作戦指導のため乗り込んできた中国国民政府主導者蔣介石《しょうかいせき》が、満洲を追われ中国政府軍のもと同地を守備していた張学良とその軍隊により内戦停止・一致抗日の要求を突きつけられて監禁された。中国共産党は日本帝国主義の侵略に抵抗するためには事件を平和裡に解決すべきだと考え、周恩来《しゅうおんらい》を西安に送って蔣介石の説得にあたり、彼から内戦停止・一致抗日の口頭約束を得たうえで、張学良に説いて彼を南京《ナンキン》に生還させたのである。いわゆる西安事件である。中国国民党はこの結果翌年二月より国共合作・抗日民族統一戦線の方向に組織的に歩み出すこととなった。蔣介石もこれ以外自己の政治生命をいかす道はなくなったのである。

日中戦争の始まり

中国がこれ以上一歩たりとも譲歩しないという強硬姿勢を固めつつあったこの一九三七（昭和十二）年の七月七日、北京郊外の盧溝橋《ろこうきょう》で演習中の支那駐屯軍部隊とチャハル省から移動していた宋哲元《そうてつげん》配下の第二九軍所属部隊のあいだで衝突が発生（盧溝橋事件）し、強気の陸相杉山元《すぎやまはじめ》は内地三個師団（第五・第六・第一〇師団）・朝鮮軍一個師団（第二〇師団）・満洲関東軍二個旅団（第一師団第一旅団と第二師団第一五旅団）の華北派兵を提議し、近衛首相をはじめとする各閣僚は、出兵決定をおこない日本が強硬姿勢を示せば中国側は必ず折れてくるとのまったく誤った見通しのもと、同月十一日陸相提議どおりに閣議決定した。関東軍は「満洲国」に隣接する内蒙古と山西《さんせい》省北部での戦闘を担当する。

日本政府の態度に対し、七月十七日蔣介石は「最後の関頭に直面すれば、国家の生存をはかるため全民族の生命を賭するのみ」との歴史的声明を発して中央軍を華北に派遣し、河北省において全面戦争が開始された。その後日本はさらに華北の戦場に第一四・第一六・第一〇八・第一〇九師団の四個師団を増派した。百番台の二個師団は第八（在満）・第九（上海派兵）師団の留守部隊をもとに予備・後《こう》備役《びえき》兵を召集して一九三七年九月に編成した特設師団である。中国側も八月には中ソ不可侵条約を結んでソ連を味方につけ、同月中国共産党軍を国民革命軍に編入し、九月には中国共産党の合法的地位を認め、軍事力強化をはかった。

七月末よりの華北での大戦争は当然のこととして華中の上海に飛火した。上海で海軍陸戦隊五〇〇〇人が苦境に陥ったため海相米内光政《よないみつまさ》は陸軍部隊派兵を強く要求、八月第三・第一一師団が上海に派遣され中国軍と闘うも苦戦し、九月には第九・第一三（軍縮で廃止、一九三七年九月再編成）・第一〇一（第一師団は北満に派遣されており、留守部隊をもととし三七年九月に編成された特設師団）の三個師団が増派され、上海西方のクリーク地帯で中国軍のトーチカ防禦《ぼうぎょ》部隊と交戦するも戦局は依然として好転せず、十一月五日、第六（華北より転用）・第一八（軍縮で廃止、三七年九月再編成）・第一一四（華北派遣の第一四師団留守部隊をもととし三七年九月に編成された特設師団）の三個師団が杭州《こうしゅう》湾敵前上陸を決行したことにより、この戦場での中国軍の後退がようやく始まった。さらに華北から転出を命じられた第一六師団が十一月十三日、揚子江《ようすこう》上海西方に上陸する。

中国との全面戦争に発展したものの、軍部は一方でアメリカが中立法（戦争当事国には軍需物資を輸出しないとする米国国内法）を適用するのを恐れ中国に対し宣戦布告をおこなわず、他方で全面戦争になったこの戦争を総合指導するため、大元帥《だいげんすい》たる天皇を補佐する最高統帥機関大本営《だいほんえい》を昭和天皇の裁可を受け、一九三七年十一月二十日に皇居内に開設した。常時陸軍参謀総長・海軍軍令部総長が決裁事項を天皇に上奏し、天皇が判断・裁可したものが大本営の決定となる。重要事案に関しては大本営御前《ごぜん》会議にかけられた。本来的権限が軍事戦略と作戦に限られていたにもかかわらず、現役武官のみから構成されるこの大本営が、全面戦争を遂行する以上、当然のことながら軍事・外交・内政の調整と国家戦略の大筋をも決定していくこととなり、政府はその範囲内でしか内政・外交を検討することができなくなった。統帥に国務が従属させられ、議会は審議権を喪失して翼賛《よくさん》議会化し、戦争に批判的な集団と個人は徹底的に弾圧される軍部ファシズムの内実が、この構造を基軸に戦争が進展すればするほど確立されていくのである。大本営設置を受け近衛首相は国務との調整をはかるため大本営政府連絡会議（四四〈昭和十九〉年八月最高戦争指導会議に改組）を設置したが、主導権は軍部が天皇の信任を完全に失う敗戦直前まで一貫して大本営がとりつづけた。

大本営は当初上海戦の勝利をもって戦局終結の機としようと考えていたが、方面軍の強い要請を認めて十二月一日中国国民政府の首都南京攻略を命令、同月十三日南京を陥落させたが、この戦闘と戦後処理の過程で、捕虜の集団殺害・非戦闘員の殺戮《さつりく》などの南京大虐殺事件を引き起こした。だが中国国民政府は首都を重慶《じゅうけい》に移動し、徹底抗戦の姿勢をくずさなかった。

中国戦線の泥沼化

一九三八（昭和十三）年四月、中国軍は徐州《じょしゅう》東北の山東省台児荘《たいじそう》で第一〇師団に対し日本軍が苦戦・退却するほどの猛反攻をかけ、日本側の短期結着の見通しを打ちくだいた。大本営は中国軍の抗戦意志を挫折させるため大軍を南北から徐州に進攻させた。華北からは第五・第一〇・第一四・第一六（南京攻略後ふたたび華北軍に編入）・第一一四師団が、華中より第三・第九・第一三師団が徐州会戦に参加、この会戦での兵力不足を補うため、対ソ戦用に満洲の関東軍に配備されていた第二師団第三旅団および第七師団第一三旅団の二個旅団をも大本営は投入せざるをえなくなった。日本軍は包囲態勢をとったが、中国軍主力は黄河《こうが》堤防を決壊させ西方に後退した。

大本営は中国重慶政府をなんとか追いつめ戦争の早期解決をはかろうと、揚子江中流の重要拠点武《ぶ》漢《かん》三鎮(武昌《ぶしょう》・漢口《かんこう》・漢陽《かんよう》)攻略作戦を八月より開始した。華北からは第三・第一〇・第一三・第一六師団、揚子江にそって第六・第九・第二七(支那駐屯軍が三八年七月師団に改編されたもの)・第一〇一・第一〇六(第六師団の留守部隊をもとに三八年五月に編成された特設師団)師団の九個師団、総計三十余万の大軍がこの作戦に投入され、十月二十七日三鎮は陥落した。また大本営は華南《かなん》の資源を奪い中国側の対外連絡補給路を断つため、同年十月、第五・第一八・第一〇四(第四師団の留守部隊をもとに三八年五月に編成された特設師団)の三個師団をもって武漢三鎮攻略作戦と連動させ広東を攻略した。

この両作戦は日中戦争の年内解決をめざし陸軍総力をあげて実施されたものであったが、中国側の抗戦意識は旺盛でありつづけ、解決の目途はまったくつけることができなかった。中国戦線は延びきり、広大な中国大陸の点と線を確保するにすぎず、三八年末現在の兵力も内地に近衛の一個師団、朝鮮の第一九師団、満洲の関東軍八個師団(第一・第二・第四・第七・第八・第一一・第一二師団と三八年四月に編成された第二三師団)以外の既設・新設師団(既述師団以外では軍縮で廃止され三八年四月再編成された第一五・第一七の二個師団、第一〇・第一六師団の留守部隊をもとに三八年五~六月特設師団として編成された第一一〇・第一一六の二個師団、三七〈昭和十二〉~三八年に新設された第二一・第二二・第二六の三個師団である)はすべて華北・華中・華南の中国戦線に貼りつけられてしまったのである。

翌一九三九(昭和十四)年に入っても中国の前線と占領地では激しい戦闘が続き、開戦以降増大する各師団の戦死傷者を補うべく、続々と召集された補充兵が中国大陸に送り出されつづけた。また中国占領地の治安維持師団として第三二より第四一までの一〇個師団が新設されて大陸に派遣され、さらに一〇〇〇人規模で単独戦闘が可能とされた独立歩兵大隊も数多く中国現地で編成されていったのである。まさに日本軍は泥沼から抜け出せなくなった。

この泥沼からの脱出をはかるため、大本営と近衛内閣は反共親日派の中国国民党副総裁汪兆銘《おうちょうめい》を重慶政府から離脱させ抗戦派陣営を分裂させる工作を進め、汪は一九三八年十二月ハノイに到着、対日和平交渉を蔣介石に呼びかけた。しかしまったく反応がなく、結局汪は四〇(昭和十五)年三月、南京を首都とする傀儡「国民政府」主席に就任せざるをえなくなる。

大本営は分裂工作を進展させる一方、重慶政府の戦意を挫くため、一九三八年十二月より漢口より陸軍爆撃部隊による重慶空襲を開始した。

日中戦争は性格上陸軍主体で遂行されていくが、海軍も開戦以降、その航空隊は上海・南京などに渡洋爆撃をおこない、その後重慶爆撃にも参加、また中国政府支援物資の搬入(＝援蔣ルート)を阻止するため中国全沿海において海上交通遮断作戦を展開し、さらに陸軍と協同して援蔣拠点都市・港湾の閉塞・攻略作戦をおこなっていった。

列強の対立激化と独ソ不可侵条約

日中両国間の全面戦争は、中国に権益をもっていた英米仏など諸国の反日姿勢を固めさせ、中国政府支援政策を強化させていくこととなった。激化する両者間の対立は、一九三九（昭和十四）年六月には日本軍の天津英仏租界《そかい》封鎖事件にまで高まり、英仏支持のアメリカは翌七月、日米通商航海条約の廃棄を通告（通告六カ月後に失効と規定）したのである。

ソ連も、反共を掲げ満洲と中国本土への侵攻を続ける日本に対し極度の警戒体制を国境線全域に張りめぐらしていった。ソ連は一方で一九三五年、それまで権益を有していた北満《ほくまん》鉄道（もとの東支《とうし》鉄道）を「満洲国」に売却し、同国内でのソ日紛争の種をなくしていた。しかし、他方アムール川中流の乾岔子《カンチャーズ》島の領土帰属をめぐっては一九三七（昭和十二）年六月日本軍とのあいだで武力衝突を起こし、日中戦争開始後の三八（昭和十三）年七月にはソ連と朝鮮・「満洲国」の国境が合する張鼓《ちょうこ》峰《ほう》においては、羅南《らなん》の第一九師団と激戦を展開、三九年五月からの「満洲国」・モンゴル（三六〈昭和十一〉年三月モンゴル・ソ連間に相互援助議定書締結）国境線のノモンハン紛争では、八月ソ連軍が関東軍に重戦車部隊をもって猛攻撃をかけ、関東軍第二三師団は壊滅させられた。いわゆるノモンハン事件である。

一九三一（昭和六）年九月満洲事変以降の日本の侵略行為に鼓舞されたイタリアは三六年五月、エチオピアを侵略して同国を併合し、ドイツもまた三八年三月オーストリアを併合、さらに翌三九年三月にはチェコに侵攻して自国に併合してしまった。ナチス・ドイツのつぎの侵略対象がポーランドとなることはここに明白となり、チェコ問題で裏切られた英仏両国は対独姿勢を硬化させた。ヒトラーは中欧侵略を進めるうえでは対ソ・対英仏の二正面作戦は不利と判断し、三八年段階よりイタリア・日本両国に対し、対象をソ連のみならず一般的に第三国とする三国間の軍事同盟条約締結を働きかけ、イタリアとのあいだには三九年五月独伊軍事同盟が結ばれた。しかしドイツと英仏が開戦した場合、自動的に対英仏戦争に巻き込まれる事態は回避し対ソ戦に限るべきだとする外務省・海軍省とナチス・ドイツ全面支援の陸軍とが対立、この争いも含め嫌気のさしてきた近衛は三九年一月に辞任し、平沼元枢密院議長が首相となった。ドイツは煮えきらない日本の態度に見切りをつけ、他方ソ連は、英仏両国は自国とドイツ双方の国力をたがいに弱化させるため自国をドイツに反目させているとの疑惑をいだき、ここに八月二十三日、ポーランド東部のソ連領編入をも密約した独ソ不可侵条約が劇的なかたちで締結されたのである。独ソ条約など想像もできなかった陸軍の面目は丸潰れとなり、平沼内閣は対独同盟交渉を打ちきり、八月末総辞職した。

統制経済の進展

全面戦争になることが明白となった一九三七(昭和十二)年九月、民間重要軍需工場の管理権を陸海軍に与える工場事業場管理令、設備資金貸付をすべて政府の許可事業とし、軍需産業のみに豊富な資金供給を可能とする臨時資金調整法、主要物資の輸出入を統制・制限し、輸入品やこれを原料とする製品の生産・配給・使用・消費などを統制する輸出入品等臨時措置法が制定された。また同月成立した臨時軍事費特別会計法により、軍事費は一般会計とは別枠とされ、全期間が一会計年度となり、この法律により軍事費は軍の要求するまま計上されることとなった。翌三八(昭和十三)年四月には国家《こっか》総動員法《そうどういんほう》が公布され、政府は戦時に国力を最大限発揮させるため、労務・物資・貿易・資本・施設・物価・出版などすべての面において統制が可能となり、しかも必要に応じ勅令をもって関係法規を制定できるようになった。帝国憲法の生命ともいえる議会の予算・法令審議権は有名無実となり、執行権力の独裁化が確立した。労働力に関しては三九(昭和十四)年七月国民徴用令《ちょうようれい》が発せられ、「総動員業務」遂行のため必要とされる人員が徴用できることとなった。軍需産業への物資の吸収と輸入制限により発生する生活物資の値上りと欠乏、軍拡インフレ予算による物価上昇に対しては、三九年十月価格等統制令が出され、また早くも三八年三月、綿糸配給統制規則によって製造業者などへの割当切符制度が始まったが、これが四〇(昭和十五)年十一月からの砂糖とマッチの切符制、四一(昭和十六)年四月からの米穀配給制などへと発展していくのである。四二(昭和十七)年には標語「欲しがりません勝つまでは」が国民に浸透させられる。

総力戦としての日中戦争は、一方で戦時経済体制の確立を要求し、他方で戦争協力への徹底した国民総動員体制の確立を要請した。開戦直後から映画の巻頭には「挙国一致」「銃後《じゅうご》を護れ」などのタイトルが挿入され、国民には出征兵士の歓送・戦没者慰霊祭・神社参拝・家ごとの国旗掲揚などが要求された。この運動を方向づけるため、まず一九三七年十月、内閣外郭団体国民精神総動員中央連盟が組織され、続いて三九年三月には首相管理下の国民総動員委員会がつくられ、さらに四〇年四月には首相を会長とする国民精神総動員本部が、地方には府県知事を本部長とする地方組織が設置されていくのである。

戦争への国民動員は同時に非同調者の徹底した排除なしには成功しない。開戦直後の一九三七年十二月、反ファッショ勢力として活動していた日本無産党《にほんむさんとう》と日本労働組合全国評議会の関係者四〇〇人が警察に検挙され、両組織は解散させられた。いわゆる人民戦線事件である。翌年二月には、この事件にかかわったとの理由で大内兵衛《おおうちひょうえ》・美濃部亮吉《みのべりょうきち》らの学者が検挙された。

欧州大戦と三国軍事同盟

一九三九(昭和十四)年九月一日、ナチス・ドイツのポーランド侵入に対し、同月三日英仏両国は対独宣戦布告をおこない、ここに欧州大戦が開始した。平沼内閣総辞職のあとを継ぎ陸軍予備役大将阿部信行《あべのぶゆき》が組閣した阿部内閣も、翌年一月、同内閣を継いだ海軍大将米内光政内閣もともに欧州大戦不介入の立場をとりつつ、大戦勃発を好機として英仏による香港《ホンコン》・ビルマ・仏印など経由の援蔣ルートを閉鎖させ、中国重慶政府の屈服をはかろうとした。しかし欧州大戦の急速で予想外の展開がこの方針を変更させた。

ドイツはポーランドの無条件降伏後しばらく対英仏軍事攻勢に出なかったが、一九四〇(昭和十五)年四月、突如電撃作戦によりデンマークとノルウェーを席巻したのち、五月にはオランダ・ベルギーを降伏させ、六月初頭英仏軍三〇万人をダンケルクに追いつめ、六月フランスのペタン政権に休戦協定を調印させ、北仏一帯を軍事占領し、七月からイギリスを屈服させるべく、ロンドン大空襲を開始した。イタリアも六月英仏に宣戦布告をおこない、同月、同国占領地エチオピアから英領ケニアに侵入、九月には同国植民地リビアから英国保護国エジプトへ侵入する。

ナチス・ドイツの大戦果と独伊枢軸の膨張政策は日本陸軍をはじめとする枢軸派の人びとを驚愕させ羨望させた。空襲下の大英帝国はいつ倒れるかわからない、フランスは降伏し同国のインドシナ(仏印)支配はまったく弱体化した、オランダ領東インド(蘭印)はロンドン亡命政府支配下にあるとはいえ、抵抗力のほどは知れたものだ。このまま座視しているとドイツ勢力が東南アジアにまでおよんでくる。世界最強のドイツと同盟し中国のみならず東南アジアにまで日本の勢力圏を拡大しなければならないとの考え方が強くなった。「バスに乗り遅れるな」が彼らの合言葉となる。

この政治方向の結集核になったのが枢密院議長近衛文麿だった。国際情勢の好機に乗じ「高度国防国家」を建設し、「国民政治力」を結集するため一大新党をつくることを計画した近衛は、六月議長を辞して運動に挺身する決意を表明し、軍や枢軸派は一国一党的親軍党結成の動きとして歓迎、七月以降各政党は解党して近衛新体制運動になだれこみ、十月大政翼賛会《たいせいよくさんかい》が組織される。陸軍は近衛をかついで彼らの狙いを実現させようと、畑俊六《はたしゅんろく》陸相を辞職させて後任陸相の推薦を拒み、七月米内内閣を倒した。この結果同月近衛内閣が成立し、近衛首相は陸相に東条英機を、外相には以前より一貫した対外強硬論者で陸軍に人気のあった松岡洋右《まつおかようすけ》をすえたのである。

近衛内閣成立直後の七月下旬、日本は大本営政府連絡会議で「時局処理要綱」を決定した。すなわち日本は日中戦争が終了しない場合でも独伊との結合を強化して南方に進出し、状況によっては武力行使をも辞せず、相手は英国に限定することにつとめるが、対米開戦への準備も極力整えるとしたのである。この決定をもとに八月、松岡外相は、一九三八(昭和十三)年十一月以降の日本を軸とした「日満支」国際構想、すなわち「東亜新秩序」にかえ、日本民族の使命として仏印・蘭印をも含む「大東亜共栄圏《だいとうあきょうえいけん》」構築構想を打ち出した。そして九月、新国策の第一の実践として援蔣ルート遮断を名目に北部仏印に第五師団ほかが進駐した。

ドイツの勝利に眩惑された陸軍や近衛首相・松岡外相らは日独伊枢軸三カ国の軍事同盟と団結の誇示が崩壊寸前の英国の抵抗力を弱め、アメリカ国民の孤立主義的志向を増大させ、イギリスに味方してのアメリカ参戦を阻止するのだとの、まったく誤った見通しをいだいていた。そしてこの見通しのもとに、海軍の承諾を取りつけ九月二十七日、三国がヨーロッパ・アジアでの新秩序建設と指導的地位を認めあい(条約で日本は「日満支」・仏印・蘭印・タイ・マレー・ビルマなどを自己の「生存圏」とした)、アメリカから攻撃された場合の相互援助を約束する日独伊三国軍事同盟条約を締結したのである。

だが、三国同盟は枢軸国側の恫喝《どうかつ》とみなした英米の結束を強化させ、同月には米英防衛協定が結ばれ、十月にはイギリスは七月以降日本の要請を入れ一時中断した援蔣ビルマルートを再開、アメリカは七月航空用ガソリンの、九月には屑鉄の対日輸出を禁止し、さらに東南アジア共同防衛に関する米英蘭三国の緊密な協議体制がつくられていった。

三国軍事同盟の結成はまた、対独戦での英仏大敗以降、内部に動揺をきたしていた中国重慶政府に抗日戦勝利の最終的見通しをいだかせることにもなった。重慶政府の動揺をにらみ、中国民族に抗日戦遂行意欲を高めさせるため、中国共産党軍(八路軍《はちろぐん》)はこの八月、山西・河北両省を占領する日本軍に対し、多大の犠牲をはらいつつ百団大戦と称される大攻勢を開始していたのである。

「南進のため武力行使をも辞せず」との基本方針を実現させるため、松岡外相は一九四一(昭和十六)年四月、モスクワでソ連と日ソ中立条約を締結した。当時ドイツはソ連侵攻の大準備を極秘裡に進めており、三月外相がベルリンを訪問した際は、独ソ関係の悪化を匂わせつつ、米国参戦を阻止することになると日本軍のシンガポール攻撃を執拗に要請したのである。

この段階では、アメリカは独日両枢軸国との両面戦争にはいまだ準備不足と考え、アメリカの欧州大戦参戦の際、日本が三国軍事同盟発動せずと保障するならば譲歩しようという態度をとっていた。

独ソ開戦

しかし一九四一(昭和十六)年六月二十二日に勃発したドイツの対ソ全面侵攻によって世界の軍事情勢は急変した。ソ連の参戦によりイギリスの軍事負担は激減し、アメリカの世界政局での地位は格段に強化された。米英はともにソ連に軍事援助を開始した。枢軸国体制に対する米英ソ中の連合国体制がここに築かれた。八月米英は暴力をもって奪われた諸国の主権回復、ナチス・ドイツ暴虐の最終的破壊、侵略国の非武装化・軍縮という戦争目的を明確にした「大西洋憲章」を発表、ソ連の参戦とともに米英両国は大戦勝利の見通しに確信をもつことができた。アメリカはもはや対日態度の緩和を必要と認めなくなり、日米交渉は日本側の全面的譲歩以外に成立しなくなってしまったのである。

しかし軍部と近衛内閣は、独ソ戦開始に枢軸側の敗北の始まりをみることができず、逆にドイツの勝利を信じ、対ソ戦を南進の好機ととらえた。七月二日天皇臨席の大本営政府連絡会議は、(1)独ソ戦が日本に有利に進展すれば武力を行使して北方問題を解決する、(2)南方進出のため対米英戦を辞せずとの「帝国国策要綱」を決定、この決定を受け大本営は同月上旬第一・第八・第九・第一〇・第一一・第一二・第一四・第二三・第二四・第二五・第二八・第二九・第五一・第五七の一四個師団、独立守備隊・国境守備隊・戦車団・野戦重砲兵連隊・重砲兵連隊・飛行集団など、七〇万人といわれる大軍を未曽有の大動員をもって満洲に集結させた。いわゆる関東軍特種演習(関特演《かんとくえん》)である。しかし独ソ戦は軍部の予想どおりには進まず、八月に入り年度内の北方武力発動計画は中止された。他方南方進出計画もただちに実行に移され、七月二十八日南部仏印を軍事占領した。この進駐により日本軍は米軍拠点のマニラと英軍拠点のシンガポールを海空から一撃しうる戦略要地を確保したのである。

米英に宣戦布告

日本軍の南部仏印進駐に米英蘭はただちに国内日本資産の凍結をおこない、一九四一(昭和十六)年八月にはアメリカは輸入のうちの五分の四をあおいでいた石油の対日輸出を全面的に禁止した。この措置は海軍を中心に対米強硬論を急速に高まらせることとなった。経済断交のまま交渉を続け、はてにアメリカから最終的要求を突きつけられた場合、石油欠乏から全面的屈服になるのはたえられない、との軍部圧力のもと、九月六日の天皇臨席の大本営政府連絡会議は、「十月上旬に至るも尚我要求を貫徹しうる目途なき場合は直ちに対米(英蘭)開戦を決意す」との「国策遂行要領」を決定した。アメリカは仏印と中国からの撤兵を要求、陸海軍両統帥部長と東条英機陸相は強硬態度を持し、陸相は交渉打切りを主張、閣内不一致の理由で近衛内閣は総辞職し、陸相兼任のまま東条英機が首相に任命された。十一月五日の天皇臨席の大本営政府連絡会議は、十一月末までに交渉が成立しなければ、十二月初めを期して武力発動に移るとの新「国策遂行要領」を決定するが、日米両国の交渉案にはあまりの懸隔があったままだった。結局十二月一日の天皇臨席の大本営政府連絡会議は、米国案は、(1)日本軍の中国・仏印よりの全面撤退、(2)「満洲国」の否認、(3)南京国民政府の否認、(4)三国同盟の死文化を要求しており、到底受諾しえずと、ここに「米英蘭ニ対シ開戦ス」と決定した。日本は交渉がまとまらなければ、それをそのままに放置しつぎの機会を待つこともせず、トルコやスペインのように大戦末まで中立を堅持して国家を完《まっと》うすることもせず、ひたすらナチス・ドイツの勝利を信じつつ、対米英蘭戦争に突入してしまったのである。

一九四一年十二月八日、日本海軍は、南方作戦終了まで米太平洋艦隊が来攻するのを阻止すべく、ハワイ真珠湾《しんじゅわん》にある艦隊基地を奇襲攻撃し、同日日本陸軍は航空部隊の協力のもとマレー半島東岸に上陸するとともにフィリピン攻撃を開始、さらに上海はじめ中国各地の各国租界に軍を進駐させた。十二月八日の日本国天皇の名による対米英宣戦布告に連動し、十一日独伊両国は三国軍事同盟に基づいて対米宣戦布告をおこない、欧州大戦は一挙に世界大戦に拡大した。

一九四二年の戦局

日本軍は一九四一(昭和十六)年十二月下旬に英国租借地香港を、四二(昭和十七)年一月にマニラを、二月にシンガポールを陥落させ、三月には石油資源をはじめ最大の攻撃目標であった蘭印を防禦する連合軍を降伏させ、五月にはフィリピンとビルマ全域を占領した。緒戦勝利の一因は、東南アジアには連合軍の精鋭な大兵力が駐屯しておらず、決戦が起こらなかったからである。

南方作戦という第一段階を終了させた軍部は、第二段階として、既占領地域の外郭での戦略地点を制圧することによって防衛体制強化をはかる外郭要地作戦を計画した。しかし日本海軍が初動作戦として主力をあげて取り組んだ一九四二年六月上旬のミッドウェー島攻略作戦は、アメリカ機動部隊の奇襲により連合艦隊機動部隊の空母四隻(加賀《かが》・赤城《あかぎ》・蒼龍・飛龍)と三〇〇機以上の艦載機、優秀な海軍パイロット多数を失うという大敗北となった。防空戦闘機・対空直衛艦準備の軽視、大艦巨砲主義固執という日本海軍の戦略的欠陥が露呈された。空母勢力の著減は制空権の喪失となり、したがって制海権も保つことができなくなっていく。この敗北のため大本営は七月、つぎの予定作戦を中止せざるをえなくなった。

日本海軍が飛行場を建設中のソロモン諸島のガダルカナル島に米軍は八月初旬より大攻勢をかけ、日本海軍は十一月まで五回の海戦を闘ったが、建設中の飛行場を占領され制空権を失ったため夜戦に頼らざるをえず、空母一隻(龍驤《りゅうじょう》)を失い、さらに十月より米軍はレーダー使用を開始し、海軍はこの戦いで八〇〇機以上を喪失、海軍の強い要請を受けた陸軍も奪還支援のため第二師団(中国→満洲→ジャワ)と第三八師団(一九三九〈昭和十四〉年六月編成、香港→ジャワ)ほか三万有余の兵力を投入するも、米軍地上火力は日本軍のそれと隔絶しており、三次にわたる総攻撃もすべて失敗し、ついに同年十二月大本営は奪還作戦中止を決定したが、補給杜絶のため、日本軍死者二万人のうち病餓死者は一万五〇〇〇人に達した。

日本陸軍は開戦当初、南方占領作戦終了後は、その戦果を利用して重慶政府屈服に乗り出そうと考

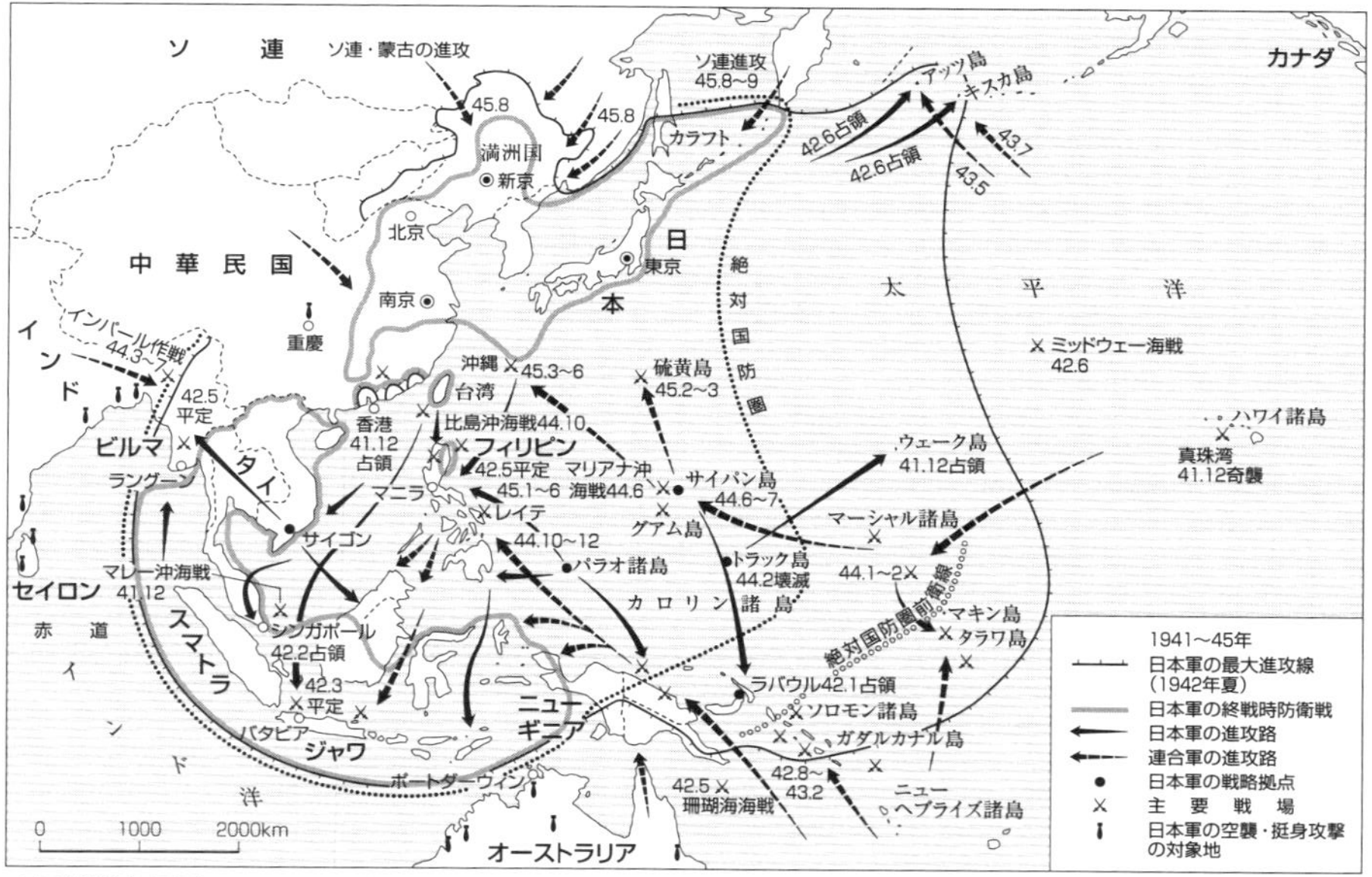

太平洋戦争要図　日本軍最大進攻線の外側の重慶・インド・オーストラリアにも日本軍は空襲をおこなっている。

えていたが、一九四二年四月、米爆撃機が日本東方海上の空母より発進、東京爆撃後中国華中の飛行場に逃避したため、陸軍は浙江《せっこう》・江西《こうせい》両省の中国軍飛行場を攻略するなど、中国戦線での軍事行動もまた西南太平洋戦線の動向と結びついていった。そして、四二年十二月、大本営は西南太平洋での戦局の深刻化を踏まえ、準備してきた重慶攻略作戦を中止し、これ以降中国戦線は太平洋戦争の第二義的戦線に変化し、同戦線から南方へつぎつぎと師団が抽出転用されていった。かわって空白となる中国戦線には装備・兵力の劣る新造部隊が国内より派遣されることとなる。

太平洋戦線の悪化

ガダルカナル島を攻略したアメリカを中心とする連合軍は、一九四三(昭和十八)年より四四(昭和十九)年にかけ、西南太平洋・中部太平洋・ビルマの三方面より攻勢を展開した。第二次世界大戦そのものも、四三年二月、独ソ戦の最大の山場スターリングラード攻防戦においてドイツ軍が降伏したことにより、大きな転換をむかえていたのである。

西南太平洋戦線では海軍航空勢力の精鋭すべてを集中して根拠地トラック島からラバウルに進出、作戦を指揮していた連合艦隊司令長官山本五十六《やまもといそろく》がソロモン諸島最北端ブーゲンヴィル島に飛行中、一九四三年四月米機に迎撃され戦死し、同年十一月、連合軍はブーゲンヴィル島に上陸、ついで四四年二月にはビスマルク諸島西端のアドミラルティ諸島に達し連合艦隊根拠地トラック島を空爆可能とした。海軍はラバウル方面の基地航空兵力を引き上げ、ラバウルを死地におかざるをえなくなった。また連合軍は日本軍の占領していたニューギニア島全北岸にも攻勢をかけ、四四年五月には同島西北端のビアク島に上陸、飛行場をつくることによってフィリピン全域を爆撃できるようになったのである。

中部太平洋戦線では一九四三年五月、米軍はアリューシャン列島のアッツ島を、十一月にはギルバード諸島のマキン・タラワ両島を、四四年二月にはマーシャル諸島を攻略、日本軍守備隊（主体は海軍陸戦隊）はつぎつぎと全滅させられていった。そしてこの四四年二月、米軍はカロリン諸島のトラック島にある日本海軍連合艦隊根拠地を猛空爆し、制空権を握るや艦砲射撃までおこなった。損失飛行機三〇〇機以上。連合艦隊司令部は空襲直前に西方のパラオに移動したが、そこも三月米艦載機延べ一一〇〇機の来襲を受け、山本後任の司令長官古賀峯一《こがみねいち》とその幕僚はフィリピンに向け空路退避中事故死した。

戦局の予想外の悪化に対し、東条首相兼陸相はこの二月、参謀総長を兼任、嶋田繁太郎《しまだしげたろう》海相に軍令部総長をかねさせて、異例のかたちで軍政・統帥の一致をはかろうとし、また大本営は同月よりこれまで極東ソ連軍を釘づけにし、対独戦線への転進を阻止するため配備してきた在満陸軍精鋭部隊を中部太平洋方面をはじめとする南方に転用し始めた。関特演当時在満師団では、まずこの二月、第一四師団をパラオ諸島地区、第二九師団をマリアナ諸島地区へ、続いて第一師団をレイテ島へ、第八・第一〇・第二三の三個師団をルソン島へ、第九・第一二の二個師団を台湾へ、第二四師団を沖縄へ、さらに本土決戦用として第一一・第二五・第五七の三個師団を内地へ移動させていったのである。なお関特演直後中国戦線に移った第五一師団は、一九四二(昭和十七)年十一月ニューギニア戦線軍に編入され、翌四三年二月ラバウルより同島東北部ラエに航行中、敵艦攻撃により師団主力はダンピール海峡で海没した。

一九四四年六月、米軍は本格的にサイパン・テニアン・グアムなどのマリアナ諸島の攻略に着手し、戦勢挽回をはかる連合艦隊(司令長官豊田副武《とよだそえむ》)は米機動艦隊捕捉撃滅をねらいマリアナ沖で決戦をいどんだ。しかし基地航空部隊が壊滅していたままの海軍艦載機は待ち受けていた米軍機のため、ほとんど撃墜され航空兵力の主力を失い、また空母三隻(翔鶴・飛鷹《ひよう》・大鳳《たいほう》)が撃沈され、制空権・制海権は完全に米軍の握るところとなった。海と空の支援がまったくないまま、七月七日サイパンの、八月二日テニアンの、同月十一日グアムの日本軍は全滅した。サイパン陥落の責任を負って東条内閣は七月十八日総辞職し、彼の戦争指導を危惧した重臣たちは東条の再任を拒み、朝鮮総督・予備役陸軍大将小磯国昭《こいそくにあき》を推薦、ここに小磯内閣が成立した。マリアナ諸島を攻略したことによって米軍は日本本土爆撃が可能となり、十一月二十四日、マリアナ基地から飛び立ったB29は東京を初爆撃する。六〜八月のマリアナ諸島攻略に続き九月米軍はパラオ諸島攻撃を開始し、十月ペリリュー・アンガウル両島の日本軍は全滅した。

ビルマ・中国戦線の悪化

ビルマ方面軍（第一五軍・第二八軍・第三三軍と九個師団を支配下においていた）が担当するビルマ戦線でも、一九四四（昭和十九）年に入ると英国軍が北部ビルマと西海岸に進出、雲南《うんなん》省からは米軍に訓練・補給された重慶政府軍が南下してきた。牟田口廉也《むたぐちれんや》第一五軍司令官は敵の反攻拠点を覆滅させる必要があると、四四年三月、強引・無謀にインド北東端のインパール攻略作戦を開始した。だが、補給をまったく無視し、飛行機・戦車・重砲で装備されているイギリス・インド軍に対し軽火力装備のみをもっての攻撃では勝てるはずがなかったが、大本営が作戦失敗を認め作戦中止を命じたのはようやく七月四日になってからであった。作戦参加一〇万人中、死者三万人、戦傷病者四万五〇〇〇人にのぼった。

泥沼の中国戦線には依然として日本陸軍の大部隊を配備せざるをえなかった。二六個師団（敗戦時の数）と数多《あまた》の独立混成旅団・独立歩兵旅団・独立警備隊は華北・華中・華南の全戦線と占領地域で重慶政府軍・八路軍・中共系の新四軍、そして無数の抗日ゲリラとの戦闘を日夜継続していた。さらに一九四三（昭和十八）年十一月より強まった重慶政府下の米空軍（四四年六月からは、九州にも来襲し始めた）活動を封じ込めるための空軍基地覆滅と中国大陸南北の鉄道輸送大動脈を確保する目的をもって、四四年四月より大本営は大陸打通《だつう》作戦を開始するが、長距離重爆撃機B29は四川《しせん》省から発進しうるため、その目的は実現できなかった。逆に中国での制空権も米軍が握るようになった。

海上輸送路破壊さる

ところで戦時下の日本の軍需工業は中国や南方からの物資輸送を前提に成立していたが、連合軍はこの輸送・補給を完封することを戦略目標とした。在港中の輸送船団を一挙に撃沈することも含めた飛行機による空爆、ならびに潜水艦による魚雷《ぎょらい》攻撃がその目的を実現した。日本船舶の喪失は一九四四(昭和十九)年に入ると月平均二二万トンにまで達した。輸送の杜絶は製鉄・造船・飛行機生産など、あらゆる軍需生産部門に深刻に影響し、石油の不足は日本海軍の航行や搭乗員の訓練飛行をも日増に困難にさせていった。さらに資材不足で飛行機が生産できず、飛行機の護衛がないので輸送船がますます撃沈されるという悪循環を拡大していった。

フィリピン戦線の惨状

西南太平洋から北上した米軍と中部太平洋から西進した米軍は、フィリピンにおいて一九四四(昭和十九)年九月に合流、その狙いをレイテ島に定め、十月二十日大軍を上陸させた。連合艦隊はレイテ湾の米艦隊に決戦をいどんだが、戦艦三(武蔵・扶桑《ふそう》・山城《やましろ》)・空母四(瑞鳳《ずいほう》・千歳《ちとせ》・千代田《ちよだ》・瑞鶴)ほかを撃沈され、参加艦艇の六割を失い、これ以降海上決戦の戦闘力を完全に喪失した。パイロットに特攻《とっこう》を命じたのはこの海戦からである。レイテ島の日本陸軍はほとんど飛行機の支援もないまま、圧倒的火力をもつ米軍と果敢に闘ったが、十二月七日、背後のオルモックに米軍が上陸したため戦線は崩壊し、米軍と抗日ゲリラのため壊滅させられた。八万四〇〇〇人の日本軍のうち、じつに八万人が戦死し、セブ島に転戦した少数者を除き敗戦の当日、ただ一人の日本兵もレイテ島には生存してはいなかった。さらに米軍は四五(昭和二十)年一月ルソン島に上陸、日本軍は北部山岳地帯に逃げ込み、敗戦まで米軍ならびに抗日ゲリラと戦闘を続けた。フィリピン全域にわたっての日本軍戦死者は三七万人にものぼった。

本土空襲と沖縄戦

米軍は日本本州への空襲を確実なものとするためつぎの攻略目標を硫黄島《いおうとう》においた。マリアナ基地から出撃するB29の不時着時や護衛戦闘機の基地としての戦略要地だったからである。一九四五(昭和二十)年二月徹底的な砲爆撃ののち、六万人の軍隊が上陸、日本軍も地下陣地を利用しての徹底抗戦ののち、三月中旬二万人の守備隊が全滅した。硫黄島の攻略は米軍の本州大空襲を本格的なものとした。当初は高高度より軍事施設や軍需工場を対象に精密爆撃をおこなっていたが、四五年三月九～十日のB29三三四機による東京大空襲は、夜間低高度、市街人口密集地帯を対象に焼夷弾《しょういだん》の絨緞《じゅうたん》爆撃をおこなった第一回の大空襲であり、一夜のうちに八万四〇〇〇人の東京都民(四三〈昭和十八〉年に都制施行)が殺された。それ以降、各地の大都市、続いて中小都市と、一〇〇以上の都市が米機空襲によって焼かれ、市民が殺されていった。

連合軍（沖縄戦には英機動部隊も参加した）は四月一日より沖縄本島に上陸、飛行場を占領し、陸・海・空からの猛攻を開始した。大本営は沖縄戦を本土決戦体制を整える時間稼ぎの作戦と位置づけ、同時に国内に厭戦気分の高まっているのを憂慮し、沖縄で連合軍に大打撃を与え、できれば戦争を終結に導く糸口をみつけたいと期待していた。特攻機は連日九州の基地より沖縄に飛び立ち、戻ってはこなかった。豊田連合艦隊司令長官は戦艦大和以下一〇隻をもって海上特攻隊を編成し、四月五日成算ゼロの沖縄突入出撃命令をくだした。同月七日十四時二十三分、大和は二〇〇機以上の艦載機の反復猛攻撃にさらされ、九州西南方においてなんらなすすべなく沈没させられ、二五〇〇人が艦と運命をともにした。一〇万人の沖縄本島守備隊は制海権・制空権のまったくないまま島民を巻き込んで持久戦をおこなうほかなく、本島南部は完全な廃墟となり、六月二十三日牛島満《うしじまみつる》沖縄守備司令官が自決、六万五〇〇〇人の守備隊員が戦死し、しかも約一〇万人の島民も戦闘の道づれとされて殺された。本土決戦で予想される地獄図絵が沖縄では現実のものとなったのである。

日本の敗戦

第二次世界大戦の終末を見通すことができるようになった一九四五（昭和二十）年二月、連合軍を構成する米英ソ三国首脳がソ連クリミア半島のヤルタで会談をおこない、アメリカは対日戦での米軍の犠牲の増大を憂慮して、ソ連の対日参戦を求め、スターリンはドイツ降伏二〜三カ月後のソ連参戦を約束した。四月三十日ヒトラーは自殺し、五月七日、ナチス・ドイツは連合国に対し無条件降伏をおこなった。

しかし、七月十六日のアメリカの原子爆弾実験の成功により、アメリカは対日政策を変更した。極東での戦後政治を見通す場合にはソ連参戦前に日本を降伏させるほうが自国に有利であり、その決定的武器として、アメリカは原爆使用を決意した。

米英ソ三国首脳が戦後処理問題につきポツダムで会談中の七月二十六日、ソ連になんら相談することなく、日本に宣戦している米英中三国元首の名をもって対日降伏勧告が発せられた(ポツダム宣言)。その条件として、⑴軍国主義の除去、⑵連合国軍による日本占領、⑶日本領土の縮小、⑷日本軍の武装解除と復員、⑸戦争犯罪人の厳罰と言論・宗教・思想の自由ならびに基本的人権の尊重、⑹賠償支払いと軍事産業の禁止を掲げ、最後に「全日本軍隊の無条件降伏」を要求した。小磯にかわって四月より首相となった鈴木貫太郎や外相東郷茂徳《とうごうしげのり》は七月十七日の最高戦争指導会議で受諾やむなしと主張したが、統帥部が反対してなんら決定できず、二十八日、軍部の要求に従い首相は、ポツダム宣言黙殺・戦争邁進を声明した。

この「黙殺」がアメリカには拒否と受け取られ、それを口実として八月六日朝八時十五分、広島に原爆が投下され、一瞬のうちに広島市を壊滅させ、一五万人の市民を殺戮(十二月までの数値)した。原爆投下はソ連の対日参戦を早めさせた。参戦とひきかえにヤルタ会談で約束されたところの日露《にちろ》戦争によって失ったロシア権益の回復などを獲得するためには、日本降伏以前に参戦しなければならなかったのである。八月九日ソ連軍は国境をこえ満洲への侵入を開始し、ソ連の参戦（このことによりソ連はポツダム宣言の呼びかけ国に加わった）は日本の戦争継続意志を打ちくだいた。同じ九日、長崎にも原爆が投下され八万人の市民を殺戮した（十二月までの数値）。この九日、昭和天皇臨席の最高戦争指導会議が開かれ、天皇は国家統治の大権を変更しないとの了解つきでポツダム宣言を受諾するとの外相案をとり、さらに十四日、最高戦争指導会議と閣僚を天皇自らが召集するという異例のかたちでの御前会議が開かれ、天皇の再度の裁断により降伏が決定した。国民に対する発言は、八月十五日正午、天皇自らがラジオ放送することによっておこなわれた。

5 文化の大衆化とファシズム

大衆社会の胎動

第一次世界大戦から一九三〇年代の初めにかけ大都市部では今日のあり方の基本がつくられていった。東京を例にとると、山手線《やまのてせん》が環状運転を開始するのが一九二五（大正十四）年、渋谷《しぶや》・新宿《しんじゅく》・高田馬場《たかだのばば》・池袋《いけぶくろ》などに郊外電車が接続し、郊外の開発が進むのも、上野・成田《なりた》間の京成《けいせい》電車が開通するのも二六(昭和元)年であるように、二〇年代から三〇年代の初めのことであった。また二七(昭和二)年には上野・浅草《あさくさ》間に最初の地下鉄が開通した。さらに江戸期から明治期に幾度となく東京の下町を大水害におとしいれた荒川《あらかわ》・隅田川《すみだがわ》の抜本的治水のため、二四(大正十三)年荒川放水路が完成した。このような都市としての東京の拡大により、三二(昭和七)年、五郡・八二町村を合併して大東京市が成立した。

他方、全国各地方での電灯の普及は一九一〇年代から二〇年代にかけてのことであり、大正の初め公共機関間を結ぶものとして出発した地方の電話もその後しだいに広まっていった。地方都市での水道普及は一九一〇年代である。バスは大正初期から地方の都市部より広がっていき、二〇年代後半から三〇年代には農村部の隅々までを結ぶようになり、荷物運送にはトラックが三〇年代には荷馬車とならんで担うようになる。大都市部でタクシーが盛んになるのは二〇年代である。一般民衆の生活と労働の足として自転車が日本のあらゆるところに広がっていくのもこの二〇年代後半のことである。服装では女子教員の洋装開始が二〇年代後半、ゴム靴・運動靴・カバン・ブリキ製筆箱・クレヨン・消しゴムの使用も二〇年代のことであった。

文化の大衆化の現れは、一九二四年、『大阪朝日』と『大阪毎日』の二新聞の発行部数が一〇〇万部を突破したことにもうかがえる。明治時代大衆的読物としては講談師の講談速記録があったが、二〇年代からは長谷川伸《はせがわしん》・子母沢寛《しもざわかん》・吉川英治《よしかわえいじ》・大佛次郎《おさらぎじろう》らの大衆小説家が活躍する時代となった。知

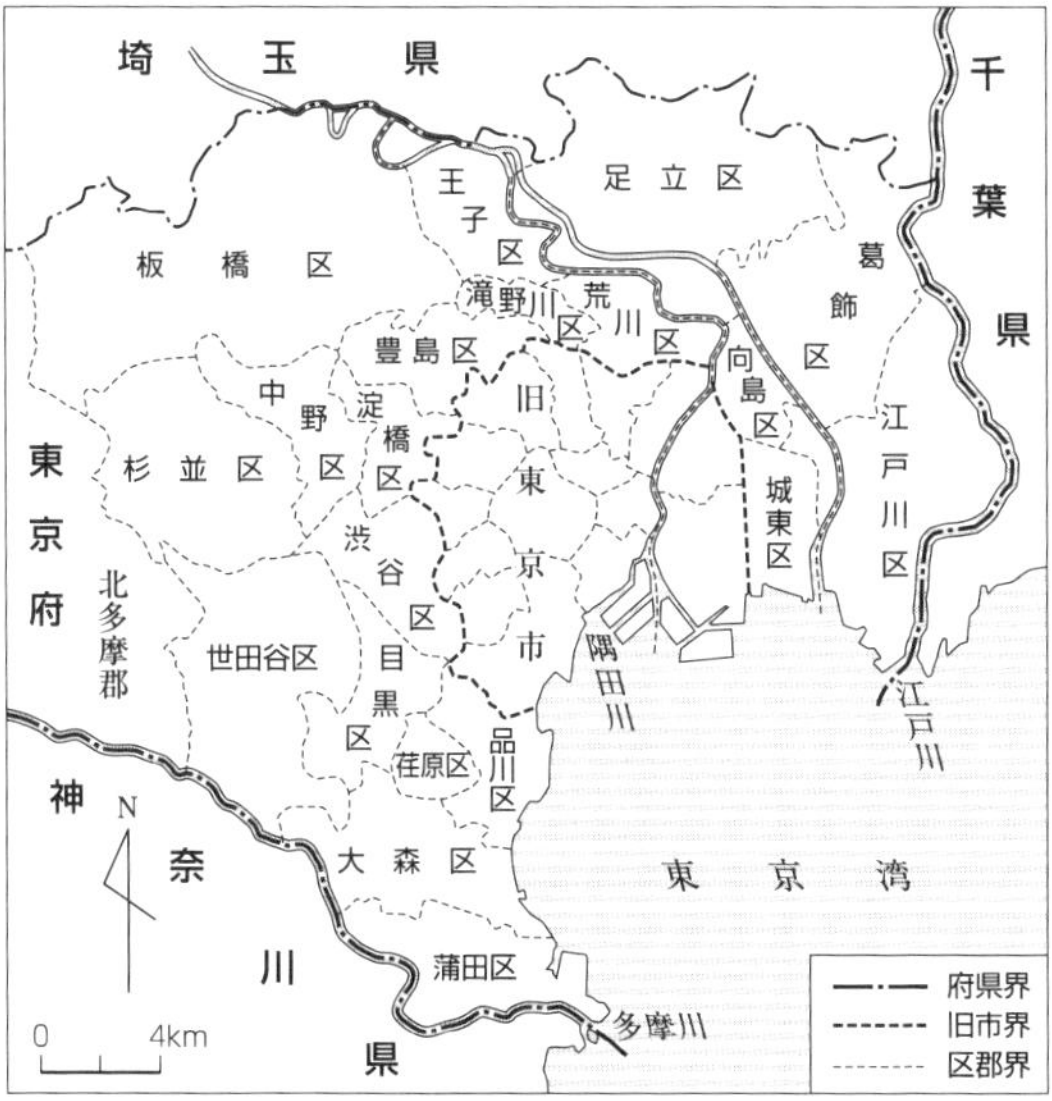

大東京区域図　区の合併はその後戦後にかけておこなわれる。東京府が東京都にかわるのは1943(昭和18)年である。

識人レベルの文学では、個性主義・自由主義・人道主義を掲げて一〇(明治四十三)年に創刊された雑誌『白樺《しらかば》』が関東大震災で廃刊になったのは象徴的な出来事であった。ヒューマニズムと社会運動が結びつきプロレタリア文学が盛んになってきたのである。純文学でも二六年改造社《かいぞうしゃ》が一冊一円で予約をとった大衆的な『現代日本文学全集』(円《えん》本《ぽん》)がよく売れ、翌二七年には岩波文庫《いわなみぶんこ》が刊行され始めた。社会科学的文献としては、一六(大正五)年の河上肇《かわかみはじめ》『貧乏物語』が日本社会の貧困問題を正面に取り上げ、二五年細井和喜蔵《ほそいわきぞう》の『女工哀史《じょこうあいし》』が紡績女工の劣悪な労働状況を明らかにした。マルクス主義の立場から地主《じぬし》制・天皇制と結びついた日本資本主義の形成の特質と現状を解明した『日本資本主義発達史講座』全七巻は三二〜三三(昭和七〜八)年に岩波書店から刊行された。

歌謡分野では一九一〇年代からは北原白秋《きたはらはくしゅう》・野口雨情《のぐちうじょう》らが童謡をつくり、それらはレコードによって広められた。レコード技術も二〇年代半ばには、それまでのラッパ吹込みからマイクロホン吹込みに進化し、録音される音質が革命的なまでに改善され音楽の大衆化を加速した。またはやる流行歌はすぐに映画化され普及していったのもこの時期の特徴であった。映画は二〇年代までは無声だったが、三一(昭和六)年の『マダムと女房』からは本格的なトーキー映画に移行し、映画俳優は国民的スターとなった。ただし映画は同時的・集団的鑑賞という特徴をもっており、ファシズム期には思想統制や戦意高揚に最大限に利用されるようになっていった。

ラジオは、一九二六年日本放送協会が設立され、二八(昭和三)年全国放送網が完成したころから全国的に急速に普及していき、三二年には聴取契約数が一〇〇万をこえるようになったが、逓信省《ていしんしょう》は放送禁止命令・番組検閲・放送中の遮断などの権限を有しており、国家的統制と宣伝の道具としてファシズム期に十二分に利用されることとなる。

ファシズムと抑圧

軍部ファシズムの進展のなかで指導理念を明らかにするため、文部省は一九三七(昭和十二)年『国《こく》体《たい》の本義《ほんぎ》』を作成し、さらに大東亜共栄圏《だいとうあきょうえいけん》建設のための国民の心得を説いた『臣民《しんみん》の道』を四一(昭和十六)年につくった。国の方針に違反しているとみなされた学者は容赦なく迫害された。東京帝国大学の矢内原忠雄《やないはらただお》は、その著作『帝国主義下の台湾』が反戦的だとされて三七年大学を追われ、翌三八(昭和十三)年には東京帝国大学の河合栄治郎《かわいえいじろう》の著作『ファシズム批判』が発禁とされ、四〇(昭和十五)年には早稲田大学の津田左右吉《つだそうきち》が記紀神話の歴史的研究が攻撃されて大学を追われ、著作が発禁とされたのである。

戦争が拡大するにつれ思想統制はさらに厳しくなり、一九四一年には治安維持法《ちあんいじほう》が改悪され、刑期満了後も拘禁《こうきん》できる予防拘禁制が追加された。しかも軍部は厳しい報道統制をおこない、国民に真実を知らせなかった。

戦線の拡大によって現役兵・予備役《よびえき》兵・後備役《こうびえき》兵のみならず補充兵もつぎつぎと召集され戦線に送られたが、銃後《じゅうご》の労働力不足を補うため、一九三九(昭和十四)年には国家総動員法《こっかそうどういんほう》に基づき勅令で国民徴用令《ちょうようれい》が制定され、労働組合は解体され、四〇年には労使一体で戦争に協力する大日本産業報国会が結成され、さらに中等学校以上の男女学徒も学業を放棄させられて軍需《ぐんじゅ》工場に動員されていった。それでも労働力が不足したため、朝鮮から七〇万人以上の朝鮮人が、中国から四万人の中国人が日本に強制連行され、鉱山や土木工事などに日本人以下の劣悪な労働条件で働かされた。

食糧も不足の一途をたどり、政府は一九四〇年より、農家に対し自家保有米を除く全量を統制価格で供出することを強制した。さらに国内だけでは食糧が確保できないため、朝鮮や満洲《まんしゅう》から食糧が大量に日本に移送され、現地の食糧事情を日本以上に悪化させた。他方中国をはじめ東南アジア各地の日本占領軍は食糧の現地調達主義をとったため、現地の反日感情をさらに強める要因となった。

生活必需品が欠乏し値上りが激しくなったため、一九四〇年から砂糖とマッチが切符制となり、続いてほとんどの物資が配給制となり、四五(昭和二十)年には大多数の国民は飢餓線上に立たされた。

一九三一(昭和六)年より四五年敗戦までの日本人(一九四〇年現在の人口は七三一一万人、植民地の朝鮮二二〇〇万人・台湾五八七万人である)の戦争・空襲・原爆などによる犠牲者数は三一〇万人にのぼったが、侵略を受けた諸国は、中国の一〇〇〇万人をはじめフィリピンの一〇〇万人など、きわめて多くの老若男女が犠牲となった。大量虐殺事件も三二(昭和七)年の平頂山《へいちょうざん》(満洲)事件、三七年の南京《ナンキン》虐殺、四一〜四三(昭和十六〜十八)年の華北《かほく》での三光《さんこう》作戦、四二(昭和十七)年のシンガポール華人虐殺、四五年のマニラ虐殺などにみられるように各地で発生した。

日中戦争の開始は、朝鮮・台湾の植民地統治のあり方を変えさせ、皇民化政策の名のもと、創氏改《そうしかい》名《めい》や神社参拝など完全な同化政策が強行され、また続発する日本兵の暴行事件対策として、三八年より軍は各部隊に慰安所《いあんじょ》を設置する方針をとり、業者を指導・監督したため、朝鮮や台湾から多くの女性が従軍慰安婦《じゅうぐんいあんふ》としてつれられていった。

第十一章　敗戦から経済大国へ

1　占領下の日本

日本の降伏

一九四五(昭和二十)年八月三十日、連合国軍最高司令官マッカーサーが厚木《あつぎ》に到着し、九月二日東京湾上のミズーリ号艦上で、天皇と日本政府を代表して外相重光葵《しげみつまもる》が、大本営《だいほんえい》を代表して参謀総長梅津美治郎《うめづよしじろう》がポツダム宣言を発した米国・英国・中華民国《ちゅうかみんこく》・ソ連の四連合国に対する降伏文書に調印した。四連合国および日本と戦争状態にある他の連合国を代表してマッカーサーが受諾の署名をし、別に米・英・中・ソ・オーストラリア・カナダ・フランス・オランダ・ニュージーランドの九代表が署名した。日本はこの降伏文書において、(1)ポツダム宣言条項の受諾と誠実な履行、(2)連合国への日本軍隊の無条件降伏、(3)天皇と日本国政府の国家統治権限を連合国軍最高司令官の制限下におくこと

厚木に到着したマッカーサー
1945(昭和20)年8月30日，連合国軍最高司令官マッカーサーが来日し，日本占領が開始された。

などを約束した。降伏後の日本は米軍の軍事占領下におかれた。そのうち、北緯三〇度線以南の沖縄をはじめとする南西諸島では、米軍による直接軍政がしかれ、日本本土では、各地に設置された米軍軍政部（一部英国軍が占領に参加）の指導・監督のもと日本の国家機構が行政を展開する間接占領のかたちがとられた。

　アメリカはこの間接占領において、一方では日本の民主化・非武装化・基本的人権の確立・軍国主義の根絶と戦争犯罪人の処罰などのポツダム宣言の履行を意図し、他方では、アメリカの脅威にならず、アメリカの政治的・経済的目的を支持する日本政府の創出をねらった。そのためにも占領軍批判は厳禁され、原子爆弾被害の実態を明らかにすることは禁圧された。

　連合軍の強力な指導により、軍部ファシズムを支えていた諸法規と機構は、十月には国防保安法《こくぼうほあんほう》・軍機保護法《ぐんきほごほう》・治安維持法《ちあんいじほう》の廃止、参謀本部・軍令部という陸海統帥《とうすい》機関の解体、十一月には治安警察《ちあんけいさつ》法《ほう》の廃止、十二月には陸海軍省の解体と国家総動員法《こっかそうどういんほう》の廃止というように、矢継ぎ早に消滅させられていった。

社会運動の高揚

戦時下で徹底的に抑圧されていた各種の社会運動は、軍国主義の解体と同時に空前の高揚期をむかえた。労働運動は日本の植民地から解放された在日朝鮮人・中国人労働者によって開始され、生活防衛と労働する職場の民主化を目的とした日本人労働者の運動がそれに続き、一九四六(昭和二十一)年末には約五〇〇万人の労働者を労働組合が組織するまでに成長した。

また日本の半封建的社会構造を支えてきた地主《じぬし》・小作《こさく》関係を解体すべく、一九四六年二月には日本農民組合が結成され、翌年までに一三〇万人の組合員を組織化し、農地改革を下から推進する原動力に成長した。

都市の民衆運動も空前の盛上りを示したが、それは当然のことであった。物価は一九三四～三六(昭和九～十一)年を一〇〇とすれば、四六年六月には一六三二という急激なインフレ状況に民衆は直面させられた。また四五(昭和二十)年は人員不足・肥料不足・生産手段不足もその要因となって明治末年以来の大凶作となり、インフレを加速させた。他方、戦時下の軍需工場からの労働者の解雇、七〇〇万人の復員軍人、一五〇万人の海外からの引揚者などにより、失業者は一〇〇〇万人をこえたのである。このような客観的な前提のもと、各都市では食糧要求運動や隠匿《いんとく》物資《ぶっし》摘発《てきはつ》闘争が広く展開していった。そして、労働運動・農民運動・都市民衆運動の各分野では、二〇～三〇年代の社会運動の活動家たちがその第一線に立つこととなった。

戦後改革への取組み

アメリカ占領軍は、ポツダム宣言の完全実施という連合国の総意を履行するためにも、国内の各種社会運動に対応するためにも、日本の戦前的構造を改変する諸施策(=「戦後改革」)をつぎつぎと実行していった。

第一に、戦前の天皇主権を根拠づけていた神権主義的イデオロギーから天皇と皇室を離脱させねばならなかった。占領軍の指示により、自分は神話と伝説による「現御神《あきつみかみ》」ではない、とする昭和天皇の人間宣言(=「新日本建設ニ関スル詔書《しょうしょ》」)が一九四六(昭和二十一)年一月一日に発せられた。絶対天皇制から象徴天皇制への転化がここに開始した。それは天皇を戦争責任者として裁くべきだとする連合国内部からの強い要求にもかかわらず、アメリカが昭和天皇を戦犯リストから除外しようとするかぎり、どうしてもなさなければならない措置でもあったのである。

第二に、戦争に積極的にかかわった日本人は公職から追放された。その数は戦争犯罪人、職業軍人、国家主義団体の有力者、大政翼賛会《たいせいよくさんかい》などの有力分子、さらに地方政界・言論界・経済界の関係者など、二〇万人以上となった。この結果、戦後第一回の衆議院《しゅうぎいん》総選挙において新人が八一%も当選するという事態を生み、戦前的政治体制からの切断が相当程度なされることにもなった。

日本国憲法の制定

第三が新憲法の制定である。マッカーサーは、一九四六(昭和二十一)年一月二十九日、北緯三〇度以南の南西諸島への日本行政権を停止する措置をとったうえで、二月三日、(1)天皇を象徴的元首とすること、(2)自衛を含む戦争の放棄、(3)封建的条項の廃止の三原則に基づいた新憲法の作成を指示した。この第二項は、日本の侵略により多大の戦争被害をこうむった中国をはじめとする諸国家・諸民族への日本の身のあかしを示す機能をも内包するものであった。その具体化に際しては、民権運動時、日本人が構想した各種の憲法案が参照された。

間接統治下にある以上、形式的には大日本帝国憲法の廃止と日本国憲法の制定は議会の審議と決定という手続きをとった。一九四六年六月、議会に改正案が上程され、十月衆議院・貴族院《きぞくいん》での審議が終了し、十一月三日、日本国憲法が公布され、四七(昭和二十二)年五月三日より施行された。新憲法の骨子は、(1)天皇主権にかわる国民主権と議院内閣制、(2)戦争放棄・軍備不保持の平和主義、(3)基本的人権および生存権・労働基本権などの社会的人権の保障であった。国民の圧倒的多数が新憲法を支持した。

第四が労働組合法の制定である。一九四五(昭和二十)年十二月、団結権・団体交渉権・ストライキ権の労働三権を保障する労働組合法が成立し、四七年四月には、八時間労働制、男女同一労働同一賃金、労働最低年齢十五歳制、婦人・少年時間外労働の制限、災害保障などを規定した労働基準法がつくられた。アメリカ側には、これにより、戦前日本資本主義の国際的競争力を支えてきた低賃金構造の土台となっていた前近代的労資関係を解体する意図も存在していた。

農地改革と財閥解体

　第五が農地改革の断行である。一九四六（昭和二十一）年十月、抜本的な農地改革法が成立したことにより、内地平均一町歩、北海道四町歩以上の地主所有地に関しては、国が強制的に買収し、小作人に優先的に売却されることとなった。この結果、五〇（昭和二十五）年には、小作地は一〇％までに減少した。アメリカ側は、この改革によって、都市部の急進的運動に対抗しうる穏健な農民層を創出する意図をも有していた。

　第六が半封建的地主制とともに戦前の軍国主義的・侵略主義的日本帝国の経済的基礎をつくっていたと考えられた財閥による寡頭《かとう》経済独占体制の解体（＝財閥解体）である。一九四五（昭和二十）年十一月には、三井《みつい》・三菱《みつびし》・住友《すみとも》・安田《やすだ》の四大財閥の財産・権利の移転が禁止されたのを皮切りに、四七（昭和二十二）年九月までに持株《もちかぶ》会社四三社が解体され、さらに四七年十二月の過度経済力集中排除法により、日本製鉄《にほんせいてつ》・王子製紙《おうじせいし》・三菱重工業《みつびしじゅうこうぎょう》などの大企業が分割された。他方、その復活を阻止するため、四七年四月私的独占禁止法（独禁法）がつくられて、持株会社やカルテル・シンジケートの結成が禁止され、同法の実施機関として公正取引委員会が設けられた。

第七が地方自治の確立である。戦前の地方行政は知事は官選であったように、すべて強力な内務《ないむ》省《しょう》が指導する体制がしかれ、日本の中央集権体制を支えるものでしかなかった。その旧体制を抜本的に変えた地方自治法が一九四七年四月に制定され、その結果、都道府県知事は選挙によって選出されることとなった。

第八が男女平等の法的保障である。旧民法中の戸主《こしゅ》家族制度と家督《かとく》制度が廃止され、また妻の無能力者規定が削除されて寡婦《かふ》の相続権が認められ、結婚は両性の合意によってのみ成立することとなった。戦前から婦人運動の要求に掲げられていた婦人参政権も一九四五年十二月の衆議院議員選挙法改正で認められたことにより、翌四六年四月の衆議院総選挙では三九人の女性議員が誕生した。

第九が学問と教育体制の自由化と民主化である。戦前・戦中に、その学問的立場から不当に大学から追放された東京帝国大学の大内兵衛《おおうちひょうえ》・矢内原忠雄《やないはらただお》、京都帝国大学の滝川幸辰《たきがわゆきとき》、九州帝国大学の向《さき》坂逸郎《さかいつろう》、東北帝国大学の服部英太郎《はっとりえいたろう》、東京商科大学の大塚金之助《おおつかきんのすけ》らの学者が大学に復帰し、平泉澄《ひらいずみきよし》らの戦争協力者は大学から去っていった。男女平等の原則に基づき、一九四五年十二月には大学が女子に対しても開放され、また高等女学校と男子中学校間の教育水準も対等なものになった。四七年三月には教育分野での新憲法と称された教育基本法が制定され、個人の尊厳を重んじ、真理と平和を希求する人間の養成こそが教育の目的であることが明確化された。戦前的な教育体制の抜本的改革のなかで、教育の機会均等、男女共学、戦前の複線型教育システムにかわっての六・三・三・四制の単線型システムの導入、義務教育九年制、新制中学校の創設などが実施されていった。他方、戦前国家主義教育の最終的依拠基準となっていた教育勅語《きょういくちょくご》は、一九四八(昭和二十三)年六月、国会において失効決議がなされたのである。

第一〇が、戦前・戦中、神権天皇制をイデオロギー的に根拠づけ、信仰の自由を抑圧する根源となっていた国家神道《こっかしんとう》体制の解体である。一九四五年十二月、国家による神社支配システムを廃棄する国教分離指令が発せられ、神社神道に対する政府の保障・支援・監督・弘布が廃止され、神社も他の宗教法人と同様の宗教法人となった。別の角度からみれば国家の狭い方針と政策に左右されない民族宗教として発展する基礎がここにすえられたこととなる。

第一一が、戦争犯罪者に対する極東国際軍事裁判の実施である。日本政府も一九四五年九月二日の降伏文書において、「一切の戦争犯罪者に対しては厳重な処罰を加」えるとしたポツダム宣言の「条項を誠実に履行すること」を約束していた。戦争犯罪者は、戦争の計画・準備・開始・実行に参加した平和に対する犯罪(A級)、通常の戦争犯罪(B級)、人道に対する犯罪(C級)の三種に分類され、A級戦犯は東京で、B・C級戦犯は中国をはじめとする各国の機関において裁判された。A級裁判は四八年十一月に終了し、東条英機《とうじょうひでき》ら七人に死刑、一六人に終身禁錮《きんこ》、二人に有期刑の判決がくだった。

戦後直後、社会運動の高揚するなかで、おのずと米国占領軍の政治姿勢も日本国民の前に明白なものとなった。賃上げを要求する全国労働組合共同闘争委員会指導の一九四七年の二・一ゼネラルストライキに対し、連合国軍総司令部は前日の一月三十一日、その中止を命じ、労働運動に対してはけっして彼らの考える一線をこえさせないという強硬姿勢を示したのである。他方、時の吉田茂《よしだしげる》内閣では政局を安定化させ、経済再建の基礎を固めるには不適切と判断し、吉田内閣に総選挙実施を指示した。これは五月三日に新憲法が施行されることとも関連してのことであった。四月には地方自治法施行にともなう選挙もおこなわれるため、三月三十一日には第一回府県知事・市区町村長選挙、四月二十日には第一回参議院《さんぎいん》選挙、二十五日には第二三回衆議院選挙が立て続けにおこなわれ、衆参とも社《しゃ》会党《かいとう》が第一党となり、ここに社会党党首片山哲《かたやまてつ》が首相となる社会党・民主党《みんしゅとう》・国民協同党《こくみんきょうどうとう》三党連立内閣が誕生した。

米ソ対立の始まり

ところで、日本の政局は世界情勢と不可分離に進展せざるをえなかった。大戦勝利によりソ連が東欧に進出し、資本主義大国アメリカと社会主義大国ソ連が相争う冷戦時代が大戦後に到来した。当初西ヨーロッパが対立の焦点となった。一九四七(昭和二十二)年五月、アメリカは仏・伊両国政府に共《きょう》産党員《さんとう》閣僚の追放を要求して実行させ、翌六月には西欧の資本主義的復興をはかるマーシャル・プランを発表、ソ連はそれに対抗して同年十月、東欧・仏・伊各国の共産党を統制するコミンフォルムを組織、四九(昭和二十四)年四月にはソ連に軍事的に対抗する北大西洋条約機構(NATO、米・加・

英・仏・伊ほかが加盟)が設立された。

この世界的動向は東アジアにも波及した。大戦直後、アメリカは蔣介石《しょうかいせき》の国民党が指導する中華民国を戦略要地とみなしていたが、中共軍を壊滅して中国の支配をはかる国民党軍が内戦反対を求める中国民衆の運動と中共軍の反攻に敗北するなか、一九四八(昭和二十三)年十月、中共軍が満洲《まんしゅう》の長春《ちょうしゅん》を解放、翌年一月には北京《ペキン》と天津《てんしん》に入城した。日本植民地支配から解放された朝鮮でも、朝鮮統一を願う民衆の意向に反して冷戦構造のなかに組み込まれ、四八年八月、アメリカの支援のもと南部に大韓民国が成立し、翌九月ソ連の支援のもと、朝鮮民主主義人民共和国が北部に成立した。中国では国民党の腐敗に中国民衆の支持は完全に離れ、四九年四月、中共軍は揚子江《ようすこう》渡河作戦を決行、中国を統一した同年十月、中国共産党が指導する中華人民共和国が樹立され、蔣介石と国民党軍は台湾に逃げ込んだ。またベトナムでは日本敗戦直後の四五(昭和二十)年八月、インドシナ共産党党首ホーチミンと統一戦線組織であるベトナム独立同盟が主導する八月革命により、ベトナム民主共和国が樹立されれ、その後再植民地化をはかる仏軍とのあいだで戦闘が続き、五〇(昭和二十五)年段階では国土の八〇%を自己の支配地域とするようになっていた。

占領政策の転換

このような東アジア情勢のなか、アメリカは日本を本格的な戦略拠点に転化することが必要となった。直接軍政下の沖縄では、一九四九(昭和二十四)年七月ころより永久的基地の建設が始まった。間接統治下の日本本土に対しても、四八(昭和二十三)年一月、ロイヤル陸軍長官が演説のなかで「全体主義的戦争の脅威に対する妨害物としての日本」の建設を求めたように、占領政策は大きく転換されることとなった。その柱は、⑴公職追放の緩和、⑵行政責任の大幅な日本政府への移行、⑶均衡予算と民間企業の育成による経済復興の実現であった。四七(昭和二十二)年五月〜四八年二月の片山内閣、四八年三月〜十月の芦田均《あしだひとし》内閣という二期の中間内閣ののちに成立した保守主義の第二次吉田茂内閣がこの課題を実現することとなった。アメリカは四八年十二月、日本政府に対し経費節減・徴税強化・信用拡張制限などの、超引締めとデフレ政策、飢餓輸出的な輸出拡大による経済復興などを柱とする「経済安定九原則」を指示し、この方針を忠実に具体化した四九年度予算は超均衡予算の編成がなされ、補助金廃止、低賃金・低米価・重税体系の強化、輸出拡大のための一ドル＝三六〇円の単一為替《かわせ》レートの設定がそれと連動した施策となった。当然のことながら、デフレ・金づまり・滞貨・倒産・人員整理などが必然的な結果となった。公共部門の人員削減も国鉄で九万五〇〇〇人というように、大規模にならざるをえなかった。国鉄労組の反対闘争を打ちくだいたのは、四九年七・八月、立て続けに発生し、当時共産党員の犯行と報道された下山《しもやま》事件・三鷹《みたか》事件・松川《まつかわ》事件などの、今日まで真相不明のままの怪事件であった。

朝鮮戦争と講和条約

一九五〇(昭和二十五)年六月二十五日、よく準備された北朝鮮軍は大韓民国内に侵入した。東アジアでの社会主義勢力の成長、韓国内の反米・南北統一運動の高揚を踏まえ、またアメリカの軍事介入なしと判断し、武力による南部「解放」をはかったのである。しかしアメリカの対応は敏速だった。当時ソ連は中華人民共和国の国連加盟不承認に抗議し拒否権を発動しうる安全保障理事会に欠席していた結果、マッカーサーが国連軍最高司令官に任命され、駐日米軍四個師団すべてが朝鮮の前線に出動、同年九月には北朝鮮軍の背後を突いて仁川《じんせん》《インチョン》に奇襲上陸し、北朝鮮軍を最北部にまで追いつめた。同年十月、北朝鮮軍を支援すべく中華人民共和国軍が鴨緑江《おうりょくこう》《アムノッカン》を渡河、南方に米軍主体の国連軍を押し戻し、五一(昭和二十六)年三月以降は三八度線付近で戦線は膠着状態となった。休戦協定が成立するのが五三(昭和二十八)年七月のことである。

日本は朝鮮戦争の勃発とともに国連軍の兵站《へいたん》基地となり、物資とサービスの軍需を一手に引き受ける立場となり、勃発までの厳しいデフレと不況状況から脱却することができた。第一次世界大戦時の「大戦景気」と同一の状況が出現したのである(=「朝鮮特需」)。

アメリカは朝鮮戦争期、日本に対し、戦争の後方支援国家とするため二つの対策をとった。ひとつは反共体制の強化である。冷戦激化により勃発以前から反共体制は強まっており、一九五〇年六月六日には、マッカーサーは日本共産党中央委員会を解散させ、中央委員全員を追放する指令を発したが、八月には戦争反対・平和擁護を掲げて闘っている全国労働組合連絡協議会を解散させた。またマッカーサーの指令のもと、共産党員ないし支持者とみなされた一万一〇〇〇人の人びとが、職場を追われた(=レッド・パージ)。あとひとつは、在日米軍が皆無となった日本の治安維持と軍備再建のための警察予備隊七万五〇〇〇人の創設指令(五〇年七月)である。この目的実現のため、五〇年十月、一万人が公職追放を解除され、翌十一月には旧軍人として三〇〇〇余人の人びとがはじめて追放を解除された。警察予備隊の幹部要員確保のためである。

朝鮮戦争はまた、日本の占領解除と独立の方向性を加速するものとなった。敗戦直後は、当然米英中ソなどの連合国全体に対する全面講和による日本の独立が誰によっても考えられていたが、冷戦の激化にともない、アメリカの極東戦略体制下に日本を編入するかたちの単独講和構想が具体化されていった。朝鮮戦争勃発直後の五〇年九月、アメリカのトルーマン大統領は、日本占領管理のための最高政策決定機関である極東委員会(第一回会合は一九四六〈昭和二十一〉年二月)構成各国(米・英・中・ソ・加・豪・ニュージーランド・フィリピン・インド)に、沖縄・小笠原《おがさわら》の長期占領と講和後の米軍日本駐留を骨子とする対日講和原則案を送付した。ソ連の反対を無視することは既定のことであったが、イギリスは台湾政府ではなく中華人民共和国を参加させるべきだとしたため、米英は両国ともに講和会議に参加させないことで妥協し、一九五一年九月、米英両国の共同提案の形式をとり、サンフランシスコで対日講和会議が開催された。

同月八日調印された対日講和条約（一九五二〈昭和二十七〉年四月二十八日発効）において、日本の独立を承認するためにつけられた条件・制約は、(1)千島《ちしま》列島に対するすべての権利の放棄、(2)北緯二九度以南の沖縄・小笠原諸島のアメリカへの委任、(3)特定の連合国と日本との協定による外国軍隊の駐留などであった。招請されなかった台湾の国民党政府とのあいだに日本は五二年四月二十八日、日華《にっか》平和条約を締結し、同国を中国を代表する国家として認めた結果、日本は中華人民共和国と敵対的関係をとることとなった。ソ連は会議に出席したが調印を拒否したため、ソ連との国交樹立は先延ばしとされた。条約内容に反対するインドは会議に出席しなかったため、五二年六月、日印《にちいん》平和条約が締結された。

2　五五年体制の成立

日本の独立と日米安保条約

サンフランシスコ講和条約により、沖縄にはアメリカの統治権が依然として認められ、その支配下に一九五二（昭和二十七）年四月一日、琉球《りゅうきゅう》政府が発足した。だが、行政主席と副主席は米国政府の任命制であり、またアメリカは、必要な場合には「琉球における全権限」を自ら行使する権利を留保する、との枠内の政府であった。激化する冷戦下、五三(昭和二十八)年四月、アメリカは土地収用令を発して沖縄の軍事基地拡大をはかり、反対は島ぐるみの闘争となっていった。

米軍の日本駐留を可能にするため、講和条約調印と同日の一九五一(昭和二十六)年九月八日、日米間で日米安全保障条約が調印された。日本政府は本条約により、(1)米の陸海空三軍が日本に駐留すること、(2)米軍は極東《きょくとう》の「平和と安全の維持」のため出動できること、(3)米軍は日本の内乱鎮圧に出動できること、を承認した。安保条約の具体的運用のため、五二年二月二十八日、日米行政協定が調印され、基地の提供(基地は特定されず、いわゆる「全土基地方式」がとられた)、米軍人に対する旅券・査証の免除、米軍人家族に対する外国人登録の免除、米軍人とその家族の犯罪はアメリカが専属的裁判権を有することなどを日本政府は承認した。

アメリカは一九五一年十月、自国と軍事同盟を結んでいる各国の軍備増加とその支援をはかるため、相互安全保障法(Mutual Security Act)を成立させており、その締結を日本にも働きかけた結果、五四(昭和二十九)年三月、日米相互防衛援助協定ほか三協定(いわゆるMSA協定)が調印された。この協定により、日本は援助を受ける条件として自国の軍備増強をアメリカに約束し、MSA協定に従い両国間の軍事機密を守るため、同年六月、秘密保護法が制定された。

この日米軍事同盟の展開のなかで、当初は治安機関的性格を有していた警察予備隊《けいさつよびたい》は一九五二年七月、保安隊に改編され、五四年六月には防衛庁《ぼうえいちょう》が設置されるにいたり、翌七月、「直接侵略および間接侵略からの防衛を任務とする」自衛隊《じえいたい》が発足する。

逆コースの動き

単独講和と日米安保条約締結により日本の独立をむかえた吉田茂《よしだしげる》内閣が第一におこなわなければならなかったのは、国内治安法規の制定であった。独立までは米軍の武装力と憲法以上の権限を有した連合国軍最高司令官指令下の諸法規（当初「ポツダム勅令」と、新憲法施行後は「ポツダム政令」と呼ばれていた）が、占領軍の意向に従わない諸運動を弾圧していた。冷戦体制が国内にも貫徹してきた一九四九（昭和二十四）年四月、左翼系諸団体の結成・指導の禁止、解散、公職追放などを可能とする団体等規正令が制定され、機能していたが、独立によって失効したため、それにかわるものとして「暴力主義的破壊活動に対する破壊活動防止法」（＝破防法）が反対運動を押しきり、五二（昭和二十七）年七月に成立した。同月、破防法に根拠づけられた調査機関として公安調査庁が法務省の外局として発足する。

占領下、アメリカの制度を模して編成された地方分権的な自治体警察を廃止して、都道府県警察へ一本化し、中央組織として警察庁を設置する改正警察法が一九五四（昭和二十九）年六月、国会内で乱闘事件まで引き起こすなかで成立した。

占領下、アメリカの制度にならい、教育の地方分権と民主化をはかるために設置された各自治体の教育委員会（委員は公選により選出され、教育予算の編成権をもつ）制度は、国家の教育政策の展開に障害となっていたため、一九五六（昭和三十一）年六月、教育委員会委員を任命制とし、委員会の権限を削減する新教育委員会法が、国会に警官隊を導入するなかで成立した。

占領下、戦前的な中央集権的地方制度は地方分権的なものに改変されたが、一九五二年八月には自治庁（六〇〈昭和三十五〉年七月自治省に昇格）が発足して中央政府の監督が強化され始め、同庁の指導のもと、財政基盤をかためるとの理由をもって、五三（昭和二十八）年九月成立の町村合併促進法（三年間の時限立法）を梃子《てこ》に、一八九〇（明治二十三）年前後の町村合併に匹敵する大規模な町村合併と広域行政化が全国規模で実現されていった。

以上みたような動きは、政治構造を戦前的なものに戻そうとするものであったことから、当時「逆コース」と呼ばれた。

吉田内閣から鳩山内閣へ

ところで、占領から独立への転換の過程で、政党のあり方も大きく変化していった。占領期の保守体制は、占領軍と太いパイプを有していた元外交官の吉田茂が中核となってつくられていた。彼は政党人としての経歴をもっていなかったこともあり、自分のまわりに池田勇人《いけだはやと》（元大蔵官僚）や佐藤栄作《さとうえいさく》（元運輸官僚）などの高級官僚出身の政治家を結集し、政治を動かしていた。しかし戦前からの有力政治家で閣僚経験者の鳩山一郎《はとやまいちろう》が一九五一(昭和二十六)年八月、公職追放を解除されて政界に復帰、吉田首相と対抗し始め、五三(昭和二十八)年二月、衆議院委員会で質問者に吉田首相が「バカヤロー」と暴言をはいたため、三月内閣不信任案が国会に上程、鳩山派議員が賛成にまわったため国会は解散(「バカヤロー解散」)され、四月の総選挙で吉田自由党は議席の過半数をわり、左右社会党(左派社会党は講和条約と安保条約に反対、右派社会党は講和条約には賛成)が議席数を伸ばす結果となった。さらに翌五四(昭和二十九)年二月には造船疑獄《ぎごく》事件が政治問題化し、四月には犬養健《いぬかいたける》法相が検事総長に対し、自由党幹事長佐藤栄作の逮捕許諾書を請求しないよう指揮権を発動する事態となったため、世論は吉田内閣から大きく離れることとなった。この政局を踏まえ、鳩山派自由党と改進党は五四年十一月合党して日本民主党を結成し、幹事長ポストには、開戦時商工大臣をつとめてA級戦犯とされたものの、日本独立により追放解除となった岸信介《きしのぶすけ》が就任した。この日本民主党と左右社会党が同年十二月、内閣不信任案を国会に上程、事ここにいたって吉田内閣は総辞職せざるをえず、同月鳩山内閣が成立する。

反基地・反核運動

独立後、社会運動は大きく発展した。ひとつは基地拡張反対運動である。この当時米軍は沖縄と同様、本土でも軍事基地の拡張を強く求めていたが、各地で反対運動が組織化されていった。一九五二

（昭和二十七）年末から、米軍の砲弾試射場候補地として石川県内灘《うちなだ》が選ばれたが、地元で反対運動が高揚し、五三（昭和二十八）年四月の同地域の参議院選挙では、現職大臣が基地反対統一候補に敗北する事態にまで発展し、基地化の計画は挫折した。また、東京都の立川《たちかわ》飛行場拡張に反対するいわゆる砂川《すながわ》闘争も広く展開され、五六（昭和三十一）年十月には測量中止が決定された。

あとひとつは原水爆禁止運動である。日本の独立後、はじめて広島と長崎の原爆被害の惨状が日本国民の前に明らかにされ、深い憤りを喚起した。そのさなかの一九五四（昭和二十九）年三月一日、マーシャル群島のビキニ環礁でアメリカによる水爆実験がおこなわれ、死の灰が二〇〇キロも離れた海域で操業中の静岡県焼津《やいづ》の第五福竜丸《ふくりゅうまる》にも落下し、久保山愛吉《くぼやまあいきち》無線長が被爆して死亡、また多くの日本漁船によるこの海域での漁獲物が廃棄されて、国民に改めて原水爆の恐ろしさを実感させた。この事件をきっかけに、原水爆に反対する運動が全国的に広がり、五五（昭和三十）年八月六日には、第一回の原水爆禁止世界大会が広島で開催された。

五五年体制の成立

一九五四（昭和二十九）年十二月に成立した鳩山内閣は三つの性格をもっていた。第一に、吉田政治の特徴は秘密政治・側近政治だとして、政治の開放性・明朗性を打ち出し、第二に、吉田内閣がなしくずしの再軍備路線をとったことに対して、憲法を改正して再軍備すべきだとの立場をとり、第三に、吉田内閣は対米一辺倒だったことを批判し、中・ソとの国交樹立の方針をとったことである。

しかし、鳩山内閣は、国民のなかに憲法意識がしだいに定着しつつあること、無暴で悲惨な戦争は二度とするべきではなく再軍備はいやだ、という国民感情が強いことに対する認識を欠如していた。憲法改正を選挙の焦点にしての一九五五(昭和三十)年二月の総選挙で日本民主党と自由党は議席を減少させ、逆に左右社会党が議席を増加し、他の革新政党とあわせ、憲法改正阻止に必要な三分の一以上の議席を確保した。

財界は革新勢力の進出に脅威を感じ、安定した保守政治体制をつくるために、日本民主党と自由党の合同を要求するようになった。戦前は天皇制と軍部が厳然とした政治権威をもち、占領期は米軍が卓越した地位を保ち、いずれの時期にも財界が中心となって政治を指導することはなかったが、独立後は財界が公然と政治に対する影響力を行使するようになったのである。そして五五年十月、左右社会党が合同して統一した日本社会党となるにおよんで、翌十一月、岸信介を幹事長とする、民主・自由両党合同しての自由民主党が成立することとなった(いわゆる五五年体制)。財界は自民党・社会党の二大政党制を強調、これ以降保守政治にとっては、社会党の穏健化と日本共産党の孤立化が基本方針となった。

一九五六(昭和三十一)年三月、鳩山内閣は憲法改正に必要な三分の二議席を確保するため小選挙区制法案を国会に上程(岸幹事長が最強硬論者だった)したが、あまりに現職議員本位の区割り案だったため、自民党内でも反対論が起こり、結局廃案となった。同年七月の参院選でも革新政党側が三分の一以上の議席を確保したため、これ以降は、鳩山首相は日ソ国交回復に全力を投入し、同年十月、日ソ共同宣言を発した。これによって、(1)日ソ両国は戦争終結を宣言し、(2)両国は大使を交換し、(3)そしてソ連は日本の国際連合加盟を支持することとなった。この結果、同年十二月、日本は国連に加盟することとなる。

新安保条約と安保反対闘争

日ソ国交回復交渉を花道として、一九五六(昭和三十一)年十二月鳩山内閣は総辞職して石橋湛山《いしばしたんざん》内閣が成立するが、首相の病気のため、五七(昭和三十二)年二月、保守本流で、財界ともっとも太いパイプを有していた岸信介が首相の内閣が発足した。

岸内閣の最初の政治が、教員に対する勤務評定(=勤評)を、新教育法で成立した任命制教育委員会のもとで実施することであった。その狙いは教育の民主化を掲げて積極的に活動していた日本教職員組合(日教組《にっきょうそ》)を弱体化させ、教育の国家統制をはかるところにあった。教員の勤務評定は一九五六年末から愛媛県が先行的に実施を開始していたが、日教組の勤評反対闘争のなか、五八(昭和三十三)年にはほとんどの都道府県がおこなうようになり、任命制教育委員会と勤評を挺子としながら、教育行政組織が中央集権化され、文部省―教育長―校長の上意下達体制が整備されていくこととなる。

当然のこととして一九五八年には教科書検定基準が全面的に改訂され、教科書にも国家統制が強められていった。六五(昭和四十)年家永三郎《いえながさぶろう》が教科書検定違憲訴訟を起こさざるをえなくなった理由もここにあった。

つぎの政治が、警察官職務執行法の改正であった。警察官の法執行の重点を、個人の生命・身体・財産の保護から「公共の安全と秩序」に変えようとする改正案が一九五八年十月国会に上程された。しかし、戦前的警察体制に戻すことへの国民の反発は「デートもできない警職法」の流行語が示すように強く、社会党と共産党の共闘が各地で組織され、市民運動に発展するなかで、五九(昭和三十四)年一月廃案となった。

ところで、岸内閣は、一九五一(昭和二十六)年九月に締結された日米安保条約は、基地提供が中心の片務的なものなのでそれを是正し、日本の軍事力を安保体制に編入し、相互協力を明確化する要求をいだいていた。他方アメリカ側は、五七年までは日本側の要求に消極的だった。双務性を実現する前提は、日本が憲法を改正し、自衛隊を戦闘集団として海外派兵することができるようにすることだ、としたからである。

ところが、五七年八月、ソ連が大陸間弾道ミサイル(ＩＣＢＭ)の実験に成功したため、対社会主義軍事戦略の修正に迫られることとなり、日本側の交渉要請に応じる姿勢に転じた。新安保条約と日米地位協定(以前の「日米行政協定」)は六〇(昭和三十五)年一月、ワシントンで調印された。その骨子は、

(1)基地の使用目的と地域的範囲は無限定(旧安保と同様)、(2)米軍は極東の平和のために出動しうること(旧安保と同様)、(3)日本は防衛力増強の義務を負っていること(五四〈昭和二十九〉年のMSA協定の継承)、(4)相互防衛義務の明確化(第五条、新規定)、(5)条約は一〇年間継続し、それ以後は両国のうちいずれかが廃棄通告をすれば一年後に失効すること(新規定)というものである。また日本国民の不安を解消するため、交換公文において、在日米軍の配備の変更、日本国からおこなわれる戦闘作戦行動(第五条以外のもの)に関しては事前協議をおこなうこととした。ただし日本政府は極秘裡に、この事前協議の対象から、核兵器搭載の艦船・航空機の寄港と通過、および在韓米軍への反撃戦闘を除外し、また核兵器の日本への有事持込みに反対しないことを約束したのである。

当然国会での承認手続きが必要となるが、国会での野党の追及は、(1)極東の範囲が曖昧でいくらでも拡大されること、(2)米軍の軍事行動の結果、日本は自動的に戦争に巻き込まれる、という問題から展開された。国会論議のさなかの五月一日、米軍偵察機(U2型機)がソ連領内で撃墜される事件が発生した。同型機の偵察行為はアメリカの対ソ戦略の一環であり、日本の米軍基地にも配備されていたため、新安保の国民への危険性を物語るものとなり、反対運動をさらに高揚させることとなった。すでに社共共闘形式の安保改定阻止国民会議が一九五九年三月に結成され、反対運動を組織・展開しており、学生運動もこのなかに加わっていた。

アイゼンハワー米大統領の訪日が六月十九日に予定されていたため、参議院での紛糾した審議には持ち込みたくなかった岸内閣は、条約の自然成立をはかり、そのためには五月十九日の衆議院特別委員会で強行採決し、さらに翌二十日の本会議で強行採決とのスケジュールを立て、そのとおり強行したが、この行為は議会制民主主義の蹂躙《じゅうりん》として社会から激しく指弾され、反対運動は空前の盛上りを示した。六月十日、ハガチー米大統領秘書が事前調整のため羽田空港に到着したが、反対運動のため、ヘリコプターで脱出するという事態にまでに発展、岸首相は警備のため全国の警察官の東京動員や、さらには自衛隊の治安出動まで検討したが、それぞれの担当責任者から拒否された。このなかで同月十五日、東京大学学生樺美智子《かんばみちこ》が国会デモの最中圧死した。事ここにいたって翌十六日、岸首相は米国大統領に訪日延期を要請、新安保条約は同月十九日に自然成立し、翌七月十五日、岸内閣は総辞職し、かわって池田勇人内閣が発足した。

3　経済大国への道

ベトナム戦争と沖縄の祖国復帰闘争

新安保条約成立以降の日本を含む東アジアは、アメリカのベトナム戦争に大きく巻き込まれていった。ベトナム民主共和国と南ベトナム解放民族戦線は民族統一をめざし親米反共の南ベトナム共和国と対立を続けていたが、アメリカは一九六四(昭和三十九)年八月トンキン湾事件なるものを捏造して本格的な軍事介入を開始し、翌六五(昭和四十)年二月には北ベトナム爆撃(北爆)を始め、翌三月には米地上軍が南ベトナムに直接投入されだした。これ以降七三(昭和四十八)年まで米軍は冷戦時代最大の局地戦を同地域で展開することとなる。アメリカはそれまでに米日安保条約を日本と、米韓条約を韓国とのあいだに締結していたが、日韓間に国交が成立していなかったため、三国間の相互関係が良好に機能していなかった。ベトナム戦争を開始したアメリカは、三国間の良好な軍事体制をつくるためにも日韓間の国交樹立を強く働きかけた。あわせてアメリカは韓国の反共軍事独裁政権を日本からの経済援助で補強する狙いも有していた。その結果、六五年六月、韓国を朝鮮における唯一の合法的政府とする日韓基本条約が結ばれ、同時に対韓借款が始まった。同年七月から韓国は南ベトナムに師団規模の戦闘部隊の派遣を開始した。

この一九六五年七月より、沖縄からB52戦略爆撃機がベトナムへの渡洋爆撃を始め、沖縄全島がベトナム戦争の基地となっていった。戦争はさらに拡大し、六八(昭和四十三)年には五〇万人の米軍が南ベトナムに投入されるまでになった。アメリカ占領下の沖縄では、反戦・祖国復帰運動が高揚し、六八年十一月、初の琉球《りゅうきゅう》政府行政主席選挙では、即時無条件全面返還を求める革新統一候補屋良朝苗《やらちょうびょう》が圧勝し、アメリカは沖縄占領を継続することがさらに困難となった。沖縄民衆の圧力におされ、六九(昭和四十四)年十一月、ニクソン米大統領と佐藤栄作《さとうえいさく》首相(池田勇人《いけだはやと》首相にかわって六四〜七二(昭和四十七）年在任）は共同声明で七二年の返還を約束したが、密約で「有事の際の核持込み」を日本は承認した。七一（昭和四十六）年六月日米沖縄返還協定が調印され、七二年五月に発効し、沖縄は米軍基地をともなったまま日本に復帰したのである。そして七一年十一月、返還協定の衆議院承認の同日、「核をつくらず持たず持ち込ませず」の非核三原則を国会は確認した。

　アメリカのベトナム戦争は南ベトナム民衆の支持を獲得することに失敗して敗退の道をたどり、事態収拾のため、一九七二年二月、ニクソンは今まで敵対関係だった中華人民共和国を訪問して国交を結び（同年九月、佐藤のあとを継いだ田中角栄《たなかかくえい》首相も訪中、日中国交を樹立した）、七三年に米軍をベトナムから撤退させた。七五（昭和五十）年四月南ベトナムの首都サイゴンが陥落して南北ベトナムは抗日戦以降追求しつづけた民族統一と国家の完全独立をついに勝ちとった。アメリカの反共軍事介入路線は挫折し、六七（昭和四十二）年の成立当初は反共親米国家連合的色彩の濃厚だった東南アジア諸国連合（ＡＳＥＡＮ）は、アメリカの軍事的後退の過程で、しだいに非軍事化と域内平和路線を具体化し始める。

高度経済成長

　日本はこの時期、高度経済成長の時代をむかえていた。朝鮮戦争特需自体が、戦争に敗れたとはいえ、日本が東アジアで唯一の工業国だったことの利点が前提となっていたが、一九五〇年代半ばには、重化学工業部門では戦前・戦中の機械設備が全般的に老朽化しており、設備を更新し、最新鋭の設備を導入しなければならなくなっていた。鉄鋼・電力・造船などの既成分野では規模の拡大が一気にはかられ、新産業部門として石油・石油化学・家電・自動車などが誕生し急成長する。国際競争力をつけるため、合理化とスケール・メリットと称される量産規模の拡大が追求された。六六(昭和四十一)年には日産《にっさん》自動車がプリンス自動車を吸収合併し、七〇(昭和四十五)年には八幡《やはた》製鉄と富士《ふじ》製鉄が合併して新日本《しんにほん》製鉄が成立する。安価な海外材料を輸入し競争力ある工業製品の輸出拡大をねらうため、自由貿易の国際ルールに日本も加わる必要も出てきた。日本は六三(昭和三十八)年に国際収支を理由とする貿易制限を禁じるGATT(関税と貿易に関する一般協定)一一条国となり、翌六四(昭和三十九)年には国際取引での支払・資金移動の制限を禁じるIMF(国際通貨基金)協定八条国となるのである。

民間資本主導の資本蓄積と経済成長は、当然のこととして、道路・港湾・用水・交通・通信施設等々の各種の社会資本の欠乏を痛感させることとなる。一九六〇(昭和三十五)年十二月、池田内閣が「国民経済と国民所得を一〇年間に倍増する」との国民所得倍増計画を発表した前提がここにあった。また日本のこの経済成長政策を、安保闘争での日本国民の反米・平和意識を痛切に感じ、その転換をはかるアメリカが全面的に支援する。それが文化分野にまでおよんだことは、六一(昭和三十六)年四月、知日派日本研究者ライシャワーが駐日大使として赴任してきた事実によっても如実に物語られていた。

政府の国家財政による経済成長支援策は、一九六〇年から七一(昭和四十六)年、公共事業投資は一般会計で五・五倍、財政投融資で八・〇倍となっていることからもよくうかがえる。自動車産業の急成長の理由のひとつは、巨額な国家資金が道路建設に投入され、全国的に道路網が張りめぐらされるようになったからである。

工業立地諸条件も国と地方自治体が全面的に整備することとなった。一九六二(昭和三十七)年の全国総合開発計画では、新産業都市建設と工業整備特別地域開発が目標とされ、六九(昭和四十四)年には新全国総合開発計画に発展させられた。この計画の実現の過程で、太平洋ベルト地帯に工業と人口が集中していった。さらなるビジョンが七二(昭和四十七)年、田中首相の提示した日本列島改造計画となったが、このときにはすでに景気は過熱し、土地騰貴《とうき》を加速させるだけになってしまった。

切り落とされるもの

高度経済成長政策とは、裏返せば、経済効率の劣るもの・悪いものを容赦なく切り捨てる政策でもある。効率優先主義が日本の社会に蔓延《まんえん》するなかで、この政策の直撃を受けたのが、戦後経済復興の主軸を担った石炭産業だった。自動車産業の成長や船舶・機関車のディーゼル化、水力発電から火力発電への転換、そこに石油化学産業の発展が絡み、コストダウンが必須の課題となって、エネルギーが石炭から石油に移行し、一九六二(昭和三十七)年にはエネルギー自給政策が放棄されて原油輸入が自由化されることとなった。この転換のきしみのなかで、六〇（昭和三十五）年大規模な三井三池争議《みついみいけそうぎ》が発生せざるをえなかったのである。六〇年現在六二二あった稼動炭鉱は七四（昭和四十九）年には三六に激減し、炭鉱労働者とその家族の労働力は各地に流動化していった。

農業も経済効率の劣るものとされ、一九六一（昭和三十六）年の農業基本法は上層農家の育成ならびにそれ以下の農民の離農促進を目標とした。このような国家政策もあり、六〇年現在の二〇八万戸の専業農家数は七〇（昭和四十五）年には八五万戸にまで減少し、工業労働力として農村から流出していった。それはまず年雇《ねんやとい》農民から始まり、日雇《ひやとい》農民、続いて農家の次三男と娘と続き、さらには長男にまでおよぶようになっていった。

従来、日本の工業生産を下支えしていた中小企業も経済効率の悪さが問題とされ、一九六三（昭和三十八）年の中小企業基本法は、優良下請中小企業の生産拡大と同時に多くの中小零細企業での資本廃棄と転業を促進することをねらっていた。この政策のもとで中小零細企業形態の繊維産業が衰退していくのである。

教育の場の大変化

すべての国民にとって、このような経済的変化がわがことと感じられた場が教育であった。久しく存在しなかった労働力の売手市場が現出したからである。これに国民が敏感に反応し対応した。まず年々増大する労働力需要があり、第二に戦前の複線型学歴主義が低学歴の者にいかに低賃金を強い、社会的差別となってあらわれたのかという国民の痛みをともなった感覚があり、それが自分の子供たちだけには味わわせたくないとの親レベルの進学熱として具体化し、第三に労働力の需要者側からする労働力調達の効率化と差別選別システム構築の模索となってあらわれた。

高校への進学率は一九五五（昭和三十）年現在の五一・五%から七〇（昭和四十五）年には八二・一%にまで上昇し、この過程で父母の側からは高校全入運動が取り組まれることとなる。

また大学への進学率は、一九六〇（昭和三十五）年現在は、男子で一四・九%、女子では五・五%しかなかったものが、七六（昭和五十一）年には男子四三・三%、女子にいたっては三三・六%と急増する。この過程で大学側の旧《ふる》い非民主的な体質が問題とされ、大学紛争が各大学で発生するが、この現象は一面では大学の大衆化にともなう必然的な結果でもあり、大学のレベル低下がその後進行していくのである。

労働力需要者側からは、高校を普通高校と職業高校に区別化し、県と中学校がその振分けのための進路指導をおこなう動きがあらわれ、また一九六二（昭和三十七）年には五年一貫制の技能者養成を目的とする高等専門学校制度が発足した。

民間大企業が主導する経済成長は労働組合の分野にも大きな変化をもたらした。企業により労資協調主義組合の育成がはかられ、組合理論としても、パイの分け前論が前提となって賃上げ要求を成長率の枠内にとどめる考え方が普及していった。炭鉱労組の衰退とあいまって電機労連・自動車総連・鉄鋼労連などの巨大企業の労組が組合運動で主導的な役割をはたすようになった。

以上のような経緯のなかで、一九六〇年から七三(昭和四十八)年の経済成長率は毎年一〇%の伸びを示し、六八(昭和四十三)年には西ドイツをぬき国民総生産はアメリカについで資本主義諸国第二位となった。労働力人口は農林業が五五年現在の一五〇〇万人から七五(昭和五十)年の六二〇万人に減落、逆に非農林業人口は同じ時期、一七〇〇万人から三六〇〇万人に倍増、実質賃金は六〇年を一〇〇として、七三年には二三九に上昇した。労働力需要の高まりにより、女子労働力は七五年には全雇用者数の三三・一%まで占めるようになってきた。

社会の変貌

経済発展は日本社会を変貌させた。弥生《やよい》時代以来最大の変容である。日本国民の考え方に効率主義・能力主義・競争主義が深く浸透してきた。エコノミック・アニマルが流行語になるのが一九六九(昭和四十四)年のことである。日常生活には電化製品が不可欠のものとなった。最初はテレビ・洗濯機・冷蔵庫、つぎに電気釜・カラーテレビ・クーラーが生活のなかに入ってきた。家庭暖房は炭と火鉢から石油ストーブに変わった。と同時に、このような家庭電化は、女性の家事からの解放と社会進出を可能とする確実な物質的基盤ともなった。

モータリゼーションは一九六五(昭和四十)年の名神《めいしん》高速道路、六九年の東名《とうめい》高速道路の開通をきっかけに急速に進行し、自動車はそれまでのステータス・シンボルから日本人の日常的履物となっていった。

国の安全と安定を保障する重要物資の自給率は、エネルギーの対外依存率が一九六〇(昭和三十五)年の四四・二%から七三(昭和四十八)年の九〇%、食糧の自給率では六〇年の八三%から七五(昭和五十)年の四三%と大幅に低下し、小麦がほとんど輸入となったのに対し、当初米は自由化対象からはずされていたため、農家は米生産に集中せざるをえず、七〇(昭和四十五)年には米作を制限する減反政策が導入されることとなった。

物価もしだいに上昇していき、とくに人口の集中する都市部の土地が投資対象とされ、六大都市では一九五五(昭和三十)年を一〇〇とすれば七二(昭和四十七)年には二五〇四という驚異的な指数を示した。都市の地価騰貴は住宅問題の深刻化と表裏一体の関係にあるが、国の住宅政策は七三年現在、市部では民間借家率四一・五%、公共借家率七・〇%(残りが持家《もちいえ》)というように一貫して貧困でありつづけ、住宅問題は都市政策や労働者政策の対象ではなく企業の利潤活動の対象となっていた。また都市部では保育所や学童保育制度といった社会的共同施設の欠如・欠乏も大きな問題となっていった。

都市部の過密化は地方の過疎化と、これまた表裏一体の関係にあった。一九六〇年から七〇年のあいだに五%以上も人口を減少させた地域は福岡県を除く九州六県、香川県を除く四国三県、本州では山口・島根・鳥取・福島・山形・秋田・岩手の七県であった。

革新自治体運動

しかし、人間は社会的にしか生存できない。新しい社会がかたちをあらわし始めるのと同時に、新しい社会を人間にふさわしく生存できる社会に転化するための運動も発生し成長する。換言すれば新しい公共性をつくりだす運動の登場である。第一が公害反対運動である。高度成長の過程で、人間の生存に適さない環境が、大気・河川・海洋・土壌・地盤沈下、そして都市そのものにつくられていった。生活者の生命を守るための公害訴訟の最初が一九六七(昭和四十二)年六月、新潟県阿賀野川《あがのがわ》有機水銀中毒被災者の会による昭和電工《しょうわでんこう》を相手どった訴訟であった。続いて同年九月、四日市《よっかいち》ぜんそく患者が石油コンビナート六社を訴え、翌六八(昭和四十三)年一月には富山県神通川《じんつうがわ》流域のイタイイタイ病患者が三井金属神岡《みついきんぞくかみおか》鉱山を訴えた。公害の原点として知られた熊本県水俣《みなまた》の水銀中毒水俣病患者たちが新日本窒素《しんにほんちっそ》を相手どって訴訟したのが六九(昭和四十四)年六月のこととなる(四大公害裁判)。これらの運動の圧力のなかで七〇(昭和四十五)年には、公害対策基本法が抜本的に改正され、七一(昭和四十六)年には環境庁《かんきょうちょう》が発足することとなる。そして公害反対運動と併行するかたちで日照権などの住宅問題、交通問題、ごみ問題、公共料金値上げ問題等々をめぐっての各種の住民運動が展開していくのだった。

第二が憲法運動である。日本国憲法を社会に内在化させる運動が展開し始める。一九五七(昭和三十二)年、朝日茂《あさひしげる》が生活保護基準に関し憲法第二五条(生存権規定)を根拠に訴訟を起こし、六七年五月、最高裁判決で法的には敗訴するが、広汎な支援運動のなかで生存権の思想が国民のなかに浸透していった。また六五(昭和四十)年、教科書内容への国家権力への介入を、学問の自由をおかし、また検閲にあたり憲法違反(第二一・第二三条違反)だとした教科書執筆者家永三郎《いえながさぶろう》が教科書訴訟を起こした。七〇年東京地裁は教科書検定は教育への国の不当介入であり違憲だとして、検定不合格取消の判決をくだし、憲法と教育基本法をその根拠とした。これを契機に国民の教育権思想が普及していった。

高度経済成長期は五五年体制にも変化をもたらした。一九六〇(昭和三十五)年には民主社会党が社会党を左寄りと批判し同党より分裂して結党され、六四(昭和三十九)年には、都市中下層民衆を支持基盤として教線を拡大していた創価学会《そうかがっかい》を母体に公明党が誕生した。多党化現象である。六七年一月の総選挙で自由民主党の得票率がはじめて過半数をわった。地方自治体では京都府だけが五〇(昭和二十五)年より憲法擁護の蜷川虎三《にながわとらぞう》知事を選出していたが、六七年四月の東京都知事選挙では革新統一候補の美濃部亮吉《みのべりょうきち》が当選、七一年四月には大阪府知事選挙で革新の黒田了一《くろだりょういち》が当選するなど、全国的に革新自治体がふえていった。それらの自治体は共通して、(1)憲法を尊重し平和と民主主義を守る、(2)公害・工場立地対策を進める、(3)社会保障を充実するなどを行政の基本方針とした。

一九七二(昭和四十七)年七月、佐藤栄作首相の後任首相になった田中角栄は就任直後の九月に実現させた日中国交正常化の成果をもって同年十二月総選挙での圧勝をねらったが、結果は予想に反し、自民党が二九七から二七一議席、社会党が九〇から一一八議席、共産党が一四から三八議席という結果となった。田中首相は危機意識から七三(昭和四十八)年五月、小選挙区制法案を国会に上程したが、反民主主義だとの非難をあび廃案となった。高度経済成長での矛盾と国民の不満を軽減するため、田中内閣は七三年を「福祉元年」と位置づけ、福祉国家の実現をねらって年金額の改善と物価スライド制の導入、老人医療公費負担の実現、家族高額療養費制度の制定、そして被用者保険全世帯員への七割給付の実現など、社会保障制度の改善をはかった。

オイルショックと福祉国家論の消滅

一九七一(昭和四十六)年八月、アメリカによる金とドルの交換停止措置(ドルショック)、七三(昭和四十八)年十月、第四次中東戦争の勃発をきっかけとした石油価格の急上昇(第一次オイルショック)、七五(昭和五十)年四月サイゴン陥落、七九(昭和五十四)年四月、親米独裁王制を打倒したイラン革命による再度の石油価格急上昇(第二次オイルショック)など、七〇年代は世界的な激動の時代となった。アメリカはベトナム戦争のあいだに軍事力でソ連に劣ってしまったと感じ、またアラブ諸国の資源ナショナリズムや各地の民族解放運動の背後にソ連の影をみ、対ソ戦や極東での朝鮮有事を前提とした軍事戦略の再構築を始め、NATOや日本などの重要拠点の基地国家に軍事的分担を求め軍備増強を要求するようになった。七九年十二月のソ連のアフガニスタン侵攻はこの動きにさらなる拍車をかけることとなった。一方、イスラーム革命による反米イラン共和国の成立はアメリカにイスラーム石油地帯でのあらたな課題を突きつけた。「不安定な弧」発想の発端である。

ところで、第一次オイルショックは先進資本主義諸国の経済成長に終止符を打った。共同で事態の打開策をはかる必要が出てきた。一九七五年十一月、第一回先進国首脳会議が開催され、世界経済秩序再建策が検討され始めた。七九年にイギリスでサッチャーが首相となり、八一(昭和五十六)年にアメリカでレーガンが大統領となり、ともに従来の福祉国家論を放棄して民営化と規制緩和を柱とする新自由主義政策を強力に推進した。七三年以降の世界的不況のなかでもっとも深刻な経済問題をかかえたのが非産油発展途上諸国であり、対外債務が累積していき、八二(昭和五十七)年にはメキシコ政府は政府債務返済不能に陥った。中南米債務危機の始まりであり、アメリカなどの債権国はその打開策として新自由主義経済政策を押しつけることとなる。

保守の復活

日本でも一九七二(昭和四十八)年のオイルショックはただちに狂乱物価を引き起こし、社会的不安のなかでの七四(昭和四十九)年七月参議院選挙で自民党は敗北し、三木武夫《みきたけお》と福田赳夫《ふくだたけお》は田中首相の金権体質を批判して閣僚を辞任し、同年十一月金脈問題で田中首相は退陣(七六〈昭和五十一〉年七月ロッキード事件で逮捕）、自民党建直しのため「クリーン三木」の旗を掲げた三木武夫が後任首相となり政治改革を試みたが、七六年十二月の総選挙で単独過半数をわって辞任、福田赳夫が首相となるも、総裁選で勝った大平正芳《おおひらまさよし》が七八（昭和五十三）年十二月より首相に就任する。

経済不況は革新自治体に大きな打撃を与えた。三割自治といわれるように独自財源のないなかでは、各自治体とも諸施策の削減・廃止の方向をとらざるをえなくなった。自民党にとって自治体奪還の好機が到来した。自治省《じちしょう》がこれに協力した。革新自治体運動を支えてきた社共共闘体制も、社会党内での労資協調主義組合の力が強くなり、共闘から社会党が離脱し機能停止から解体の方向に向かった。他方、自民党の選挙での不振から「保革伯仲」状況が生まれ、一九七九（昭和五十四）年には公明・民社両党が共産党排除と安保是認、自衛隊存続方針を明確にした中道連合政権構想で合意し、翌八〇（昭和五十五）年には社会・公明両党が連立政権構想で合意し、社会党は社公中軸路線に踏み切った。このような政治状況下で、七八年四月京都、同年十二月沖縄、七九年四月東京と大阪の知事選挙でつぎつぎと革新候補は敗北し、革新自治体の時代は終了した。逆に選挙戦の最中大平首相が急死した八〇年六月総選挙で自民党は安定多数の議席を獲得して復調し、翌七月には鈴木善幸《すずきぜんこう》内閣が成立し、八二（昭和五十七）年十一月には、「戦後政治の総決算」を主張する中曽根康弘《なかそねやすひろ》が首相となった。

日米共同作戦の進展

アメリカの対ソ戦略の再構築に対応し、日米共同作戦計画が日本政府レベルで承認され推進されだした。一九七六(昭和五十一)年八月、作戦・情報・後方支援の三部会をもった日米防衛協力小委員会が設置され、作戦計画の検討が始まるが、そこでの研究・協議の対象からは、(1)事前協議制、(2)日本国憲法、(3)非核三原則が取りはずされた。侵略防止態勢・日本攻撃への対処行動・極東での日米協力の三項からなる「日米防衛協力のための指針(ガイドライン)」は七八(昭和五十三)年十一月の閣議で了承された。八一(昭和五十六)年五月、鈴木首相は日米共同声明のなかで、専守防衛とする従来の安保解釈から一歩踏み出して、日米関係を「同盟関係」と述べ、八三(昭和五十八)年一月、中曽根首相は日米関係を「運命共同体」と位置づけ、日本をソ連に対し不沈空母化し、四海峡を統制し、海上防御範囲を数百海里まで延ばすべきだ、と発言した。

このような動きのなかで、陸海空三軍の日米共同演習は増大し、一九七〇年代末から始まった日本政府による在日米軍経費支出(=「思いやり予算」)はその後急増していった。また従来の武器輸出禁止方針が変更され、八三年一月、政府はアメリカの要請を受け、武器技術の供与を決定した。日米共同作戦の際、米軍の前方展開戦略で補完的機能をはたすべき役割を与えられる自衛隊の装備も、Ｐ３Ｃ対潜哨戒機《たいせんしょうかいき》、空母護衛用新型ミサイル搭載護衛イージス艦の導入、米軍対ソ探知網に連動するＯＴＨ(超地平線)レーダーの設置など、飛躍的に向上した。また日米共同作戦を実現するための法的整備も進められ、八五(昭和六十)年には国家機密法案が国会に上程されたが、このときには廃案となった。

臨調行革路線の開始

一九八〇年代は国家財政の組立て方も大きく変化していった。七三(昭和四十八)年以降の長期不況に対し、景気回復のため国債増発が進行し、七九(昭和五十四)年度予算では三四・七%もの国債依存率となったこともあって、第二次臨時行政調査会(臨調)が八一(昭和五十六)年に発足し、八一〜八三(昭和五十六〜五十八)年に数次の答申がおこなわれた。その骨子は、(1)軍事・外交・対外経済協力は国家の中心機能として強化する、(2)農業・社会保障・文教費は財政支出を削減し受益者負担を増す、(3)土地・住宅・エネルギー・科学技術は民間活力を導入し、国家的助力は必要部分にのみおこなう、という国家支出の種別化であり、八〇年代以降、この方針(=臨調行革路線)が貫徹されていった。

社会保障の面からみると、一九八二(昭和五十七)年には一〇年間無料だった老人医療費が有料となり、八四(昭和五十九)年にはこれまで健康保険本人は一〇割給付であったものが九割給付に切り下げられ、八六(昭和六十一)年には年金制度が変えられ、給付水準の大幅な切下げと保険料引上げ、老齢年金支給年齢引上げが開始した。五九(昭和三十四)年に始まった国民年金制度は八六年から保険料が引き上げられ、未納率が八四年の五・九%から八九(平成元)年の一五・三%に上昇し、不足分を補うため、九〇(平成二)年からは、従来任意加入だった二十歳以上の学生すべてが強制加入となった。

臨調行革のひとつの柱がサッチャー・レーガン政策にならった国鉄・電電公社・専売公社などの民営化であった。この過程で、これまで社会党を支持してきた労組連合組織総評《そうひょう》(日本労働組合総評議会)の基幹的組合だった国鉄労組が解体していき、その結果もあって、総評は一九八七(昭和六十二)年十一月に解散して労資協調型組合主導によるナショナルセンター日本労働組合総連合(=連合)が八九年十一月に成立、その方針に反対する組合は同月全国労働組合総連合(=全労連)を結成した。

臨調の当初スローガンは「増税なき財政再建」であったが、企業活動の活性化のため法人税を減税する以上、政府としては消費税導入をはかることとなった。中曽根内閣時の八七年、売上税を導入しようとする試みは失敗に終わったが、つぎの竹下登《たけしたのぼる》内閣(一九八七~八九年)は公明・民社両党の協力的態度に助けられて、八八(昭和六十三)年十二月、三%の消費税法を成立させた。

一九七三年以降の長期不況に対応すべく、企業は省力的新鋭機器の導入、産業ロボットの導入などを通じて減量経営と合理化を徹底化させ、早くも七六(昭和五十一)年より貿易は黒字に転じた。七九年の第二次オイルショックにも第二次減量経営で対応していった。この対応のなかで、これまで日本型労資慣行の特徴といわれた終身雇用制度と年功序列制度が動揺し始め、パート労働者が増加するとともに、八五(昭和六十)年六月労働者派遣法が成立して労働者供給事業が公認された結果、派遣労働者の数もふえていった。

集中豪雨型輸出と構造調整

高度成長期のような賃金の上昇と内需拡大ではないかたちでの景気回復は主として輸出の急増によるものとなった。一九七〇(昭和四十五)年から八四(昭和五十九)年にかけての総売上高に占める輸出額の割合は、トヨタ自動車で二二%から四五%に、松下電器では一九・六%から三七%に増加していった。ただし、二回のオイルショックの結果、非産油発展途上国では債務が累積していって輸入力が低下し、日本の大企業の輸出先はEC(ヨーロッパ共同体)とアメリカに殺到し、「集中豪雨型輸出」と非難されるまでになり、造船・自動車・鉄鋼・ビデオデッキ等々、多くの分野で貿易摩擦問題として国際政治のレベルで取り上げられるようになっていった。とくに日本の対米輸出問題が深刻になってきた。そして、この問題とアメリカの財政・経済問題が結びついた。レーガン政権の軍拡政策により軍事費が増大し巨額な財政赤字を生むが、他方で外国資金を導入しつづけるためには高金利政策をとる必要があり、そのため日本などへの公定歩合引下げ要求となってあらわれた。また輸入の増大や外国からの資金流入のため経常収支も赤字となり(双子の赤字)、八五(昭和六十)年には六六年ぶりにアメリカは対外債務国に転落した。ドルの信頼喪失を防ぐため、八五年九月アメリカは主要五カ国蔵相・中央銀行総裁会議(G5)を招集し、実態を反映しないドル高修正のため、各国に為替《かわせ》市場への協調介入強化を要請して合意を得た(プラザ合意)。ドル高時代から円高時代への急激な転換(一ドル二五〇円前後から一五〇円前後に円が急騰)がここに始まった。

アメリカの強い要請に応じるため、日本政府と大企業はつぎのような対応をとった。第一に構造調整である。円高のなかで国際競争力の弱い鉱山などの産業部門の切捨てと再編成がおこなわれた。

第二に貿易摩擦を緩和する目的も有する大企業の多国籍企業化である。対米投資をはじめ大企業の対外投資が急増していった。裏側からみれば日本の産業空洞化が進行する。

第三にアメリカの要請を受けての低金利化のため、ダブついた国内資金が株と土地に流入し、いわゆるバブル経済の色彩を濃厚なものにしていった。

もっとも、一九八〇年代半ばからの日米貿易摩擦問題は、繊維・鉄鋼などの米国内売上げ保護を目的とした伝統的保護貿易主義から起こってきた、というよりも、日本に先駆けて多国籍企業化していたアメリカの先端産業分野や国際的競争力を有する産業分野から提起されるものが主流となり始め、日本市場の閉鎖性打破がアメリカ側の主張となってきた。八九(平成元)年五月、米国通商代表部がスーパーコンピュータ・人工衛星・木材の三分野で日本に不公正な市場慣行があると特定したのはその適例である。建設材の場合にみられるように、そこでは日本の建築基準法そのものが問題とされ、日米貿易摩擦解決交渉が主権国家の内政問題にまで立ち入り始めることとなった。

4 大衆社会とその文化

大衆社会の確立とその病理

戦後日本社会のもっとも大きな変化のひとつは女性の地位の向上と女性意識の発展である。高度経済成長期以降の女性の職場進出と社会的活動の広まりは、一九六〇年代までの「男は仕事、女は家庭」という支配的役割分担意識を変化させていき、九五（平成七）年には、男女平均で賛成の者が五四・五%（そのうち四五・三%はどちらかといえば賛成）までに低減してきている。この意識変化と相関し、伝統的な「家《いえ》」意識も衰退していき、養子をとっても家を継がせるという意見は、五三（昭和二十八）年には七三%もあったのに、九三（平成五）年には二二%にまで激減してきた。この「家」意識の基軸には男優位の男女観、長男中心の子供観が存在していたのだが、生まれかわるとしたらどちらに生まれたいかという意識調査でも、女性にふたたび生まれたいとの回答は、五八（昭和三十三）年にはわずかに二七%にすぎなかったのだが、九三年は六〇%をこえたのである。

女性の自立化と経済力の高まりは離婚の増加にも反映される。一九六一（昭和三十六）年には離婚件数は六万九〇〇〇件だったのが、九二（平成四）年には一七万九〇〇〇件にまで伸び、しかも子供のいる夫婦離婚率がその七割前後となっている。

未婚率も同様の根拠で増加してきた。二十五〜二十九歳の女性未婚率は一九七〇(昭和四十五)年で一八・一%だったのが九〇(平成二)年には四〇・二%と急上昇している。

この傾向は子供の出生率にも直接的に影響する。一生のあいだ、女性は平均何人を出産するのかを示す合計特殊出生率では、一九四七(昭和二十二)年では四・五四、七〇年では二・一三(二・一以下になると人口は減少に向かう)だったものが、九三年には一・四六にまで低下した。理由は育児をする施設・制度の不足、子育て費用負担の過重であり、育児・教育と仕事との両立の困難性をかかえたまま事態が進行しているのである。

他方、高齢者は技術革新と連動した医療技術の進展と結びつき年々増加してきており、一九五〇(昭和二十五)年では六十五歳以上の対総人口比は四・九四%にすぎなかったのに、九〇年には一二・一%に達した(同年の総人口は一億二三六一万一〇〇〇人)。

しかも「家」制度の解体により、一九九一(平成三)年には六十五歳以上の高齢者の三八・九%が夫婦のみか、あるいは一人暮しをするようになってきた。この変化は、「子供は親の世話をするのがあたり前かどうか」の意識の変化と相関関係にあり、六二(昭和三十七)年ではあたり前が六〇%だったのに対し、九四(平成六)年には四〇%に減少してきている。それにかわって、年金を暮しの基本とする意識が主流となり、国の社会保障体制の強化を要求する主体に高齢者がなってきた。

高度経済成長期からの女性の社会進出は、戦前のような若手未婚者型を脱皮させ、すでに一九七四

（昭和四十九）年段階で既婚者は女性労働者の六〇％を占めるようになっていた。技術革新と電化により家事負担を軽減された女性の資本主義労働市場と社会への進出を象徴としながら、六〇年代から七〇年代にかけて日本では大衆社会が本格的に成立し、今日にいたっている。大衆社会とは大衆が社会の実質的な成員となり、社会全体の経済的・政治的・文化的状況が大衆の動向を媒介として決定される社会のことである。この新しい社会は、一方では革新自治体運動のように、労働する立場・地域で生活し子供を育て高齢者を社会的につつみこもうとする立場からの社会形成の模索を生み出すとともに、他方では社会の底辺までもの資本の論理の貫徹という強力な力学をも生み発展させることにもなった。個人の徹底したアトム化である。男女労働者は同時に商品の購入者である。資本はサラリーマン金融・クレジットカードなどの可能なかぎりの信用創出により、その購買力を膨張させるとともに、消費者の差異化をはかりその個性を開発する。「消費者民主主義」が普遍化していく。男女の差別もなく老若の序列もない。「消費者民主主義」での有権者たる資格はただひとつ金をもつことである。消費者としての個性と自己実現は、ユニークな商品を所有することと完全に同一となる。高度経済成長期のキャッチフレーズとなった「消費は美徳」は、それ以前の日本人の価値意識にはまったくなかった新しい時代の到来を物語った。

この論理のなかで、日本の教育と青少年は能力主義の対象とされ、競争原理が貫徹されていった。「人の不幸は自分の幸せ」という格言が現実のものとなり、十五歳から二十三歳を対象とした調査では、「勤労の目的は金もうけのため」との回答は七〇年の二〇・九％から八五（昭和六十）年には三一・七％に上昇していく。流行語を追ってみても、七五（昭和五十）年の「乱塾」、七六（昭和五十一）年の「偏差値」、七七（昭和五十二）年の「落ちこぼれ」、八〇（昭和五十五）年の「校内暴力」、八五年の「いじめ」というように、能力主義と競争原理の大衆社会への浸透による矛盾は教育現場において国民の誰にでもわかるかたちで顕在化していった。八五年度の「青少年白書」では個人生活重視の傾向と、あらゆる場で感覚的に和を求める情緒的・感覚的友人志向が指摘され、八九（平成元）年度の「青少年白書」は、内面的幼児性や自己中心性の肥大化、無気力や無感動の広がりを前提として、引きこもり・登校拒否・自殺などの非社会的問題行動の増大やステューデント・アパシーと呼ばれる無気力症状の増加が起きていると記述した。九五年三月のオウム真理教教徒による地下鉄サリン事件は、大衆社会的病理現象の爆発でもあったのである。

情報革命の進展

女性の社会進出と自立化の傾向とともに、戦後の巨大な変化は情報分野に顕著である。一九五〇年代までは、戦前・戦中状態を継続し新聞・雑誌、ラジオ、映画が国民の情報源であり、国民の娯楽提供の媒体であった。しかし五〇（昭和二十五）年よりNHKがテレビでの定期実験放送を開始し、六〇（昭和三十五）年からはカラーテレビの本放送が始まり、六七（昭和四十二）年にはテレビ受信契約数が二〇〇〇万を突破し、各家庭にテレビが入り込む状態となった。このため、日本の映画産業は六〇年の映画館七四五七館、製作本数五四八本を頂点とし、その後は一路衰退期に入り、映画産業はテーマを性と暴力に絞り込むことにより活路を見出そうとした。テレビの普及は同時に漫画とアニメーションを盛んにさせ、人気漫画雑誌『少年サンデー』『少年マガジン』はともに五九(昭和三十四)年に創刊され、大人も公然と漫画を読む社会をつくりだしていった。国民的スターは映画俳優からテレビのニュース・キャスターとバラエティー番組の司会者たちに取ってかわられた。

つぎの大変化は、アメリカの軍事技術に起源をもつ半導体技術の急速な発展による一九八〇年代からのＩＴ(情報技術)革命である。九〇年代には国家・自治体・民間企業の情報管理と事務処理にはコンピュータが必須のものとなり、各家庭にも深く広く浸透し、Ｅメールとインターネット検索なしに日常生活が困難な状態となってきた。またＩＴ技術は各種カード利用を可能とさせ、携帯電話は営業活動のみならず、学校生活のなかでも不可欠な道具になってきている。

5　米ソ対立後の日本と東アジア

ソ連型社会主義の崩壊

第二次世界大戦終結直後からの超大国米ソ両国の対立はそれぞれの勢力圏の維持・強化をめぐって一貫して存続し(東西冷戦)、軍拡競争の圧力はソ連社会主義経済に重くのしかかりつづけ、さらに一九七〇年代後半からのアメリカの対ソ強硬戦略への対応のなかでよりさらに深刻化していった。この七〇年代後半からの時代、先進資本主義諸国では二回のオイルショックを起因とした技術革新と生産性の向上、非産油発展途上諸国では累積債務の増大と経済破綻という事態をみたが、市場経済導入の課題を突きつけられたソ連型社会主義圏では硬直化した計画経済システムがうまく対応できないまま、七九(昭和五十四)年ソ連は典型的な冷戦思考のもと、アフガニスタン侵攻をおこない、自ら国際的孤立を招き、そして軍事的負担を加重させた。

一九八五(昭和六十)年に登場したソ連邦共産党書記長ゴルバチョフは、社会主義の再生と活性化のためには米ソ軍事対立の緩和が第一課題だとして、従来の政策を大きく変更し始めたが、八六(昭和六十一)年四月のチョルノービリ(チェルノブイリ)原発事故の発生はその出鼻をくじき、また政治的・軍事的圧力のもとでおさえつけられてきた東欧諸国の民族感情がソ連の圧力軽減のなかで爆発し、八九(平成元)年十一月のベルリンの壁崩壊を引き起こし、逆に東欧自由化の波はソ連邦にはねかえり、九一(平成三)年九月のソ連邦共産党の解散と同年十二月のソ連邦解体に帰結した。

地球規模での日米同盟化

東西対立の緩和とソ連邦の崩壊は世界の人びとに、これで平和の時代が到来すると予想させたが、現実は期待を裏切った。アメリカの軍事的一極支配が東西冷戦構造に取ってかわった。反米のイラン共和国を敵視したアメリカは、イラクのフセイン独裁政権を支持し、一九八〇(昭和五十五)年から八八(昭和六十三)年のイラク・イラン戦争ではイラクを援助しつづけた。軍事的に強力となったフセイン政権は九〇(平成二)年八月クウェートに侵攻し、同年十一月国際連合安全保障理事会は、翌年一月一日までにイラク軍が撤退しない場合、国連加盟国の武力行使を承認し、期限切れの九一(平成三)年一月十七日、アメリカの組織した多国籍軍はイラク軍と交戦、クウェートから撤退させた(湾岸《わんがん》戦争)。日本政府は多国籍軍に一三〇億ドルもの支援金を支出したが、アメリカの要求に応じ、四月戦後処理のため海上自衛隊掃海艇《そうかいてい》のペルシア湾派遣を閣議決定した(実際には行かなかった)。

アメリカの自衛隊海外派遣の要請は強く、国連を介しての派遣方式がとられることとなり、一九九二(平成四)年六月国連平和維持活動(ＰＫＯ)協力法が成立し、同年九月カンボジアＰＫＯへの自衛隊参加が最初の部隊派遣となり、その後世界各地のＰＫＯ部隊に出動することとなった。

アメリカの日本に対する軍事要請は「極東」範囲を大きくこえるようになってきた。対ソ戦略でこそ必要であった米軍の世界配備での世界地域区分は、冷戦終結後無意味となり、かわってアメリカが自国の利害に決定的影響をもつとするのは、朝鮮半島・台湾・ユーラシア大陸の南の縁辺からイランを含む中近東、そして北アフリカにいたる「不安定な弧」地域となり、日米安保体制は世界的な軍事要請に対応するよう変質させねばならず、またそこでの事前協議制度も米軍の能動性を縛るものとして考慮の外におかれなければならなくなったのである。このことが象徴的に表現されたのが、一九九六(平成八)年四月のクリントン大統領・橋本龍太郎《はしもとりゅうたろう》首相の「日米安全保障共同宣言」のなかでであった。そこでは「日米安保条約が日米同盟関係の中核であり、地球的規模の問題についての日米協力の基盤たる相互信頼関係の土台となっている」と述べられた。この日米合意に基づき、七〇~八〇年代に策定された「ガイドライン」が九七(平成九)年九月に改定され、そこでは「地球的規模での日米協力の検討」が約束された。この具体化として九九(平成十一)年五月周辺事態時の後方支援体制を整備するための周辺事態法が成立し、米軍の軍事活動が開始すれば地方自治体をも含み自動的に支援活動に乗り出す仕組みがつくられた。

一九九九年八月、日の丸を国旗とし、君が代を国歌とする法律が成立したのも、一面では着実に進行している軍事同盟強化が要求する国民意識の統制化の動きと結合したものであった。

九・一一事件後の日米関係

二〇〇一(平成十三)年九月十一日のイスラーム過激派によるいわゆる九・一一事件は、アメリカの軍事的一極支配の姿勢を格段と強化することとなった。十月米軍はアフガニスタンを空爆、同月アメリカ国内では愛国者法が成立し、テロリストとみなされた者は捜査令状なしに拘束されることとなり、FBIには盗聴権限が与えられた。〇二(平成十四)年一月にはブッシュ大統領はイラク・イラン・北朝鮮を「悪の枢軸」と非難し、自衛権を行使して先制攻撃する権利を主張し、単独軍事行動を辞さない態度を明確化した。この方針に基づき〇三(平成十五)年三月、ブッシュ政権は、国連や国際機関が合意した結果として戦争に入るという方式すら放棄してイラク戦争を開始した。その後名目とした大量破壊兵器は発見されず、フセイン政権がテロリストをかくまっている事実も証明することができなかった。

二〇〇一年四月首相となった小泉純一郎《こいずみじゅんいちろう》とその内閣は、アメリカのアフガニスタン攻撃に全面協力し、〇一年十一月、海上自衛隊はインド洋に向け出航し、作戦展開中の米国海軍への給油や人員・物資輸送など後方支援活動に従事した。

二〇〇三年三月に開始されたイラク戦争には、アメリカは陸上自衛隊の出動を日本政府に要請し、これを受け同年七月非戦闘地域への自衛隊派遣を可能とするイラク復興支援特別措置法が成立し、翌年一月より陸上自衛隊が出発した。

九・一一事件はアメリカの世界戦略が練りなおされる契機ともなった。テロとの闘いと米国本土防衛を目的に軍備が再編され、世界のいかなる場所にも一〇日以内に必要な米軍兵力を展開し、三〇日以内に撃破することが方針とされた。このためには戦略展開拠点に強力な米軍を配置し時間的ロスを減少させる必要がある。そのための場所として、イギリス、グアム、ディエゴ・ガルシア（インド洋の英国領）とならび日本が選定されている。

米軍の新戦略に基づき、アメリカは二〇〇三年十一月より日本に対し交渉を開始し、〇六（平成十八）年五月、米日両国は最終的合意をみた。それによれば一四（平成二十六）年までに日本本土にあるアメリカ先端軍団の陸軍第一軍団司令部が改編され前進配備のため座間《ざま》基地に移転し、また同基地に陸上自衛隊中央即応集団司令部が併設されること、在日米軍と在日米空軍の両司令部がある横田《よこた》基地に航空自衛隊航空総隊司令部が移転し、ミサイル防衛のための共同統合運用調整所が新設されること、米軍機の訓練を航空自衛隊の五基地と米軍と共同使用の三沢《みさわ》基地に分散すること、厚木《あつぎ》基地の米空母艦載機部隊を岩国《いわくに》基地に移転させること、沖縄の普天間《ふてんま》飛行場が返還されるかわりに名護《なご》市辺野古崎《へのこざき》の地域に代替施設を建設することなどが約束された。アメリカにとっての残る問題は、自衛隊を米軍とならんで戦闘そのものに参加させることであり、憲法第九条改正はアメリカにとっても重要課題となってきた。

五五年体制の崩壊と政界の再編成

一九九〇年代、米ソ対立の消滅により政界も大きく変動した。五五年体制が崩壊したのである。九三(平成五)年三月金丸信《かねまるしん》元自民党副総裁が汚職事件で逮捕されたのをきっかけに、自民党内の政治改革推進派と野党は連携して宮沢喜一《みやざわきいち》内閣(九一〈平成三〉年十一月成立)の不信任案を同年六月可決し、総選挙の結果、非自民・反共産六党連立の細川護熙《ほそかわもりひろ》内閣が八月に成立した。同内閣のもとで九四(平成六)年三月、五六(昭和三十一)年のときにも七三(昭和四十八)年のときにも民意を正しく反映しないとして廃案となった小選挙区制法が成立した。自民党の長期政権をかえ非自民党政権をつくるのだ、という方向にマスメディアも含め、このときは大きく流れたのである。五五年体制は崩れ、既成諸政党の再編が必須となった。

ところが、細川政権内の内紛を利用し、自民党は日本社会党(一九九六〈平成八〉年一月社会民主党と改称)委員長村山富市《むらやまとみいち》を首相にすえ自社他一党連立内閣をつくることで、九四年六月政権を奪還した。同年七月、連立政権に加わった社会党は日米安保堅持、自衛隊合憲、君が代・日の丸容認の姿勢を明白にした。そして九六(平成八)年一月より自民党の橋本龍太郎が村山首相の後任となった。

小選挙区制下の初の総選挙が迫った一九九六年九月、旧自民党改革派・社会民主党からの分離者が民主党を結成して選挙に臨んだ。翌十月の総選挙で自民党は過半数近い議席を確保した。旧民社党も入っていた新進党は伸びなやみ、その結果、九八(平成十)年七月参議院議員選挙直前に民主党に合流することとなった。この時期から、無党派層の動向が選挙の鍵を握るようになってきた。

一九九八年七月の参院選では、橋本内閣が前年四月より消費税を値上げし、不況の長期化をもたらしたことも影響して自民党は大敗し、橋本首相は責任をとって退陣し、自民党は公明党《こうめいとう》を与党にして政権を維持、小渕恵三《おぶちけいぞう》が首相(九八年七月~二〇〇〇〈平成十二〉年四月)となり、病死ののち森喜朗《もりよしろう》が首相に就任(二〇〇〇年四月~〇一〈平成十三〉年四月)したが、自民党への支持率低下が続いた。

二〇〇一年四月、小泉純一郎が首相となったが、彼は一九八〇年代後半以降の経済的変動のなか、農民層や中小商工業者といった伝統的自民党支持層がそれほど依拠できる支持層ではなくなってきた段階に即応した政治姿勢を一貫してとりつづけた。自民党をぶちこわすと主張して旧《ふる》いスタイルと訣別し、構造改革を前面に押し出して、なにかが変わるとの予感を与え、既得権益の擁護者・抵抗勢力対改革という構図を設計しながら、国民の不満を吸収するかたちで規制緩和と民営化という新自由主義政策を忠実に実行に移していった。そして二〇〇五(平成十七)年九月の衆議院議員総選挙では、郵政民営化の是か非かを唯一の焦点にしぼりこみ、自民党を圧勝させた。〇六(平成十八)年九月、安倍《あべ》晋三《しんぞう》が後任首相となり、同年十二月、防衛庁を防衛省に昇格させ、また戦後民主教育の骨格となっていた教育基本法を改定した。しかし、新自由主義政策は確実に自民党の基盤を弱体化させつつあり、郵政民営化選挙での大勝の波に乗り、憲法改定への態勢を固めようとした安倍政権は二〇〇七(平成十九)年七月の参議院選挙で大敗を喫した。その結果、首相を続ける自信を喪失した安倍にかわり、福田康夫《ふくだやすお》が後任首相となった。

長期不況と日本型経営の解体

一九九一(平成三)年のバブル崩壊後、日本経済は独立後最大の不況に突入した。九三(平成五)年以降は管理的職業従事者をも人員整理の対象としたリストラクチャリングが各企業で展開され、大学卒業生の就職も超氷河期と呼ばれる状況となった。国内景気の回復の遅れとは対照的に企業の海外進出は円高もあってめざましいものとなり、海外で生産されたものが逆輸入され、産業空洞化が現実のものとなってきた。

企業のなかでも土地投資など不良債権を多くかかえた金融業が危機的状況となり、一九九七(平成九)年十一月には北海道拓殖《ほっかいどうたくしょく》銀行が経営破綻し、九八(平成十)年十月には経営危機に陥った日本長期《にほんちょうき》信用《しんよう》銀行が一時国有化される事態となった。

政府は長期不況への対策として、赤字国債の発行による公共事業の拡大、企業減税や規制緩和をおこなった。それによってもたらされる企業活動の自由化と活性化が景気回復の処方箋とされたのである。国債負担増や企業減税による税収不足分は一九九七年四月、消費税を値上げして補おうとした。

臨時行政調査会(臨調)以来の国家財政の種別化は一貫して継続され、企業でもリストラと人員削減・非正規雇用が進行し、公務員では定員削減や業務の民営化が進んだ。この流れのなかで、日本の労資関係の特徴と喧伝されていた年功序列制と終身雇用制が崩壊していった。

米国金融資本の対日進出

ただしこの間の経済的変化は、たんに日本国内の事情によるものではなく、グローバリゼーションの流れと結びついており、日本企業の多国籍企業化、アメリカ多国籍企業の対日進出と不可分離の変化であることは確認しておく必要がある。一九八九(平成元)年から九〇(平成二)年にかけての日米構造協議では、アメリカは、日本に対し公共投資の大拡大による経常黒字の大幅削減、対日輸出を妨害している流通規制の撤廃、対日投資を妨げている株式相互持合いなどの企業グループの系列関係による排他性の除去などを要求し、日本側の合意を勝ちとった。また九三(平成五)年の日米包括経済協議では、政府調達・規制改革・経済的調和など、アメリカが日本の経済障壁とみなすきわめて広範囲な諸問題が取り上げられ、日本が改善を約束した諸条項の達成度は、アメリカが毎年「年次改革要望書」を作成してチェックするという厳しいものとなった。そこでは農産物の輸入検査基準や食品添加物の規制緩和、建設材料の規制緩和と国際基準へのレベルダウン、流通面では大店規制や酒類販売規制の緩和、労働市場では労働者派遣業の規制緩和、衛生では医療・医薬品の規制緩和等々、すべての面で日本の国内法の改正問題が正面から取り上げられていた。

アメリカの対日経済要求は、一方では自動車・電子電気・コンピュータ関連企業・事務機器・医療機器など国際競争力の強い分野から出ているが、他方、アメリカの主要産業となってきた金融業・保険業・不動産投資業などに代表される金融資本の分野からも出されてきている。具体的には年金基金・郵便簡易生命保険・郵便貯金などの資産運用を民間の投資顧問会社に開放すること、銀行による投資信託商品販売を許可すること、証券市場の規制緩和、保険新製品導入に関する規制緩和、国境をこえる資本取引での外国為替規制の撤廃等々が要求されたのである。

その結果、一九九六(平成八)年十一月、橋本龍太郎首相は所信表明演説で「金融ビッグバン」を改革の目玉にすると述べ、九八(平成十)年六月の金融システム改革法によって、銀行・証券・信託・保険などが持株会社によって統合することが可能となった。郵政民営化の本質も巨額の郵便貯金や簡易生命保険の資金を日本とアメリカを先頭とする外国の金融資本に開放するところにある。

格差社会の到来

このような経済的変動の結果、日本社会は大きく変貌してきた。

社会保障システムでは、健康保険法の改正により、保険料は一九九七(平成九)年から本人二割負担、そして二〇〇三(平成十五)年よりは三割負担となってきた。一九八四(昭和五十九)年に国民健康保険(国保)の国庫負担率が四五%から三八・五%に引き下げられた以降の数度の改正で市町村は保険料を値上げせざるをえなくなり、二〇〇六(平成十八)年には国保保険料の滞納世帯は四八〇万世帯を上回

JR 西日本福知山線の脱線事故　2005（平成17）年４月25日，過密ダイヤの結果，尼崎市内で脱線事故が発生，死者107人・重軽傷者555人という大惨事となった。

り、一年以上滞納し保険証を取り上げられた世帯が三五万世帯にまで達した。年金制度も一九九四（平成六）年に再改正され、この年に四十五歳以下の者では年金支給開始年齢が六十五歳となり、また年金保険料が引き上げられた。

社会は高度成長期の一億総中流化と逆に格差社会の様相を呈してきた。勝ち組・負け組という言葉が流行語となった。生活保護受給者は一九九五（平成七）年の八八万人から二〇〇五（平成十七）年の一四七万人に増大し、無貯蓄世帯は一九八〇年代の五％から二〇〇五年の二三・八％に上昇してきている。

生活水準の低下は、実質賃金が二〇〇〇（平成十二）年の指数を一〇〇とすると〇六年には三・三もさがっていることからもうかがえるが、その一因は、一九九九（平成十一）年に労働者派遣業を原則自由化（八四年には一六業種のみ）としたことなどによる非正規雇用（パート・アルバイト・派遣・契約社員など）の増大にある。一九八四年で男女合計で一五・三％だった非正規雇用が二〇〇六年には三三・〇％に上昇し、とくに若年層（十五～三十四歳）の非正規雇用労働者は三三四万人にのぼっている。

企業の人員削減や規制緩和によるチェックシステムの崩壊により、日本社会の安全体制そのものが大きくゆらぎ始めている。二〇〇五年四月、JR西日本福知山《ふくちやま》線での死者一〇七人を出した脱線事故、同年十一月の鉄筋コンクリート建造物耐震強度偽装事件（一九九八〈平成十〉年建築基準法が改訂された）などに氷山の一角がかいまみられる。社会の安全・保守・保安機能の著しい低下により、今後どのような大惨事が引き起こされるかもしれないのである。また金融緩和政策のなかで、二〇〇六年一月、ライブドア社長堀江貴文《ほりえたかふみ》の証券取引法違反容疑での逮捕事件が発生した。

6　リーマン・ショックと民主党政権の成立

リーマン・ショックの打撃

一九九〇年代からアメリカの主要産業となった金融業・保険業・不動産投資業などに代表される大金融資本は、経済の実態を反映しない巨額の資金を利用し、証券業務中心の投資銀行形態をとるようになり、これによりさらに全世界に対し金融市場の自由化を要求、欧州や日本の巨大金融機関も多国籍企業化し、商業銀行から投資銀行に変貌していった。二〇〇七年よりアメリカでは投資ファンドに組み込まれた低所得者向け高利型住宅ローン(サブプライム)の焦げつきが表面化、金融不安が発生・拡大、ついに〇八年九月には大手証券会社リーマン・ブラザーズが破綻《はたん》、大手証券会社メリルリンチが巨大銀行に身売りし、十月には米国発世界同時株安が進み、米国の三大自動車メーカーの経営危機・米国五大投資銀行すべてが破綻という世界的金融恐慌に発展(リーマン・ショック)、アメリカでは十一月、健康保険制度の改革を国民に約束する初のアフリカ系民主党大統領候補オバマが当選する。日本では一九八五(昭和六十)年労働者派遣法制定以来数次の改定により雇用の調整弁、モノとして扱われてきた約四〇万人余の派遣労働者・非正規労働者が二〇〇九(平成二十一)年三月までに失業、路頭に投げ出された。東京の日比谷《ひびや》公園では「年越し派遣村」が設けられる。

不況の続くなか、支持率が低落する自民党福田康夫《ふくだやすお》首相は二〇〇八(平成二十)年九月に辞任、かわって麻生太郎《あそうたろう》が首相となったが、〇九年七月の失業率は過去最悪の五・七%、完全失業者は三五九万人となり、八月の衆議院議員総選挙では一一五議席の民主党《みんしゅ》が三〇八議席を獲得し圧勝、九月鳩山由紀夫《はとやまゆきお》が首相に就任した。

民主党政権の成立

民主党当初の政治姿勢は、⑴構造改革のひずみ是正、⑵環境問題への積極的取り組み、⑶沖縄普天間基地《ふてんまきち》の県外移転、⑷東アジア共同体の形成の四本柱であった。しかし米軍の沖縄基地はアメリカ東

東京電力福島第一原子力発電所事故後の３号機原子炉建屋のようす(2011年４月10日撮影)

アジア軍事戦略の拠点中の拠点、同国とアメリカに迎合する外務省の圧力で、第三の約束は不可能となり、鳩山首相は不明を恥じ辺野古《へのこ》への移転を認めると、二〇一〇(平成二十二)年六月退陣、菅直人《かんなおと》が首相となったが、一一(平成二十三)年三月十一日の二万人以上の死者・行方不明者を出す東日本大震災と、東京電力福島第一原子力発電所で発生したメルトダウンという、スリーマイル島(一九七九年)、チョルノービリ(チェルノブイリ、八六年)に続く世界史的原発事故に遭遇、苦境を乗り切るため自公路線に接近して消費税増税を明言、党内対立で九月に辞任した。かわって野田佳彦《のだよしひこ》が首相となったが、彼は自公両党を取り込み消費税増税実施に猛進、二〇一四(平成二十六)年四月に八%、一五(平成二十七)年十月に一〇%という増税法を一二(平成二十四)年八月に成立させた。

　格差是正と東アジアの軍事緊張軽減を望んでいた国民

には民主党と自公両党との違いが不明となり、深い失望感が社会全体を覆った。同年十二月の衆議院議員総選挙では自公両党あわせて衆議院の三分の二以上を獲得、自民党以上に新自由主義的改革を主張する日本維新《いしん》の会も五四議席を獲得、国民の期待を喪失した民主党は、公示前の二三〇議席(選挙直前、未来の党が民主党から分裂)から一七三議席も失うという壊滅的敗北を喫した。

7　第二次安倍内閣とその諸施策

第二次安倍内閣の成立と金融緩和政策

二〇〇六(平成十八)年九月、第一次内閣を組閣した安倍晋三《あべしんぞう》首相は、「戦後レジームからの脱却」を宣言、教育基本法の改定による愛国心教育の実現や防衛庁《ぼうえいちょう》を防衛省に昇格、自衛隊《じえいたい》の海外活動を本来任務に格上げさせた。しかし経済不況のもと国民の支持はつづかず、二〇〇七(平成十九)年七月の参議院選挙では自公両党より民主党議員が多数となり、「ネジレ国会」が出現したことによって政権維持の意欲を消滅させ、九月に退陣する。

三年余の苦しい野党生活のなかで自民党総裁安倍晋三が肝に銘じたことは、政権を長期に維持し、自己の抱負を着実に実現していくためには、なんとしても経済を好況に転化し、そして持続させつづけることだ、という教訓であった。小泉《こいずみ》政権のときから自民党はその軸足を農民層や中小商工業者という伝統的支持層から都市高所得者層および都市中産階級上層に移行させていった。したがって第二次安倍政権が発足当初より打ち出した金融政策こそが「異次元の金融緩和」となる。新自由主義経済学が主張するリフレーション（デフレ後の通貨再膨張）理論に基づき、赤字国債を予算に組み入れ、市場に流し込み、それを日銀が大量に買い入れることにより国債の価格が上がって金利は低下、企業は金を借りやすくなり、消費や投資が拡大、賃金・物価が上がる好循環を生み出す、この政策により二年後には物価を二％上昇させると二〇一三（平成二十五）年四月に約束する。具体的には二〇一三年度予算では九二・六兆円のうち四五・四兆円が国債収入という予算を組んだのである。

戦後日本は戦時中の巨額の赤字国債発行によりインフレが昂進、日本経済自体が崩壊したのに鑑み、一九四七（昭和二十二）年四月、新憲法の付属法規として財政法を制定し、「国の歳出は公債または借入金以外の歳入をもってその財源としなければならない」「すべて公債の発行については日本銀行にこれを引き受けさせてはならない」と規定した。

「二年間に二％の物価上昇」の公約が実現不可能となった二〇一四（平成二十六）年十月、日銀は市場に流し込む資金を増大させる追加金融緩和を決定、また長期国債の日銀買い入れ高をそれまでの年間五〇兆円から八〇兆円に増加させることにした。

経済の好況を創出し持続させるためには高めの株価を維持させ続けなければならなくなる。安倍内閣はこのために二つの方法を用いた。

ひとつは株価に連動して値上がりする投資信託（ＥＴＦ）を日銀が一年で一兆円購入することである。しかも資金が株式市場に投じられるのは株が下落した段階である。二〇一四年十月には年三兆円に拡大、さらに一六（平成二十八）年七月には年六兆円に、そして二〇（令和二）年三月には一二兆円に増額されていく。

あとひとつは年金積立金管理運用独立行政法人（ＧＰＩＦ）に預けられている国民年金・厚生年金積立金約一三〇兆円の国内・外国株式投資枠を拡大していくことである。二〇一三年六月現在で同法人の国内株式保有額一五・七％は一四年六月には一七・三％に増大、同年十月には国内株式と外国株式の比率をそれぞれ二〇％台なかばまで増大させることが決定された。国家による明瞭な株価下支《したざさ》え（「官制相場」）政策であり、株価下落の場合甚大な欠損を国民からの拠出金に与えることになる。

二年間で二％の物価上昇との約束は実現されないまま、市場へのさらなる資金注入のため二〇一六年一月にはマイナス金利導入が決定され、ついに一八（平成三十）年四月、物価上昇二％達成目標の時期が削除された。

このような金融緩和政策の結果、二〇一九（平成三十一）年九月現在、日銀のかかえ込んだ長期国債は一三年一月の一一〇兆円から四六九兆円に膨張、また一九年三月現在、日銀はＥＴＦ二八・四兆円、ＧＰＩＦ三七・八兆円を所持することになり、日本の株式の一一・一％が公的マネーになってきている。

成長戦略の推進

新自由主義経済学による経済成長の第二の方策は企業に対する法人税軽減であり、そのことによって企業家の経営意欲を増大させ、経済成長を加速させていくというものである。ただしこの政策は一国限りで採用される訳ではない。諸国も「底辺への競争」といわれる法人税軽減競争に参加せざるをえない。

企業活動の活性化によってパイが増大、そのしたたりが勤労者と国民に落ちてくるというトリクル・ダウン理論にのっとり、法人税は二〇一五(平成二十七)年・一六(平成二十八)年・一八(平成三十)年の三度にわたって引き下げられ、一九九〇(平成二)年度では税率で三七%だったのが、二〇一九(平成三十一)年度には二三・二%に低落、加えて研究開発減税や連結納税制度の適用により大企業の法人税負担はさらに減少していく。この結果、二〇〇八(平成二十)年度の大企業の経常利益は三一・九兆円だったのに一九年度は九六・三兆円と約三倍に増え、他方同時期の法人税収は一〇兆円から一二兆円に微増したに過ぎなかった。この結果、一九八九(平成元)年度一般会計税収五四・九兆円に占める消費税の割合は六%だったのに、消費税率が九七(平成九)年四月五%、二〇一四(平成二十六)年四月八%、一九年十月一〇%と引き上げられたことにより、二一(令和三)年度予算案では一般会計税収の三五・三％を占めるまでになってきた。ただし同年度一般会計税収見積りは五七・四兆円と一・〇五倍にとどまっている。

新自由主義経済学による経済成長の第三の方策は自由な資本活動を制約しているとの理由のもと、労働基準法等諸般の労働規制を緩和・廃止することであった。一九四七(昭和二十二)年十一月制定の職業安定法は「労働者供給事業は一般にこれを禁止する」と規定したが、一九八五(昭和六十)年六月の労働者派遣法によって改変され始め、二〇〇三(平成十五)年には製造業にまで拡大されていった。構造改革のひずみ是正を掲げる民主党政権は労働契約法を改正、非正規雇用労働者への不合理な差別禁止、五年の雇用継続で無期雇用へ転換するルールを制定したが、第二次安倍内閣は二〇一五年労働者派遣法を改定、専門業務を除き原則一年、最大三年の期間制限を廃止、何年でも派遣延長を可能にした。二〇一八年六月には労働時間管理をなくす「高度プロフェッショナル制度」を導入、また残業時間は単月一〇〇時間超過を容認する法律を成立させ、同時に「多様な就業形態の普及」との名目で働き手を個人事業主とみなす「フリーランス」(自由契約)労働形態を奨励することとなった。この労働形態では労働時間・解雇・最低賃金・厚生年金・労働災害などの各種労働法すべてが適用されなくなる。

労働法規関係の諸規制廃止・緩和による象徴的事故が、繰り返される大型バス事故である。二〇〇〇(平成十二)年道路運送法改定によりバス事業規制が大幅に緩和され、貸切りバス事業への参入が免許制から許可制に、運賃・料金が認可制から届け出制に変更、参入者が急増、一〇輌以下の小規模業者が増えて競争が激化し運賃引き下げ競争が発生、しかも旅行会社がバス事業者に不当な低価格を強要する事態となった。

二〇〇七(平成十九)年二月、あずみ野観光スキーバスが大阪府吹田《すいた》市の府道で添乗員一人死亡、二六人重軽傷の事故を起こした。大型免許とりたての運転手一人で長距離バスを運行させているなかの大事故である。二〇一二(平成二十四)年四月には群馬県藤岡市の高速ツアーバスが事故を起こし、乗客七人が死亡した。二〇一六年一月、長野県軽井沢町で大型スキーバスが転落、乗客の大学生など死者は一五人にのぼった。

憲法九条の解釈変更と「集団的自衛権」

一九四七(昭和二十二)年五月施行の日本国憲法第九条は「日本国民は、正義と秩序を基調とする国際平和を誠実に希求し、国権の発動たる戦争と、武力による威嚇又は武力の行使は、国際紛争を解決する手段としては、永久にこれを放棄する。前項の目的を達するため、陸海空軍その他の戦力は、これを保持しない。国の交戦権は、これを認めない。」と規定している。

日本国憲法第九条規定と自衛隊《じえいたい》の存在、日米安全保障条約締結との整合性をつけるため、歴代自民党政権下の内閣法制局は、日本が存立危機に陥った場合のみ自衛権を発動できるという「専守防衛論」の立場を取り続けてきた。

他方アメリカはその超軍事大国の地位を固守し続けるため、軍事同盟を締結している国々に対し軍隊の海外派兵と集団的自衛権の行使を当初より求め続けてきた。一九六〇年代のベトナム戦争では韓国軍などはベトナム戦争に参加、九〇年代にはNATO諸国も国連決議のないまま九九年のコソボ内戦に参加し、二〇〇二年以降はアフガニスタンにも自国軍隊を派遣することになる。

二〇〇八(平成二十)年七月の洞爺湖《とうやこ》サミットではブッシュ米国大統領自身が福田康夫《ふくだやすお》首相に対し、アフガニスタン本土への自衛隊派兵を強く要求したが、首相は憲法第九条により日本は派兵不可能と応対した。

二〇〇九(平成二十一)年九月に「東アジア共同体の形成」を掲げて発足した民主党政権をアメリカは極度に警戒した。とくに米軍航空機ならびに艦船への核兵器搭載に関する米日諸密約が暴露されることを恐れたのである。

第一次内閣発足当初より憲法改定を明言し続けていた第二次安倍内閣の発足をアメリカは米日安保による集団的自衛権行使実現の好機と歓迎、ただし米日共同作戦で極度に警戒すべきことは軍事機密の共有化による極秘情報の漏洩《ろうえい》であった。そのため、それまで公務員が国家機密を漏洩した場合は一年の懲役だったのが、二〇一三(平成二十五)年十二月「特定秘密保護法」が制定、一〇年の懲役《ちょうえき》、機密に接近しようとするジャーナリストも処罰されることとなった。

「戦争反対」「9条こわすな」と書かれた紙を掲げる人たち
(2014年6月17日，東京都千代田区)

安倍内閣は歴代内閣法制局の憲法解釈・説明を転換させるため、それまで外務官僚から法制局に出向した前例がなかったにもかかわらず、「集団的自衛権」論者の駐仏大使を法制局長官に任命、二〇一四(平成二十六)年七月の臨時閣議において、アメリカへの攻撃には自衛隊が参戦、反撃できるという日本国憲法解釈の大変更をおこなった。当時「立憲主義」破壊と批判された。憲法の上に閣議決定が据えられたのである。骨子は

(1)密接な関係の他国に武力攻撃が発生し、日本の存立が脅かされ、国民の権利が根底から覆される明白な危険がある場合、集団的自衛権を含む自衛のための措置をとる

(2)自衛隊の国連平和維持活動(ＰＫＯ)など

で自衛隊が武器を使用する場面を拡大する
(3)自衛隊が他国軍に後方支援をおこなう場を「非戦闘地域」に限るという制約は撤廃する

というものである。二〇一五(平成二十七)年九月の国会採決以前、安倍内閣は同年四月、一九九七(平成九)年につぐ日米ガイドラインを改定、日米同盟の地球規模化をさらに明確にする。

同内閣は同年五月、集団的自衛権を法制化すべく安全保障関連諸法案(反対派は「戦争法」と命名)を国会に上程したが、国会審議では自民党推薦の憲法学者までが憲法違反と明言、証言に立った歴代の内閣法制局長官も本法案は憲法違反だと証言した。国会審議が大混乱したまま、九月十九日同法案は強行採決され、二〇一六(平成二十八)年三月二十九日より施行された。二〇一二(平成二十四)年よりPKO法に則り南スーダンに派遣されてきた自衛隊部隊に対し、一六年十一月、同法に従い戦闘の場に参加する「かけつけ警護」任務が課せられた。また二〇一七(平成二十九)年から開始された米軍防護行動は二〇(令和二)年には二五件に達する。

憲法第九条と武器輸出との関係をいかにするかは一九六〇~七〇年代の自民党政権においても重要な課題であり、佐藤栄作《えいさく》首相も三木武夫《みきたけお》首相も「武器輸出三原則」を明言した。それは、(1)共産圏諸国向け、(2)国連決議により武器輸出が禁止されている国向け、(3)国際紛争の当事国又はその恐れある国向けの場合、武器と武器技術は輸出しないという原則である。一九八三(昭和五十八)年日米関係を「運命共同体」と位置づけた中曽根康弘《なかそねやすひろ》首相はアメリカの要請を受け、武器技術の対米供与を決定、三原則の例外をつくった。

第二次安倍内閣は二〇一四年四月、「武器輸出三原則」を廃止、「当該移転が日本国政府の締結した条約その他の国際約束に基づく義務に違反する場合」に移転を禁止するという「防衛装備移転三原則」を閣議決定し、日米間での共同武器開発を適法化し、この任務遂行のため同年十月防衛装備庁が発足、米日共同の最新軍事諸技術を両国で開発すべく、大学を含む国立研究諸機関の研究者の動員を開始する。

自公圧勝

一九九七(平成九)年十月の衆議院議員総選挙から開始する小選挙区制度の特質が明白になったのは二〇〇五(平成十七)年九月、小泉首相が郵政民営化の是非を唯一の焦点にしぼりこんだ衆議院選挙の時期からとなる。従来の中選挙区制度下では自民党内の各派閥《はばつ》集団の政見の相違は実際には多党的機能を果たし、一九七〇年代の自民党政権危機の際、党内の政治的幅の広さが自民党を危機から救出させた。小選挙区制下の政権党総裁は党公認候補の選定権とともに、小選挙区制導入の際あわせて創設された議員数に応じる巨額な政党助成金配分権限の両者を掌握する。自己の政見に沿う候補者のみを公認し、合致しない者は認めない。二〇〇五年九月の総選挙では小泉チルドレンなる流行語が登場するが、第二次安倍内閣は、数次の国政選挙のたびにこの手法を駆使し、圧倒的多数の党内派閥を形成していった。他方で中選挙区制では存在しなかった厖大な死票が毎回つくり出される。二〇一二(平成二十四)年・一四(平成二十六)年・一七(平成二十九)年の三次の衆議院議員選挙での死票は約五〇%となっている。さらに有権者には誰が当選するかが問題であり、第二位以下の候補者得票はすべて死票となるため、当然のこと棄権と国民の政治離れが恒常化する。総選挙の投票率は二〇一二年五九%、一四年五三%、一七年五四%と低落したままである。

安倍首相は二〇一三(平成二十五)年七月の参議院選挙で自公を圧勝させ、衆参両院で「ねじれ国会」を解消、一四年十二月の衆議院選挙では自公で議席数の三分の二をこえさせ、一六年七月の参議院選挙でも与党を圧勝させ、憲法第九六条に基づき衆参両院ともに憲法改定を発議しうる議席数を獲得した。

首相への権力集中とその影響

第二次安倍内閣の特徴は従来の政党と官僚とのあいだに形成されてきた先例・前例の徹底した無視となる。二〇一三(平成二十五)年三月、日本銀行出身ではないリフレーション派のアジア開発銀行総裁黒田春彦《はるひこ》を日銀新総裁に選任、同年八月、集団的自衛権論者の駐仏大使小松一郎を内閣法制局長官に任命したことなどが好例であるが、この官邸主導の官界支配は二〇一四(平成二十六)年五月、官房長官菅義偉《すがよしひで》のもと、内閣人事局が創設され、各省庁の事務次官・局長・次長・部長候補者約六〇〇人の人事権を官邸が一手に掌握することにより制度化され、各省庁人事は官邸に組み込まれ、各省庁には政権子飼の局長・次長がつぎつぎと存在する事態となった。

メディア支配は政権党の主要な関心事である。二〇〇一(平成十三)年一月の森喜朗《よしろう》政権では、安倍晋三内閣官房副長官の意向が伝えられ、「女性国際戦犯法廷」を取り上げたNHK番組が改変させられる。NHKは予算編成を内閣に管掌されており、経営委員会委員と委員長は政権に批判的な番組作成を自粛する姿勢を取ることとなる。二〇一四年一月、「政府のいうことを中心に報道しなければならない」と公言する籾井勝人《もみいかつと》がNHK会長に任命された。メディア支配はさらに民放にもおよぶこととなった。総務省は放送法に規定する「放送の不偏不党《ふへんふとう》」の判断基準を放送事業者の番組全体を見て判断するとしてきたが、二〇一四年十二月から官邸より「けしからん番組は取り締まる」との圧力がかけられ、ついに一六(平成二十八)年二月には高市早苗《たかいちさなえ》総務相は番組内容に偏りがあると認定すれば電波停止を命令しうると国会で明言、民放各社は政権監視能力を大幅に萎縮させることになる。

二〇〇一年九月の九・一一事件は米国民と同時に米国国家そのものも震撼《しんかん》させた。十月愛国者法が成立、「テロリスト」を捜査令状なしに拘束、FBIに盗聴権限が賦与された。市民社会を覆いつくす巨大な「監視国家」が成長し出した。同国ではこの国家形態を「国家安全保障国家」(ナショナル・セキュリティ・ステイト)と呼ぶこととなる。

市民社会への国家の監視体制の強化は、米国同様、日本国家の要求ともなった。二〇一七(平成二十九)年六月、第二次安倍内閣は「テロ等準備罪処罰法」(=「共謀罪《きょうぼう》」)を成立させる。テロ集団・組織的犯罪集団などと自称し活動する者は存在しない。取締り対象かどうかの判断はすべて捜査機関に一任される。捜査網は広げられ、そのなかから「共謀」の事実が探り出される。日本国民全体が監視対象となり、そのためには総背番号制と盗聴・監視カメラ、そしてメールの傍受などが不可欠となる。

小選挙区制度のもと、一強多弱の野党分立のままの国政選挙では圧倒的に与党に有利となる。二〇一五(平成二十七)年九月の安全保障関連諸法案強行採決の時期より、立憲政治の危機を痛感した諸野党と市民諸団体のあいだで選挙協力の試みが開始され、とくに各種自治体選挙での候補者一本化と参議員一人区の選挙区での候補者一本化の試みが展開していき、一九(平成三十一)年七月の参議院選挙では野党間と市民との共闘のなかで全三二の一人区で一本化を実現、そのうち一〇選挙区では野党統一候補が勝利、与党は改選過半数となったが、改憲に必要な三分の二以上の議席を獲得できず、安倍首相は早急な改憲発議を断念せざるをえなくなった。

強力な首相と首相官邸への権力集中は種々のスキャンダルを発生させる条件をつくり出した。教育勅語《ちょくご》教育を推進する森友《もりとも》学園への国有地安価払下げ事件(二〇一七年二月表面化)、首相「腹心の友」が理事長の加計《かけ》学園の獣医学部新設要求への便宜供与問題(一七年五月表面化)、公費で開催される国家行事「桜を見る会」に首相が後援会メンバーを参加させて公的行事を私物化し、しかもその招待者名簿がなぜか裁断された事件(一九年十一月表面化)、さらには政権に近い検察庁幹部の定年をそれまでの政府見解を反故《ほご》にして延長させようとした強引な試み〈二〇〈令和二〉年一月表面化〉などが、つぎつぎと明らかとなった。世論の支持を失うなかで安倍首相は二〇年八月、健康問題を理由に退陣せざるをえなかった。圧倒的議席数を擁しているものの、支持率が低落すれば政権運営は不可能に陥るのである。

8 新型コロナ禍とウクライナ侵攻下の日本

コロナ禍の政権運営

二〇二〇〈令和二〉年一月、中国武漢《ぶかん》市の都市封鎖から急速に拡大した新型コロナウイルス感染症は三月、WHOによりパンデミック〈世界的大流行〉と認定されるにいたり、脆弱《ぜいじゃく》化させられつづけてきた医療体制下の日本の医師・病院・看護師、介護・保育職員の人びとは日夜過重労働のなか治療と予防に奔走、オリンピックも開催が一年延期、また無観客開催となった。しかも依然としてコロナ禍は継続している。

二〇二〇年九月首相となった菅義偉《すがよしひで》は第一次・第二次安倍晋三《あべしんぞう》内閣を一貫して支えてきた安倍首相の腹心、第二次内閣では官房長官をつとめつづけた政治家であり、安倍政治を全面的に継承する。就

無観客開催となった東京オリンピック（2021年8月3日，体操男子種目別鉄棒表彰式）

任直後の同年十月、日本学術会議会員候補者一〇五人のうち、政府に批判的な六人の任命を拒否した。二〇一五（平成二十七）年集団的自衛《じえい》権の法制化より防衛装備庁のもと日米共同軍事技術開発が本格化し、軍産学共同で武器を開発すべく巨額な資金をもって「安全保障技術研究推進制度」が設けられた。

　しかし、政府から独立して選出された多様な研究者の総意を代表して政府に勧告することを法的に保障されている日本学術会議は、二〇一七（平成二十九）年三月「軍事的安全保障研究に関する声明」を発表、戦前科学者が戦争に大量動員された苦い経験を踏まえ、「戦争を目的とする科学の研究は絶対にこれを行わない」とうたった一九五〇（昭和二十五）・六七（昭和四十二）年の声明を引き継ぎ、しかも防衛省の委託研究制度は「政府による研究への介入が著しく、問題が多い」と批判する。この声明以降、政府側から種々の攻撃が日本学術会議に加えられ、ついにこの任命拒否にいたったのである。日本国憲法と集団的自衛権との矛盾がここでも露呈する。

安倍前首相の各種の不祥事への解明拒否、政治に学術体制を従属させる姿勢、さらにオリンピックを強行し新型コロナの感染拡大を阻止できなかったことにより、支持率を低落させた菅首相は、二〇二一(令和三)年十月の衆議院議員総選挙への悪影響から九月に辞任し、十月岸田文雄《きしだふみお》が安倍派の支持のもとで首相となる。

十月の衆議院選挙では市民連合と野党四党は、立憲主義の回復、新型コロナウイルス対策の強化、格差・貧困の是正、地球環境を守るエネルギー転換、権力の私物化を許さず公平で透明な行政の実現、ジェンダー視点の社会の実現の六項目で合意、また共産党の閣外協力という政権問題での合意がはじめて成立した。自公両党は「自由民主主義政権か共産主義政権かの体制選択選挙」と争点をしぼり、改憲勢力は議席の三分の二以上を獲得した。

ウクライナ侵攻と「日本の選択」

二〇二二(令和四)年二月、ウクライナ軍と親ロシア住民との内戦、NATOの東方進出を理由に、ロシアは国連憲章と国際法を破りウクライナに侵攻、しかもロシアは国家存立の危機には核兵器の使用も辞さないと公言、日本を含む全世界の支持と同情はウクライナに集中し、アメリカはこの有利な国際情勢を好機とし日本を対中対ロ包囲網構築に動員しようとする。集団的自衛権行使の名目のもと岸田内閣は全面的にアメリカに同調、中国・ロシアの軍事的脅威を争点とし、自民党は二〇二二年七月の参院選で一二五議席の過半数を単独で確保した。直前街頭演説中の安倍元首相は旧統一教会信者二世により狙撃され死亡する。

二〇二二年十二月、アメリカの強い要求に応じ、岸田内閣は米軍と協力、敵基地攻撃能力を保有することなどを明言する安全保障三文書を閣議決定、翌年一月末アメリカでの講演のなかで岸田首相は、今回の決定は一九五一（昭和二十六）年の日米安保《あんぽ》条約締結、六〇（昭和三十五）年の安保条約改定、二〇一五（平成二十七）年の集団的自衛権法制化につぐ歴史上もっとも重要な決定と自讃する。二〇二三（令和五）年五月九日、米タイム誌（電子版）は「日本の選択」と題し、「岸田氏は数十年にわたる平和主義を放棄し、日本を真の軍事大国にしたいと望んでいる」と紹介した。六月に終了した国会は自民・公明・日本維新の会・国民民主党の絶対的多数のもと、審議がほとんど尽くされないまま、五年間で四三兆円の軍拡財源を調達する「軍拡財源法」「軍需産業支援法」「原発推進五法」、健康保険証を廃止する「マイナンバー法」改定などが続々と成立した。米軍と協力して敵基地攻撃能力を保有するとの岸田政権の決定は日本国憲法との矛盾を極端にまで拡大する。岸田首相は二〇二四（令和六）年自民党総裁選までに改憲を断行するとの意志を声明した。

日本の現況

ここでは二〇二三(令和五)年十月末段階の日本の現況を客観的におさえておこう。

軍事費は第二次安倍内閣成立以降年々増大し続け、二〇一四(平成二十六)年度予算では四兆八八〇〇億円だったのが二三年度予算では六兆八〇〇〇億円強までに膨張してきた。政府の在日米軍経費支出(=「思いやり予算」)も増大の一途をたどり、二〇二二(令和四)年より「同盟強靱《きょうじん》化予算」と名称を変更した。政府は今後五カ年で軍事費を現状の二倍、年一一兆円台にまで増やす方針を立てた。

国会審議では軍事費拡大の財源は聖域化され、審議されてこなかったのに対し、社会保障削減提案には必ず財源問題が理由とされ続けた。

日本国憲法第二十五条は「すべて国民は、健康で文化的な最低限度の生活を営む権利を有する。国は、すべての生活部面について、社会福祉、社会保障及び公衆衛生の向上及び増進に努めなければならない。」と社会保障制度の原則を規定している。一九六〇年代末、朝日訴訟などの民衆運動のなかで生存権思想が国民のなかに浸透していった。日本国憲法の社会保障の法的根拠は「応能負担」を原則とし、所得税・資産税を財源とし、社会保障給付を通じ垂直的所得再配分をおこない社会の格差《かくさ》是正《ぜせい》と安定化をはかるというものであった。

一九八〇年代初頭の臨時行政調査会はこの原則を改変し、農業・社会保障・文教費は受益者負担を増大させ政府の財政支出は削減すべしと答申、この答申の忠実な実践がその後政府の財政原則となった。社会保障の新原則は「応益負担」とされ「受益者負担」が当然とされ、「自己責任」論が社会に蔓延《まんえん》、政府は「自助・共助・公助」と順序づける。国民年金保険料は一九九〇（平成二）年度の月八四〇〇円から二〇二〇（令和二）年度の一万六五四〇円に引き上がった。

二〇一八（平成三十）年より国民健康保険の国庫支出は全廃されその運営は市町村担当とされることとなった。六十五歳以上の介護保険制度は二〇〇〇（平成十二）年より開始するが、保険料が発足時には月二九〇〇円だったのが二一（令和三）年には月六〇〇〇円以上となり、一八年の介護保険料未納者の財産差押えは一万九二二一人と増大していく。二〇二二年より七十五歳以上の健康保険負担は相当数が一割から二割に増大される。生活保護利用世帯も二〇一七（平成二十九）年には一六四万世帯と増加の一途をたどり、そのうち高齢者世帯は五二・七％となる。非正規従業員が男性の二倍以上の女性においては、一九九三（平成五）年では合計特殊出生率が一・四六人であったのに、二〇二一年には一・三〇人と低落、主要因は働きながら出産するのが年々困難になってきているためである。

農業にもこの原則が忠実に適用され、一九七〇（昭和四十五）年より開始された減反《げんたん》政策はついに二〇一八年に撤廃、完全自由化の大波にさらされ、二〇二二年には食糧自給率はカロリーベースで三八％にまで低落する。

「異次元の金融緩和」、法人税・所得税の減税、規制緩和と公共事業の民営化などによって経済成長を生み出し、勤労者の所得を増大させ、購買意欲が増大して物価を二％上昇させるとの第二次安倍内闇の経済政策は成果をともなわなかった。二〇一三(平成二十五)年以降の経済成長率は年間〇・六%と停滞し続け、物価が高騰するのはウクライナ侵攻によって世界的サプライ・チェーン(物資供給網)が完全に破壊されたためであった。

二〇〇〇年代に入り日本企業はアジアの低賃金諸国への投資を激増させ、国内総生産(GDP)のうち製造業の付加価値は一九九一(平成三)年の一二五兆円から二〇一四年には九〇兆円と減少した。海外で生産した製品の輸入などで貿易収支が赤字の年も増え産業の空洞化が進んだ。

しかも海外生産は技術流出と不可分であった。世界で圧倒的シェアを握っていた日本の半導体技術も委託生産のため台湾企業に技術が全面的に移転された。自動車の海外生産台数も国内生産台数をはるかに上回るようになってきている。

他方でアメリカの巨大な金融資本は日本の金融資本と提携し、株主利益優先の経営を日本企業に強く要求、配当の増大のみを求め、そのため企業側は賃金の切下げと労働者の非正規化が必須となった。また当然のこととして企業の長期的成長や技術開発投資は「株主資本主義」のもと、おろそかにされることとなった。日本は成長できない国に転落しつつある。

非正規職員・従業員は一九八九(平成元)年の八〇〇万人から二〇二二年には二一〇〇万人に増大、実質賃金は一九九六(平成八)年の四四五万円から二〇二二年には三八〇万円と低落する。

企業はその利潤の一定部分を労働者の賃金にまわさなければならないが、利潤の労働分配率は大企業ではリーマン・ショック以降右肩下がりとなり、二二年度は三六・六％と過去平均の四四・四％を大きく下回った。大企業の内部留保は二三年には五二八兆円の巨額に達するも、設備投資にまわされる比率は僅少であり、多くは金融投資・自社株買い・海外投資に向けられている。

景気停滞のなか株価のみが政府・日銀の下支えのもと高値を維持し続けているが、日本経済の実態は円の価値下落に如実にあらわされることとなった。まだ国内経済力が豊かだった二〇一一(平成二十三)年では一ドル七五円強の円相場は二二年十二月には一三四円台、二三年十月末では一五〇円にまで低落し続けている。

アメリカや欧州ではコロナ禍での財政出動もあってインフレが昂進、それをおさえるべく現在金利を段階的に引き上げつづけている。他方日本は巨額の財政出動をつづけた結果、国債発行額が一〇〇〇兆円をこえ、しかも日銀がかかえてしまった長期国債は五八七兆円と発行残高の五割強になってしまった。ドル高・円安の状況は機関投資家の日本国債売却、高金利のドル購入となるのはグローバルな新自由主義国際経済の必然である。国債の価格低下は金利上昇と国家財政での国債利払い分急増を引き起こす。日銀は二〇二三年十月に長期金利の上限を一・〇〇％に引き上げざるをえなくなった。事態はこのままで沈静化するのか？　日本の国債はすでに主要先進国、独・加・米・仏・英・中のなかで最下位の位置付け(二〇二三年五月現在、フィッチによる)をされているのである。

終章　二十一世紀の日本の課題

日本人老若男女すべてにとって、今日、直近のそして近未来の生存のための選択が迫られている。直近の生存のための選択とは、ウクライナ侵攻に際し、国家存立の危機には核兵器の使用も辞さないとのロシア国家の言明により従来よりさらに緊迫した課題となってきた。

一九四五(昭和二十)年八月六日広島への、九日長崎への原子爆弾《げんしばくだん》投下は同年末までに二一万人余の人間を殺戮《さつりく》し、また今日まで続く、被爆一世・二世にたえがたい苦しみを強いてきた。核戦争が一旦始まれば勝者はなく、人類の滅亡あるのみとの認識が日本国憲法第九条に戦争放棄規定を世界に先駆けて明記させたのである。「ノーモア　ヒロシマ・ノーモア　ナガサキ」の言葉は全世界の人びと、すなわち全人類の共通言語となっている。

だが戦後史は核兵器による威嚇をもって自国の卓越を固持しようとする大国を増やしつづけることとなった。アメリカの核脅迫に対抗し一九四九(昭和二十四)年ソ連は原爆実験に成功、その後、米ソ両大国の水爆《すいばく》実験と大陸間弾道弾(ＩＣＢＭ)製造・改良競争に発展していく。核兵器所有国は米ソのみならず一九五二(昭和二十七)年の英、六〇(昭和三十五)年の仏と続き、六四(昭和三十九)年には中国も核実験に成功、所持することになる。米国をはじめそれぞれの国の「理論」が核抑止、恐怖の均衡によってこそ自国の平和が維持されているというものである。

核戦争の全世界的危機は一九六二(昭和三十七)年十月のキューバ危機、すなわち「危機の一三日間」の出現により現実のものとなった。在日米軍も瞬時に対ソ核攻撃態勢をとる。

核弾頭は年々増加、一九七〇(昭和四十五)年には五万発に達し、全世界の核戦争への恐怖と核兵器独占を狙った核保有五カ国の利害の合致が、七〇年核拡散防止条約(NPT)を発効させることとなった。同条約第六条は「全面的かつ完全な軍備縮小に関する条約について、誠実に交渉を行うことを約束する」と明言する。

しかし核戦争への恐怖と危機意識は非核兵器地帯条約締結の世界的運動をつくり出すことになった。キューバ危機をもっとも痛感した中南米一四カ国は一九六七(昭和四十二)年トラテロルコ条約を締結、核兵器の開発と保有をせず外国による配備も許さないことを条約化し、核戦争の脅威から地域世界全体の安全を守りぬく意志を表明、東南アジア諸国連合(ASEAN)も一九九五(平成七)年には東南アジア非核兵器地帯条約を結んだ。この非核兵器地帯条約締結の動きは南太平洋諸国にも、中央アジア諸国にも、一九九一(平成三)年核兵器の放棄を断行した南アフリカ共和国をはじめとするアフリカ大陸全体にも拡大していく。また一九五二年成立の米・豪・ニュージーランド安全保障条約(ANZU

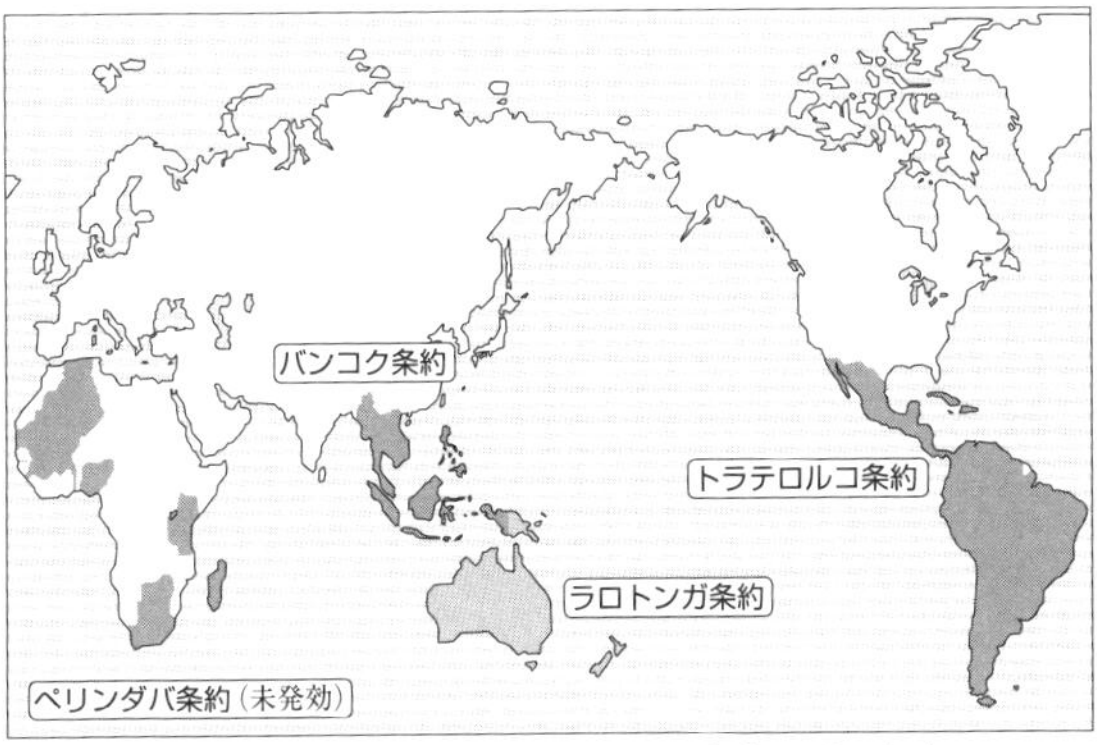

非核条約の批准国　中南米・オセアニア・東南アジアなど，地域世界の生存確保のため非核地帯をつくっている。

S）も、八五（昭和六十）年ニュージーランドが米国の核持ち込みを認めない非核政策をとることにより機能停止となる。日本も一九七一（昭和四十六）年十一月、「政府は核兵器を持たず、作らず、持ち込ませずの非核三原則を遵守する」と国会で決議、この日本国家の方針に従い、七五（昭和五十）年三月、神戸市議会は核兵器積載艦船の神戸港入港は拒否すると決議、これをうけ神戸市は入港希望船に「非核証明書」の提出を求めることとなった。他方米国の核抑止政策の基本に「米軍機・艦船の核兵器搭載の有無には言及せず」が据えられており、したがってこれ以降米艦の神戸港入港は皆無となっている。

ＮＰＴによる核軍縮不履行に不安と怒りをつのらせた国連加盟諸国は、核大国が約束を守らないならもっとも非人道的な核兵器を禁ずる条約を国際法化する以外手段はないと、国連加盟国のうち一二二カ国が賛成して核兵器禁止条約を二〇一七（平成二十九）年七月に国連で成立させ、二〇

（令和二）年十月発効に必要な批准国が五〇カ国に到達、二一（令和三）年一月より核兵器禁止条約は国際法に昇華する。すでに非人道的兵器とされて対人地雷《じらい》禁止条約が一九九九（平成十一）年に、クラスター爆弾禁止条約が二〇一〇（平成二十二）年に日本も賛成して国際法となっている。

しかし歴代の自民党政権と同様岸田文雄《きしだふみお》首相も核抑止論に固執し、二〇二三（令和五）年五月の広島G7サミット首脳の声明においても「核兵器は存在する限りにおいて防衛目的の役割を果たす」と核抑止論を正当化する。

二〇二三年八月六日、松井一實《かずみ》広島市長は「市民社会が求める理想の実現に向け、核による威嚇を直ちに停止し、対話を通じた信頼関係に基づく安全保障体制の構築に向けて一歩を踏み出すこと」「一刻も早く核兵器禁止条約の締結国となり、核兵器廃絶に向けた議論の共通基盤の形成に尽力するために、まずは本年十一月に開催される第二回締結国会議にオブザーバー参加」することを日本政府に求めた。八月九日、鈴木史朗《しろう》長崎市長も広島市長と同様の要求を日本政府におこなうと同時に、「憲法の平和の理念を堅持するとともに、朝鮮半島の非核化・北東アジア非核兵器地帯構想など、この地域の軍縮と緊張緩和に向けた外交努力」を要求する。

核抑止論のもと敵基地攻撃能力を米軍とともに強化し続けるのか、北東アジアの軍事的緊張を対話と相互信頼の構築のなかで少しでも緩和させるのか？　日本人老若男女全体の生物的存在をどちらが保障するか、一人一人の選択が今日直近に迫られている。

近未来の生存のための選択とは、気候変動への真剣な取組みをするかどうかである。一九六〇年代にはいまだ公害問題と意識されていたものが、七〇年代に入ると地球的環境問題だと認識されるようになってきた。地球の有限性が世界の民衆レベルで理解され出し、〝Only One Earth〟がその後の地球をとらえる最適の標語となった。二酸化炭素の放出による地球温暖化は全世界的規模での異常気象を引き起こし、ついに一九九二(平成四)年には「気候変動に関する国際連合枠組条約」が国際条約として締結され、その各国の二〇二〇年までの具体的温暖化ガス削減目標が、一九九七(平成九)年京都で、二〇二〇年以降の目標が一五(平成二十七)年パリで決議された。

だが日本も含めた全世界的取組みは遅々としており、異常気象は止まるところを知らず、猛暑・豪雨・森林火災・旱魃《かんばつ》・海面上昇が年々進行している。日本では一八九八(明治三十一)年から気象データが存在しているが、二〇二三年七月の平均気温はこの間一・五度も上昇、とくに三五度以上の猛暑日が〇〇(平成十二)年以降急増してきている。さらに都市部の七月の平均気温は二八・八四度と一二六年間で二・三度も上がり、四〇度をこえる暑さは「災害級」と表現されるようになった。

日本人高齢者男女にとっては、自分達の息子・娘、そして孫たちの安定した近未来を保障しうるのかとの未来への責任が重く課せられているのである。

二酸化炭素排出量削減の手段は第一に省エネであり、第二に再生エネルギーの積極的政策的使用促進である。ある意味では皮肉なことだが、省エネは日本では二〇一一(平成二十三)年三月十一日の東京電力福島第一原発事故後に急速に進んだ。電力供給急落に対応する省エネ課題を実現する技術力を日本は豊かに持ち合わせていたのである。石炭《せきたん》火力からガス火力発電への転換が進み、製造業では断熱化や電力利用効率化への省エネ投資や、製造過程で出てくる排熱《はいねつ》を利用するシステム導入などをもってエネルギー消費量を大幅に減少させてきている。自動車産業でもガソリン車・ディーゼル車から電気自動車・燃料電池車への切り替えが進行している。

再生可能エネルギーでは太陽光発電や風力発電など種々の方法が提唱され実践されてきているが、地域に根ざし日本の地形を利用した小規模水力発電振興の方策も全国各地で試みられている。

ただし日本政府は「脱炭素」を口実とし、原発だのみのエネルギー政策を進めようとしており、二〇三〇年度には発電量の二〇%以上を原発でまかなう計画を立てている。この数値では具体的には老朽炉を含む二〇基以上の原発再稼働が必要となる。すでに政府は法改定により原発の六〇年以上の操業を可能としたため、二〇二三年七月には四八年も経過した関西電力高浜《たかはま》原発一号機が再稼働し始めた。

原子炉は冷却水を不断に循環させるため「巨大なパイプの怪物」と評される構造になっている。経年劣化は年ごとに進行し続け、地震大国の日本において地域全体を壊死《えし》させる第二のメルトダウンの恐れがないと誰が保障できるのだろうか？

直近の、そして近未来の日本人男女の生存の危機を克服できるのか？　もしその可能性を現実性に転化しえた場合、日本につきつけられるはずの第一の課題は日本の経済力回復とその振興となるだろう。株高のみを要求する金融資本と株主資本主義に抗しつつ、研究開発投資と設備投資に巨額な企業の内部留保分を回し、あわせて正規・非正規の従業員への賃金を引き上げ、国民の購買力を増しうるのかどうかにこの課題の解決はかかっている。しかも最大の貿易相手国は一四億の人口をかかえる中国なのである。同国の権威主義・大国主義を批判しつつも、敵対関係には絶対に陥らない日本の主体的自主的外交努力がそこに加わらなければならない。

第二の課題は各地域をまとまった経済単位・循環型地域につくりかえることである。東京以外の各地域の男女労働者を雇用しているのは、ほとんどが中小企業か個人・小売・農林漁業などの業種であり地場産業である。各地域の建設業は、住宅・学校・病院・道路・橋梁・港湾施設などの社会インフラの建設・維持・補修を担っている。建設業のほかにも学校などの教育・保育、看護、接客、小売、スーパー、宿泊など、海外移転をすることなく地域に密着することによってそのなりわいを立てている人びとは労働人口の四分の三を占めている。

中小企業は地域の人びとの雇用の場であり、経営活動の基盤は地域にある。そのため、中小企業を維持・発展させることと地域を活性化していくことは表裏一体の関係である。このためには地域でカネとモノの循環をもたらすことが重要であり、その主要な担い手は地域の中小企業である。地域外の大企業からモノを買うだけの一方向の流れでは経済循環がとだえてしまう。この観点からは地域外からの大規模店舗の進出には一定の歯止めをかけることも検討されるべきである。国や地方自治体は大企業支援を優先させるのではなく、中小企業の振興を中心にした政策に転換し、中小企業が地元の経営資源を活用した際には費用の一部を補填《ほてん》するなどの措置も必要となるだろう。大企業、多国籍企業は地域のためにつくそうという心構えはさらさらない。もうけとなるものがなくなればさっさとその場を立ち退くだけ、恐竜に例えれば肉食恐竜である。地域の中小企業は草食恐竜、食べられる草や木の葉、木の実がなくなれば自分も餓死するしかない、共存・共栄のかたちをとって自らを生かさなければならないのである。

■索　引

人名索引

●カ－コ

●サ－ソ

事項索引

●アーオ

●カ－コ

●サ—ソ

●ハーホ

●マーモ

●ヤ－ヨ

●ラ－ロ

●ワ

■写真所蔵・提供者一覧(敬称略)

p.13——東京大学史料編纂所
p.27——(公財)日本相撲協会
p.46——国立国会図書館
p.62——山口県立文書館
p.150——毎日新聞社
p.196——毎日新聞社
p.252——朝日新聞社
p.255——東京電力ホールディングス
p.263——朝日新聞社
p.270——朝日新聞社
カバー——国立国会図書館

■図版出典一覧

p.88——『1億人の昭和史13』毎日新聞社，1977年に一部加筆
p.107——『1億人の昭和史14』毎日新聞社，1977年
p.191——石塚裕道・成田龍一『東京都の百年』1994年
p.279——『朝日新聞』2005年8月3日

執筆者紹介(執筆順)

宮地 正人　みやち まさと
1944年生まれ。東京大学大学院人文科学研究科博士課程中途退学
現在，前国立歴史民俗博物館長(名誉教授)・東京大学名誉教授
主要著書：『国際政治下の近代日本』(山川出版社 1987)，『幕末維新期の社会的政治史研究』(岩波書店 1999)，『幕末維新変革史(上・下)』(岩波書店 2012)

白石 太一郎　しらいし たいちろう
1938年生まれ。同志社大学大学院博士課程単位取得満期退学
現在，大阪府立近つ飛鳥博物館名誉館長・国立歴史民俗博物館名誉教授
主要著書：『古墳と古墳群の研究』(塙書房 2000)，『古墳と古墳時代の文化』(塙書房 2011)，『古墳からみた倭国の形成と展開』(敬文舎 2013)

加藤 友康　かとう ともやす
1948年生まれ。東京大学大学院人文科学研究科博士課程中途退学
現在，東京大学名誉教授
主要著書：『古代文書論――正倉院文書と木簡・漆紙文書』(共編著，東京大学出版会 1999)，『日本の時代史 6　摂関政治と王朝文化』(編著，吉川弘文館 2002)，『『小右記』と王朝時代』(共編著，吉川弘文館 2023)

村井 章介　むらい しょうすけ
1949年生まれ。東京大学大学院人文科学研究科修士課程修了
現在，東京大学名誉教授
主要著書：『日本中世境界史論』(岩波書店 2013)，『日本中世の異文化接触』(東京大学出版会 2013)，『東アジアのなかの日本文化』(北海道大学出版会 2021)

高埜 利彦　たかの としひこ
1947年生まれ。東京大学大学院人文科学研究科修士課程中途退学
現在，学習院大学名誉教授
主要著書：『近世日本の国家権力と宗教』(東京大学出版会 1989)，『近世の朝廷と宗教』(吉川弘文館 2014)，『日本の伝統文化 4　相撲』(山川出版社 2022)

『新版 世界各国史第一 日本史』
二〇〇八年一月 山川出版社刊

YAMAKAWA SELECTION

日本史《にほんし》　下

2024年６月10日　第１版１刷　印刷
2024年６月20日　第１版１刷　発行

編者　宮地正人《みやちまさと》

発行者　野澤武史

発行所　株式会社山川出版社
〒101-0047 東京都千代田区内神田1-13-13
電話03(3293)8131(営業)8134(編集)
https://www.yamakawa.co.jp/

印刷所　株式会社太平印刷社

製本所　株式会社ブロケード
装幀　水戸部功

ISBN978-4-634-42411-1